全国高职高专人才培养规划教材

会计基础实务与案例

吕兆海　刘维　主编
张凯　王成虎　刘导模　副主编

经济科学出版社

图书在版编目（CIP）数据

会计基础实务与案例/吕兆海，刘维主编.—北京：
经济科学出版社，2011.8
全国高职高专人才培养规划教材
ISBN 978-7-5141-0891-0

Ⅰ.①会…　Ⅱ.①吕…②刘…　Ⅲ.①会计学－高等
职业教育－教材　Ⅳ.①F230

中国版本图书馆 CIP 数据核字（2011）第 150681 号

责任编辑：王东萍
责任校对：王凡娥
技术编辑：李　鹏

会计基础实务与案例
吕兆海　刘　维　主　编
经济科学出版社出版、发行　新华书店经销
社址：北京市海淀区阜成路甲 28 号　邮编：100142
教材分社：88191344　发行部电话：88191540
网址：www.esp.com.cn
电子邮件：espbj3@esp.com.cn
北京密兴印刷有限公司印装
787×1092　16 开　16 印张　390000 字
2011 年 8 月第 1 版　2011 年 8 月第 1 次印刷
ISBN 978-7-5141-0891-0　定价：28.00 元
（图书出现印装问题，本社负责调换）
（版权所有　翻印必究）

全国高职高专人才培养规划教材
编写指导委员会

主　　　任：吕兆海　王　江
常务副主任：何颂锋
副　主　任：（以姓氏笔画为序）
　　　　　　于雁翎　　王　峻　　刘　阳
　　　　　　刘瑞华　　孙金平　　李立新
　　　　　　吴东泰　　张　凯　　张　涛
　　　　　　张友瑞　　张志红　　陈　伟
　　　　　　周建珊　　胡秦葆　　胡智敏
　　　　　　郭　平　　郭梓仁　　黄佑军
　　　　　　曾令香　　潘伟洪

序

全国高职高专人才
培养规划教材

    在我国企业会计准则体系逐步健全、会计国际趋同、资本市场的发展对会计信息不断提出新的要求、会计诚信受到普遍关注的背景下，会计专业教育无论从教学理念，还是教学内容与手段都在发生变化。为此，经济科学出版社和广州市道锋图书发行有限公司组织广东农工商职业技术学院、广东理工职业技术学院等四十多家高职院校的一线教师、专家、学者联合编写了这套"全国高职高专人才培养规划教材（会计系列）"。该系列教材以高职高专会计专业学生为使用对象，涵盖了高职高专会计专业的核心课程，其中一些教材也适用于高职高专财务管理、审计以及工商管理等专业教学。

    本系列教材编写结合高职高专教育的特点和要求，以国家最新财经法规和会计准则、审计准则等规范为依据，力求突出以下特点：

    1. 体现工学结合理念。按照高职高专教育突出能力培养的要求，将应用案例（项目）作为教材的引领主线。通过实际业务案例设计，引导学生进入专业知识应用的真实环境，通过实际操作，亲身体会所学知识的运用，掌握实用操作技能。

    2. 强调知识与能力并重。在体现工学结合，突出高职高专教育特色的前提下，本系列教材强调知识与能力并重。在教材内容选取和业务案例设计上，强调课程内容的科学和知识体系的严谨与完整。在体现能力培养的同时，阐述的理论知识力求讲清讲透，注重培养学生运用所学知识分析问题和解决问题的能力。

    3. 通俗易懂，利于教学，方便学生自学。在内容安排和体例设计上，本着易于高职学生接受、理解的原则，尽可能地贴近业务实际及高职高专学生特点，按照学习和理解知识的规律来安排教材的结构、层次和内容。理论知识的教学，尽可能融入实际案例（项目）的实际操作中，重点放在概念、方法和结论的实际应用上。尽量做到准确提炼、深入浅出，突出实用性、可操作性，使学生易学、易懂、易掌握。

编写出版一套内容新颖、结构科学、符合高职高专教育人才培养规律要求的会计、审计系列教材，既是高职高专教育发展的客观要求，也是会计教育工作者的重要使命。我认为该系列教材的优势，一是新颖性和前瞻性——本系列教材既密切联系中国会计、审计准则，又反映会计理论与实务在世界范围的现状和发展趋势，既立足当前，又着眼于未来；二是科学性——本系列教材力求材料充实，方法多样，理论透彻，在展现各种会计方法和手段时，注意引导学生从实际应用中加深认识和有效把握；三是先进性——本系列教材配有教学软件，既能供教师授课演示之用，又能满足学生练习之需，从而使学生能够熟练地运用电脑辅助系统处理实际业务。

吕兆海

前言

全国高职高专人才培养规划教材

进入 21 世纪以来,我国社会主义市场经济飞速发展,各项改革不断深入。会计理论研究和改革实践也不断创新。《企业会计准则》(2006 年)的颁布和逐步实行,标志着我国会计规范进入了统一会计制度规范和会计准则规范并行阶段,而未来发展的方向必然是逐步过渡到会计准则规范,并与国际会计准则实现趋同。

会计环境的变化,会计规范化程度的提高,对直接面向实际应用岗位培养输送人才的高职会计教育提出了更高要求。为适应新形势下会计专业人才培养的要求,经济科学出版社组织有关高职院校会计专业骨干教师编写了本教材。本书编写过程中努力吸收会计理论研究和改革实践的最新成果,结合编者长期积累的教学经验,力求突出如下特点:

1. 项目导向、工学结合。以企业会计工作过程和工作步骤为主线组织教学,设计教学内容。本书在开发过程中,积极参加企业调研,根据企业会计实际工作组织和安排教学内容,将会计技能、理论知识融于会计工作的实际,打破了以理论知识为核心,按会计核算方法为主线的教学内容体系,实现了工学结合。

2. 案例导入、"教、学、做"一体。在本书的编写过程中,在每一部分,都安排了与之相对应的工作任务和案例。学生带着问题去学,通过实践和案例分析,变被动为主动,具有更好的互动性,锻炼了学生综合分析问题和解决问题的能力。同时还培养了学生的团队意识、敬业精神及学生的学习能力,为今后的学习、工作奠定了坚实的基础。

3. 内容适用、突出职业能力。为方便学生学习和教师教学,在每个学习内容之后,都安排了与会计基本工作一致的会计业务操作演练题——"课堂实训"。通过演练,学生和教师能够发现学习中存在的问题,及时进行指导和总结,同时也提高了学生的职业能力。

每个学习项目下又根据实际工作需要划分为若干模块,模块下又设计了具体的操作步骤、程序和方法,构建了集理论、方法、实践操作为一体的教学内容体系。在理论教学中,注重案例教学和多媒体辅助教学,所用案例应充分考虑工学结合的需求,并与专业所依托行业相应岗位的工作实际紧密结合。在教材编写过程中,坚持以国家最新的企业会计准则和财务会计制度为依据,较好地注意了知识的时效性。

本书由吕兆海、刘维任主编,张凯、王成虎(山西林业职业技术学院)刘导模任副主编。各项目编写分工如下:吕兆海执写项目一;刘维编写项目四;张凯编写项目二;王成虎编写项目三;刘导模编写项目五;刘向编写项目六;刘瑞华编写项目七;陈汉平编写项目八；孙小斌编写项目九。全书由吕兆海总纂定稿。感谢广州市增信会计师事务所所长吴险峰注册会计师和广州东方会计师事务所所长吴波发注册会计师对本书编写提出的宝贵意见。

限于编者水平，本书难免有错误和疏漏，恳请读者批评指正。

编 者
2011 年 7 月

目　录

项目一　认识会计与会计职业　/ 1
  任务1　认识会计 …………………………………………………………（ 2 ）
  任务2　认识会计职业 ……………………………………………………（ 16 ）

项目二　认知会计要素与会计账户　/ 28
  任务1　认识会计要素 ……………………………………………………（ 29 ）
  任务2　认知会计科目与账户 ……………………………………………（ 39 ）

项目三　借贷记账法准备　/ 52
  任务1　认识记账方法 ……………………………………………………（ 53 ）
  任务2　认识借贷记账法 …………………………………………………（ 54 ）

项目四　借贷记账法的具体运用　/ 78
  任务1　资金筹集业务的核算 ……………………………………………（ 80 ）
  任务2　采购业务的核算 …………………………………………………（ 83 ）
  任务3　生产过程的核算 …………………………………………………（ 86 ）
  任务4　销售过程的核算 …………………………………………………（ 92 ）
  任务5　财务成果的核算 …………………………………………………（ 96 ）

项目五　填制和审核会计凭证　/ 106
  任务1　认识会计凭证 ……………………………………………………（107）
  任务2　填制和审核原始凭证 ……………………………………………（110）
  任务3　填制和审核记账凭证 ……………………………………………（126）
  任务4　会计凭证的管理 …………………………………………………（132）

项目六　设置和登记会计账簿　/ 139
  任务1　认知会计账簿 ……………………………………………………（139）
  任务2　启用和登记会计账簿 ……………………………………………（149）

  任务3 错账的查找与更正 …………………………………………… (155)

项目七 会计循环与会计账务处理程序 / 163

  任务1 认识会计循环 ……………………………………………………… (164)
  任务2 对账和结账 ………………………………………………………… (174)
  任务3 会计账务处理程序 …………………………………………………… (177)

项目八 财产清查 / 202

  任务1 实物资产的清查 ……………………………………………………… (202)
  任务2 货币资金的清查 ……………………………………………………… (207)
  任务3 处理财产清查结果 …………………………………………………… (211)

项目九 编制财务会计报告 / 220

  任务1 认识财务会计报告 …………………………………………………… (220)
  任务2 编制资产负债表 ……………………………………………………… (223)
  任务3 编制利润表 …………………………………………………………… (232)
  任务4 编制现金流量表 ……………………………………………………… (236)

主要参考书目 / 245

项目一

认识会计与会计职业

技能目标

1. 初步了解、认识会计与会计职业。
2. 结合学习内容和个人实际制定会计知识学习规划和会计职业初步设想。

知识目标

1. 明确会计的职能、目标和对象。
2. 明确会计核算方法的组成内容和相互联系。
3. 明确会计核算的基本前提。
4. 明确会计人员的工作职责。
5. 熟悉会计人员的职业素质。

【案例导入】

王华、陈思是一所高等职业院校会计专业大三的学生,正在为选择未来的工作做准备。2007年12月5日他们参加了某市人才市场招聘会,在一家招聘单位了解到如下情况:

该企业为一家玻璃制品有限责任公司,注册资金2 000万元,为增值税一般纳税人,主要生产特种彩色玻璃和普通白色玻璃。筹建期已经结束,准备于2008年1月开始生产。欲招聘出纳1名,成本会计1名,会计主管1名。招聘条件是各岗位会计人员必须有从业资格证书,成本会计和会计主管还须熟悉岗位职责,有企业相关工作经历。但是王华、陈思是即将毕业的学生,因此,对该企业这样的招聘条件有些疑惑。

问题:
1. 会计专业应届毕业生没有会计从业资格证书,如何取得?
2. 会计人员的工作职责是什么?
3. 招聘企业为什么这样规定?你认为合理吗?

任务 1　认识会计

"会计"一词，在现实生活中至少包括三种含义：其一是指从事会计工作的人，如张会计、李会计等；其二是指会计工作，如"我是干会计的"；其三是指以会计为研究对象的学科，也就是会计学，如"我是教会计的教师"。本任务中的会计如无特殊说明，是指会计工作。

1.1.1　会计的特点

会计是以货币为主要计量单位，反映和监督一个单位经济活动的一种经济管理工作。与企业其他管理活动相比，会计具有以下基本特点。

一、以货币为主要计量单位

对任何一种经济活动的核算和记录，都必须应用一定的计量单位，否则就无法进行数量反映。人们经常采用的计量单位主要有三种：实物量度（如千克、米、件等）、劳动量度（如工作日、工时等）和货币量度（元、角、分）。这些计量单位，由于衡量的基础不同，分别应用在不同的方面。

实物量度是为了核算各种不同物资的实物数量而采用的，它对于提供经营管理上所需的实物指标，保护各种物资的安全和完整具有重要意义。但是，实物量度有一定的局限性，它只能用于总计同一种类的物资，而不能用来总计各种不同种类的物资，更无法用来综合反映各种不同的经济活动。

劳动量度是为了核算企业经营活动中消耗的劳动者工作时间的数量而采用的一种计量单位，应用劳动量度可以具体确定某一工作过程的劳动耗费，这在商品经济条件下是非常必要且具有特定作用的。但是，由于价值规律是商品经济下的基本经济规律，社会再生产过程中所消耗的劳动量，还不能广泛利用劳动量度来进行记录和计算，仍需要间接地利用价值形式进行计算，即必须借助于价值形式才能把各种经济性质相同或不同的生产经营业务加以综合，以求得经营管理所必需的资产、负债、成本、利润等这样一些综合性的经济指标，总括反映各个单位错综复杂的经济活动过程及其结果。

货币是商品的一般等价物，具有价值尺度的功能。以货币作为统一的计量单位来进行核算是会计的一个重要特点。尽管实物量度和劳动量度也要经常应用，但会计上的主要计量单位还是货币。

二、具有连续性、系统性、全面性和综合性

会计具有一套科学的专门方法，能对经济活动进行连续、系统、全面和综合的核算与监督。连续性是指会计对各种经济业务按其发生的时间先后顺序进行不间断的记录；系统性是指对会计记录要按一定要求进行科学的分类、整理和汇总，为经营管理提供系统的、有用的会计信息；全面性是指会计对全部经济活动进行完整的计量和记录，反映其来龙去脉，不能

有任何遗漏；综合性是指会计对各项经济业务以统一货币为计量单位进行综合汇总，为经营管理提供总括的价值指标。

三、会计核算以凭证为依据

为了实现会计目标，向各有关方面提供真实、有用的会计信息，会计对任何经济业务的记录与核算，必须取得或填制合法会计凭证，并按有关规定对凭证进行审核。只有经过审核无误的会计凭证才能作为进行会计处理的依据。

1.1.2 会计的职能

会计的职能是指会计在经济管理中所具有的功能。正确认识会计的职能，对于正确提出会计工作应担负的任务，确定会计人员的职责和权限，充分发挥会计工作应有的作用，都有非常重要的意义。《中华人民共和国会计法》（以下简称《会计法》）对会计的基本职能表述为：会计核算和会计监督。

一、会计核算职能

会计核算职能是会计最基本的职能，也称反映职能。它是指以货币为主要计量单位，对特定主体的经济活动进行确认、计量、记录和报告，为有关各方提供会计信息。会计核算的内容具体表现为生产经营过程中的各种经济业务，包括：①款项和有价证券的收付；②财物的收发、增减和使用；③债权、债务的发生和结算；④资本、基金的增减和经费的收支；⑤收入、费用、成本的计算；⑥财务成果的计算和处理；⑦其他需要办理会计手续、进行会计核算的事项。会计核算的要求是真实、准确、完整和及时。

确认是运用特定的会计方法、以文字和金额同时描述某一交易或事项，使其金额反映在特定主体财务报表的合计数中的会计程序。确认分为初始确认和后续确认。

计量是确定会计确认中用以描述某一交易或事项的金额的会计程序。

记录是指对特定主体的经济活动采用一定的记账方法、在账簿中进行登记的会计程序。

报告是指在确认、计量、记录的基础上，对特定主体的财务状况、经营成果和现金流量情况（行政和事业单位是对其经费收入、经费支出、经费结余及其财务状况），以财务报表的形式向有关方面报告。

二、会计的监督职能

会计监督职能又称控制职能，是指对特定会计主体经济活动和相关会计核算的合法性、合理性进行审查，即以一定的标准和要求利用会计所提供的信息对各单位的经济活动进行有效的指导、控制和调节，以达到预期的目的。会计监督的内容包括：①监督经济业务的真实性；②监督财务收支的合法性；③监督公共财产的完整性。会计监督是一个过程，它分为事前监督、事中监督和事后监督。

会计监督职能要求会计人员在进行会计核算的同时，也要对特定主体经济业务的合法性、合理性进行审查。合法性审查是指保证各项经济业务符合国家法律法规，遵守财经纪律，执行国家有关方针政策，杜绝违法乱纪行为；合理性审查是指检查各项财务收支是否符合特定主体的财务收支计划，是否有利于预算目标的实现，是否有奢侈浪费行为，是否有违背内部控制制度要求的现象，为增收节支、提高经济效益严格把关。

上述两种会计职能是相辅相成、辩证统一的关系。会计核算是会计监督的基础，没有核算所提供的各种信息，监督就失去了依据；而会计监督又是会计核算质量的保障，只有核算，没有监督，就难以保证核算所提供信息的真实性、可靠性。

应当指出：会计作为管理经济的一种活动，它的职能随着会计的发展而发展。理论界认为，会计除了传统的核算、监督职能外，还有预测经济前景、参与经济决策、计划组织，以及绩效评价等职能。

1.1.3 会计的对象

会计的对象是指会计核算和监督的内容。前已述及，会计需要以货币为主要计量单位，对特定主体的经济活动进行核算与监督。也就是说，凡是特定主体能够以货币表现的经济活动，都是会计核算和监督的内容，即会计对象。换言之，会计对象就是能用货币表现的经济活动。以货币表现的经济活动，通常又称为价值运动或资金运动。

资金运动包括各特定对象的资金投入、资金运用（即资金的循环与周转）、资金退出等过程，而具体到企业、行政单位、事业单位又有较大的差异，即同样是企业，工业、商业、建筑业及金融业等也均有各自资金运动的特点，其中尤以工业企业最具代表性。下面以工业企业为例，说明企业会计的具体对象。

工业企业是从事工业产品生产和销售的营利性经济组织。为了从事产品的生产和销售活动，企业必须拥有一定数量的资金，用于建造厂房、购买机器设备、采购原材料、支付职工工资、支付经营管理费中必要的开支等；生产出的产品经过销售后，收回的货款还要补偿生产中的垫付资金、偿还有关债务、上交有关税金等。由此可见，工业企业的资金运动表现为资金的投入、资金的循环与周转（包括供应过程、生产过程和销售过程三个阶段）和资金退出企业三部分，既有一定时期内的显著运动状态（表现为收入、费用和利润等），又有一定时期的相对静止状态（表现为资产、负债和所有者权益），如图1-1所示。

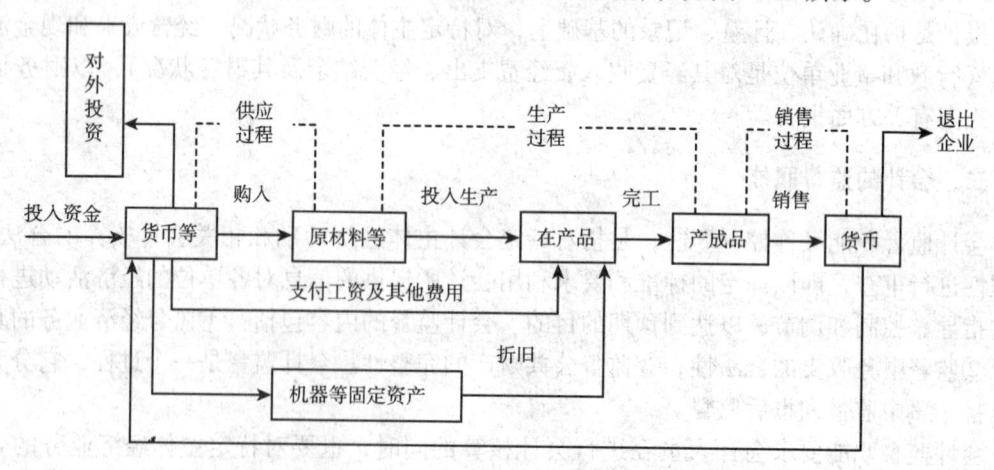

图1-1 工业企业资金的循环与周转

资金的投入包括企业所有者投入的资金和债权人投入的资金两部分，前者属于企业所有者权益，后者属于企业债权人权益——企业负债。投入企业的资金一部分构成流动资产，另一部分构成非流动资产。

资金的循环与周转分为供应过程、生产过程和销售过程三个阶段。在供应过程中，企业要购买原材料等劳动对象，发生材料买价、运输费、装卸费等材料采购成本，与供应单位发生货款结算关系。在生产过程中，劳动者借助于劳动手段将劳动对象加工成特定的产品，发生材料消耗的材料费、固定资产磨损的折旧费、生产工人劳动耗费的人工费等，构成产品使用价值和价值的统一体，同时还将发生企业与工人之间的工资结算关系、与有关单位之间的劳务结算关系等。在销售过程中，将生产的产品销售出去，发生有关销售费用、收回货款、缴纳税金等业务活动，并同购货单位发生货款结算关系、同税务机关发生税务结算关系等。企业获得的销售收入，扣除各项费用后的利润，还要提取盈余公积金，并向所有者分配利润。

资金的退出包括偿还各项债务、上交各项税金、向所有者分配利润等，这部分资金便离开本企业，退出本企业的资金循环与周转。

上述资金运动的三个阶段，构成了开放式的运动形式，是相互支撑、相互制约的统一体。没有资金的投入，就不会有资金的循环与周转；没有资金的循环与周转，就不会有债务的偿还、税金的上交和利润的分配等；没有这类资金的退出，就不会有新一轮的资金投入，就不会有企业进一步的发展。

1.1.4 会计目标

会计的目标又称为财务报告的目标，是指会计管理活动所期望达到的预期结果。会计目标是会计工作的内在规定性，它决定会计活动的方向。2006年财政部新颁布的《企业会计准则——基本准则》第四条明确规定了会计的目标是向财务报告使用者提供与企业财务状况、经营成果和现金流量等有关的会计信息，反映企业管理层受托责任履行情况，有助于财务报告使用者作出经济决策。概括地讲，会计的目标包括了反映企业管理层受托责任的履行情况和提供决策有用的会计信息两个方面。同时对企业提供的会计信息要满足会计信息的质量要求。

一、反映企业管理层受托责任的履行情况

企业管理水平的高低直接影响企业的经济效益、经营风险、竞争能力和发展前景，在一定程度上决定企业的前途和命运。在现代企业制度下，企业的所有权和经营权高度分离，企业的管理层受企业的所有者之托经营和管理企业，会计信息如实反映企业各项经营活动、投资活动和筹资活动，以及关于企业财务状况、经营业绩和现金流量的信息，有助于反映管理层受托责任的履行情况，也为所有者评价管理者的经营业绩和管理水平提供依据，以便所有者决定是否对企业继续投资，是否更换管理层，以及对企业的经营管理提出有针对性的建议与措施等作出决策。

二、提供决策有用的会计信息

企业会计提供的信息主要涉及两个方面：一是会计信息使用者；二是会计信息使用者需要什么样的信息。企业会计主要通过包括财务报表在内的会计报告对使用者提供信息。

会计信息使用者一般分为国家宏观经济管理部门、企业内部管理者和企业外部使用者三个方面。国家宏观经济管理部门包括财政、税收、统计等相关部门；企业内部管理者主要包括企业的权力机构及其管理者，如董事会、监事会、总经理等；企业外部使用者有投资人、债权人、客户、供应单位等，他们是会计提供信息的主要服务对象。

会计信息使用者需要什么样的信息，取决于信息使用者的目的及需求不同。

- 投资者（含潜在的投资者）。他们是会计信息的主要使用者。他们关心投资的内在风险和投资报酬。投资者利用会计信息，主要结合公司的投资项目、资本结构和股利分配政策，以了解企业的盈利能力及其发展趋势，进而制定投资决策，如是否投资、继续持有还是转让投资、增加还是减少投资等决策。他们还需要利用会计信息来帮助他们评估企业支付股利情况。

- 债权人（含潜在的债权人）。他们主要关心企业的偿债能力。他们利用会计信息来帮助作出有关决策，如是否将资金贷给企业，是增加或减少给企业的贷款，是否应继续保持对企业的债权，是否向企业赊销商品和劳务等。

- 政府有关部门，包括财政、税务、物价、银行、审计、统计和证券监管部门。他们需要利用会计信息了解企业的经营状况，并对企业会计信息的真实性、合规性、完整性进行监督和检查。他们将各企业的会计信息汇总后，还可了解国民经济各部门、各地区的整体情况，为制定各项经济政策提供依据。

- 社会公众，主要指企业内部职工及企业外部与企业有直接或间接联系的用户，如顾客、证券商、经纪人、中介机构、经济分析人员等。他们有的以主人翁的身份参与企业经营管理，关心企业的利润分配情况及企业的发展前景；有的出于投资决策、购买决策或对企业经营情况进行咨询、审计、鉴证、评价、分析等需要利用会计信息。

- 企业管理者。在两权普通分离的条件下，企业内部管理者是指企业最高管理层的成员。他们受雇于企业投资者，必须完成投资者赋予的经济责任，实现企业的经营目标，进而实现管理者自身的价值。为此，企业内部管理者就必须对经营过程中遇到的重大问题进行正确的决策，如新产品的开发、产品的定价、成本费用的控制、工资奖金的分配、对外投资等问题。这些问题决策的正确与否，直接关系到企业的兴衰成败。所以，企业管理者必须了解本企业所有的会计信息，并据以作出正确决策。

1.1.5 会计的方法

会计的方法是用来核算和监督会计内容，实现会计目标的手段。会计方法包括会计核算方法、会计分析方法和会计预测、决策方法等。会计核算是会计的基本环节，会计分析、会计预测和决策等都是在会计核算的基础上，利用会计核算资料进行的。这里只阐述会计核算方法，这是初学者必须掌握的基础知识。

会计核算方法一般包括设置账户、复式记账、填制和审核会计凭证、登记账簿、成本计算、财产清查、编制财务报表这七种专门方法。其中，复式记账是会计核算方法的核心。在实际运用中，它们相互配合、相互衔接，形成一个完整的会计核算方法体系。

一、设置账户

设置账户是对会计对象的具体内容，按其不同特点以及管理需要的不同分类核算与监督的一种专门方法。会计对象的内容是多种多样的，如财产物资就有各种存在的形态——厂房建筑物、机器设备、各种材料、半成品等，它们在生产中各有作用，管理的要求也不同，而企业取得的这些财产物资所需的经营资金又来自于不同的渠道，有银行贷款、投资者投入等。为了获得有用的会计信息，必须对各自不同的内容分类、归纳，并以账户的形式出现，进而分门别类地计量与记录。

二、复式记账

复式记账是对每一项经济业务都要以相等的金额在两个或两个以上相互联系的账户中进行登记的一种记账方法。在现实生活中，任何一项经济业务的发生都有其来龙去脉，如企业银行存款减少1 000元，去向是什么——或购买材料，或提取现金备用等。采用复式记账方法就是对发生的任何一项经济业务，既要在有关账户中登记其来源，又要在有关账户中登记其去向。只有这样才能相互联系地反映经济业务的全貌，并通过试算平衡，检查账簿记录的正确性。

三、填制和审核会计凭证

会计凭证简称凭证，它是记录经济业务、明确经济责任的书面证明，是登记账簿的依据。填制和审核会计凭证是会计核算的专门方法之一。任何单位对已经发生或已经完成的经济业务，都应由经办人或有关部门填制凭证，并签名盖章，而且所有凭证都必须经过会计机构和会计人员的审核。只有经审核无误的会计凭证，才能作为记账的依据。填制和审核会计凭证不仅为经济管理提供真实可靠的数据资料，也为实施会计监督提供重要的依据。

四、登记账簿

账簿是由具有一定格式而又相互联结的账页组成的簿籍。登记账簿就是根据审核无误的会计凭证，运用复式记账法在账簿中全面、连续、系统地记录经济业务的一种专门方法。通过登记账簿可以将分散的经济业务进行汇总，连续系统地提供每一类经济活动的完整的数据资料，为提供会计信息打下基础。

五、成本计算

成本计算是指在生产经营过程中，按照一定对象归集和分配发生的各种费用支出，以确定该对象的总成本和单位成本的一种专门方法。通过成本计算，可以确定材料的采购成本、产品的生产成本和销售成本，可以反映和监督生产经营过程中发生的各项费用是否节约或超支，并据以确定企业经营盈亏。

六、财产清查

财产清查是指通过盘点实物、核对账目，查明各项财产物资、货币资金的实有数的一种专门方法。具体做法是将实物盘点的结果与账面结存相核对，将企业的债权、债务逐笔与其对方核对，如果发现账实不符，应立即查明原因，确定责任该由谁负责，并调整账面余额，做到账实相符，以保证会计核算资料的正确性和真实性。

七、编制财务报表

财务报表是根据账簿记录，按照规定的表格，主要运用数字形式，定期编制的总结报告。通过编制财务报表，能对分散在账簿中的日常核算资料进行综合、分析、加工整理，提供全面反映经济活动所需要的有用信息。同时，基层单位财务报表经逐级汇总后，又可以为国家宏观调控提供依据。

上述各种会计核算方法相互联系、密切配合，构成了一个完整的方法体系。在会计核算方法体系中，就其工作程序和工作过程来说，主要包括三个核心环节：填制和审核会计凭证（最初环节）、登记账簿（中心环节）和编制财务报表（最终环节）。在一个会计期间，所发生的经济业务，都要通过这三个环节进行会计处理，将大量的经济业务转换为系统的会计信息，如图1-2所示。

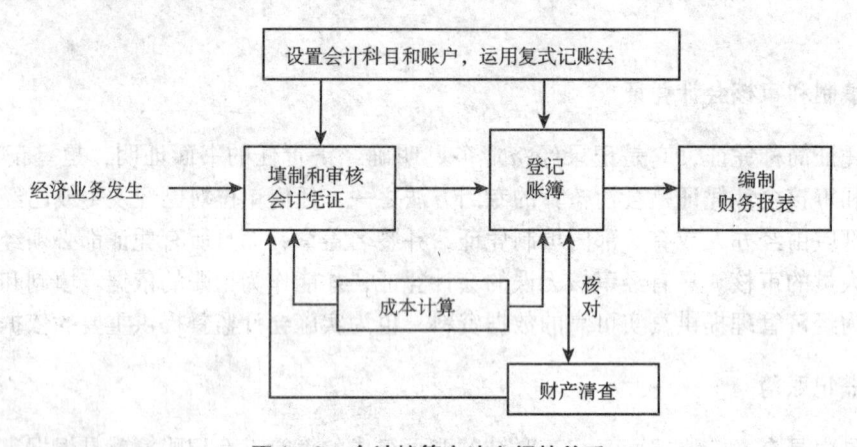

图1-2 会计核算方法之间的关系

知识链接1-1 会计核算的基本前提

会计核算的基本前提又称会计的基本假设。一般包括会计主体、持续经营、会计分期和货币计量。

1. 会计主体

会计主体又称会计实体，它是指会计核算和监督的特定单位或组织，它界定了从事会计工作和提供会计信息的空间范围。一般来讲，凡是拥有独立的资金、自主经营、独立核算收支、盈亏并编制财务报表的单位或组织就构成了一个会计主体。

会计主体这一基本前提要求会计人员只能核算和监督所在主体的经济活动（就企业类

主体而言，其经济活动就是所发生的交易或事项，下同）。其主要意义在于：一是将特定主体的经济活动与该主体所有者及职工个人的经济活动区别开来；二是将该主体的经济活动与其他单位的经济活动区别开来，从而界定了从事会计工作和提供会计信息的空间范围，同时说明某会计主体的会计信息仅与该会计主体的整体活动和成果相关。

应当注意的是，会计主体与法律主体（法人）并非是对等的概念，法人可作为会计主体，但会计主体不一定是法人。例如，由自然人所创办的独资与合伙企业不具有法人资格，这类企业的财产和债务在法律上被视为业主或合伙人的财产和债务，但在会计核算上必须将其作为会计主体，以便将企业的经济活动与其所有者个人的经济活动以及其他实体的经济活动区别开来。企业集团由若干具有法人资格的企业组成，各个企业既是独立的会计实体也是法律主体，但为了反映整个集团的财务状况、经营成果及现金流量情况，还应编制该集团的合并财务报表，企业集团是会计主体，但通常不是一个独立的法人。

2. 持续经营

持续经营是指会计主体在可以预见的未来，将根据正常的经营方针和既定的经营目标持续经营下去。即在可以预见的未来，该会计主体不会破产清算，所持有的资产将正常营运，所负有的债务将正常偿还。

有了持续经营的前提，会计信息的可比性等会计信息质量要求才能得到满足，会计计量的历史成本计量属性才能发挥作用，企业在信息的收集和处理上所采用的会计方法才能保持稳定，会计核算才能正常进行。例如，在市场经济条件下，企业破产清算的风险始终存在，一旦企业发生破产清算，所有以持续经营为前提的会计程序与方法就不再适用，而应当采用破产清算的会计程序和方法。

3. 会计分期

会计分期是指在企业持续不断的经营过程中，人为地划分为一个个间距相等、首尾相接的会计期间，以便确定每一个会计期间的收入、费用和盈亏，确定该会计期间期初、期末的资产、负债和所有者权益的数量，并据以结算账目和编制财务报表。会计分期规定了会计核算的时间范围。

企业应当划分会计期间，分期结算账目和编制财务报告。会计期间分为年度和中期。以年度为会计期间通常称为会计年度。在我国，以公历年度作为企业的会计年度，即以公历1月1日起至12月31日止，在年度内，再划分为季度和月度等较短的期间，这些短于一个完整的会计年度的报告期间统称为中期。

4. 货币计量

货币计量是指企业会计核算采用货币作为计量单位，记录、反映企业的经济活动，并假设币值保持不变。

企业会计核算采用货币作为经济活动的最好计量单位，如果企业的经济业务是多种货币计量并存的情况，就需要确定一种货币作为记账本位币。记账本位币是指企业经营所处的主要经济环境中的货币。我国《企业会计准则》规定，企业通常应选择人民币作为记账本位币。业务收支以人民币以外的货币为主的企业，可以选定其中一种货币作为记账本位币，但是，编报的财务报表应当折算为人民币。

上述会计核算的四项基本前提，具有相互依存、相互补充的关系。会计主体确立了会计核算的空间范围，持续经营与会计分期确立了会计核算的时间长度，而货币计量则为会计核算提供了必要手段。没有会计主体，就不会有持续经营；没有持续经营，就不会有会计分期；没有货币计量，就不会有现代会计。

1.1.6 会计信息特征

会计作为一项管理活动，其主要目的之一是向企业的利益相关者提供反映经营者受托责任和供投资者决策有用的会计信息。要达到这个目的，就必须要求会计信息具有一定的质量特征。会计质量特征包括以下八项：可靠性、相关性、可理解性、可比性、实质重于形式、重要性、谨慎性、及时性。

一、可靠性

《企业会计准则——基本准则》第十二条规定："企业应当以实际发生的交易或者事项为依据进行会计确认、计量和报告，如实反映符合确认和计量要求的各项会计要素及其他相关信息，保证会计信息真实可靠，内容完整。"

可靠性也称客观性、真实性，是对会计信息质量的一项基本要求。因为会计所提供的会计信息是投资者、债权人、政府及有关部门和社会公众的决策依据，如果会计数据不能客观、真实地反映企业经济活动的时间情况，势必无法满足各有关方面了解企业财务状况和经营成果以进行决策的需要，甚至可能导致错误的决策。可靠性要求会计核算的各个阶段，包括会计确认、计量、记录和报告，必须力求真实客观，必须以实际发生的经济活动及表明经济业务发生的合法凭证为依据。

二、相关性

《企业会计准则——基本准则》第十三条规定："企业提供的会计信息应当与财务会计报告使用者的经济决策需要相关，有助于财务会计报告使用者对企业过去、现在或者未来的情况做出评价或者预测。"

相关性也称有用性，它也是会计信息质量的一项基本要求。信息要成为有用的，就必须与使用者的决策需要相关。当信息通过帮助使用者评估过去、现在或未来的事项或者通过确证或纠正使用者过去的评价，影响到使用者的经济决策时，信息就具有相关性。这就要求信息具有预测价值和确证价值（亦称反馈价值）。

三、可理解性

《企业会计准则——基本准则》第十四条规定："企业提供的会计信息应当清晰明了，便于财务会计报告使用者理解和使用。"

可理解性也称明晰性，是对会计信息质量的一项重要要求。提供会计信息的目的在于使用，要使用就必须了解会计信息的内涵，明确会计信息的内容，如果无法做到这一点，就谈不上对决策有用。可理解性是决策者与决策有用性的连接点。如信息不能被决策者所理解，那么这种信息毫无用处，因此，可理解性不仅是信息的一种质量标准，也是一个与信息使用者有关的质量标准。

四、可比性

《企业会计准则——基本准则》第十五条规定:"企业提供的会计信息应当具有可比性。"为了明确企业财务状况和经营业绩的变化趋势,使用者必须能够比较企业不同时期的财务报表。为了评估不同企业相对的财务状况、经营业绩和现金流量,使用者还必须能够比较不同企业的财务报表。因此,对整个企业及其不同时点以及不同企业而言,同类交易或其他事项的计量和报告,都必须采用一致的方法。

可比性也是会计信息质量的一项重要要求。它包括两个方面的含义,即同一企业在不同时期的纵向可比,不同企业在同一时期的横向可比。要做到这两个方面的可比,就必须做到:同一企业不同时期发生的相同或者相似的交易或者事项,应当采用一致的会计政策,不得随意变更。确需变更的,应当在附注中说明。不同企业发生的相同或者相似的交易或者事项,应当采用规定的会计政策、确保会计信息口径一致、相互可比。

五、实质重于形式

《企业会计准则——基本准则》第十六条规定:"企业应当按照交易或者事项的经济实质进行会计确认、计量和报告,不应仅以交易或者事项的法律形式为依据。"

如果要真实地反映所拟反映的交易或其他事项,那就必须根据它们的实质和经济现实,而不是仅仅根据它们的法律形式进行核实和反映。交易或其他事项的实质,并非与它们的法律的外在面貌相一致。实质重于形式就是要求在对会计要素进行确认和计量时,应重视交易的实质,而不管其采用何种形式。

在这一方面,最典型的例子当数对融资租入固定资产的确认和计量。从形式上看,该项固定资产的所有权的出租方,企业只是拥有使用权和控制权。也就是说,该项固定资产并不是企业购入的固定资产。因此,不能将其作为企业的固定资产加以核实。但是,由于融资租入固定资产的租赁期限一般超过了固定资产可使用期限的大部分,而且到期企业可以以一定价格购买该项固定资产,因此,为了正确地反映企业的资产和负债状况,对融资租入的固定资产一方面应作为企业的自有固定资产加以核实,另一方面应作为企业的一项长期负债加以反映。

六、重要性

《企业会计准则——基本准则》第十七条规定:"企业提供的会计信息应当反映与企业财务状况、经营成果和现金流量等有关的所有重要交易或者事项。"

重要性是指财务报告在全面反映企业的财务状况和经营成果的同时,应当区别经济业务的重要程度,采用不同的会计处理程序和方法。具体来说,对于重要的经济业务,应单独核算、分项反映,力求准确,并在财务报告中作重点说明;对于不重要的经济业务,在不影响会计信息真实性的情况下,可适当简化会计核算或合并反映,以便集中精力抓好关键。

重要性的意义在于:对会计信息使用者来说,对经营决策有重要影响的会计信息是最需要的,如果会计信息不分主次,反而会有损于使用,甚至影响决策。而且,对不重要的经济业务简化核算或合并反映,可以节省人力、物力和财力,符合成本效益原则。一般来说,重要性可以从质和量两个方面进行判断。从性质方面来说，如果某会计事项的发生可能对决策产生重大影响，则该事项属于具有重要性的事项；从数量方面来说，如果某会计事项的发生达到一定数量或比例可能对决策产生重大影响，则该事项属于具有重要性的事项。

七、谨慎性

《企业会计准则——基本准则》第十八条规定："企业对交易或者事项进行会计确认、计量和报告应当保持应有的谨慎，不应高估资产或者收益、低估负债或者费用。"

谨慎性又称稳健性，是指在处理不确定性经济业务时，应持谨慎态度，如果一项经济业务有多种处理方法可供选择时，应选择不导致夸大资产、虚增利润的方法。在进行会计核算时，应当合理预计可能发生的损失和费用，而不应预计可能发生的收入和过高估计资产的价值。

谨慎性的要求体现在会计核算的全过程，在会计上应用是多方面的。例如，对应收账款提取坏账准备，就是对预计不能收回的货款先行作为本期费用，计入当期损益，以后确实无法收回时冲销坏账准备；固定资产采用加速折旧法等。

遵循谨慎性，对于企业存在的经营风险加以合理估计，对防范风险起到预警作用，有利于企业作出正确的经营决策，有利于保护投资和债权人的利益，有利于提高企业在市场上的竞争能力。但是，企业在运用谨慎性时，不能滥用，不能以谨慎性原则为由任意计提各种准备，即秘密准备。例如，按照有关规定，企业应当计提坏账准备、存货跌价准备等减值准备。但是，在实际执行时，有些企业滥用会计准则给予的会计政策在前一年度大量计提减值准备，待后一年度再予以转回。这种行为属于滥用谨慎性，计提秘密准备，是会计准则所不允许的。

八、及时性

《企业会计准则——基本准则》第十九条规定："企业对于已经发生的交易或者事项，应当及时进行会计确认、计量和报告，不得提前或者延后。"

信息的报告如果不适当地拖延，就可能失去其相关性。当然，及时提供可能会损坏可靠性。企业可能需要权衡及时报告与提供可靠信息的优缺点。为了在及时的基础上提供信息，在了解某一交易或其他事项的所有方面之前，就可能有必要作出报告，这就会损坏可靠性。相反，如果推迟到了解所有方面之后再报告，信息可能极为可靠，但是对于必须在事中决策的使用者，用处可能很小。要在相关性和可靠性之间达到平衡，决定性的问题是如何最近地满足使用者的经济决策需要。

1.1.7 会计要素确认、计量及其要求

一、会计要素确认与计量的含义

1. 会计要素的确认

（1）初始确认条件。

符合要素的定义。有关经济业务确认为一项要素，首先必须符合该要素的定义。

（2）有关的经济利益很可能流入或流出企业。

这里的"很可能"表示经济利益流入或流出的可能性在50%以上。有关的价值以及流入或流出的经济利益能够可靠地计量。如果不能可靠地计量，确认就没有意义。

在报表中列示的条件经过确认、计量之后，会计要素应该在报表中列示。资产、负债、所有者权益在资产负债表中列示，而收入、费用、利润在利润表中列示。

根据准则规定，在报表中列示的条件是：符合要素定义和要素确认条件的项目，才能列示在报表中，仅仅符合要素定义的而不符合要素确认条件的项目，不能在报表中列示。

2. 会计要素的计量

会计计量属性种类：

① 历史成本。在历史成本计量下，资产按照购置时支付的现金或现金等价物的金额，或者按照购置资产时所付出的对价的公允价值计量。负债按照因承担现时义务而实际收到的款项或资产的金额，或者承担现时义务的合同金额，或者按照日常活动中为偿还负债预期需要支付的现金或者现金等价物的金额。

② 重置成本。在重置成本计量下，资产按照现在购买相同或者相似资产所需要支付的现金或者现金等价物的金额计量。负债按照现在偿付该项债务所需要支付的现金或者现金等价物的金额计量。

③ 可变现净值。在可变现净值计量下，资产按照其正常对外销售所能收到现金或者现金等价物的金额扣减该资产至完工时估计将要发生的成本、估计的销售费用以及相关税费后的金额计量。

④ 现值。在现值计量下，资产按照预计从其持续使用和最终处置中所产生的未来净现金流入量的折现金额计量。负债按照预计期限内需要偿还的未来净现金流出量的折现金额计量。

⑤ 公允价值。在公允价值计量下，资产和负债按照在公平交易中熟悉情况的交易双方自愿进行资产交换或者债务清偿的金额计量。

二、会计要素确认与计量的要求

对会计要素进行确认和计量不仅要符合一定的条件，而且还要确认与计量过程中遵循以下要求：划分收益性支出与资本性支出、收入与费用配比、历史成本计量。

1. 划分收益性支出与资本性支出

会计核算应当合理划分收益性支出和资本性支出。凡支出效益仅及于本年度（或一个营业周期）的，应当作为收益性支出；凡支出效益及于几个会计年度（或几个营业周期）的，应当作为资本性支出。

划分收益性支出和资本性支出的目的在于正确确定企业的当期（一般指一个会计年度）损益。具体来说，收益性支出是为了取得本期收益而发生的支出，应当作为本期费用；资本性支出是为了形成生产经营能力，为以后各期取得收益而发生的各种支出，应当作为资产反映，列于资产负债表中。如购置固定资产和无形资产的支出等。

如果一项收益性支出按资产性支出处理，就会造成少计费用而多计资产，出现当期利润虚增而资产价值偏高的现象；如果一项资本性支出按收益性支出处理，则会出现多计费用而少计资产，以致当期利润虚减而资产价值偏低的结果。

2. 收入与费用配比

正确确定一个会计期间的收入和与其相关的成本、费用，以便计算当期的损益，这是配比的要求。

收入与费用配比包括两方面的配比问题：一是收入与费用在因果联系上的配比，即取得一定的收入时发生了一定的支出，而发生这些支出的目的就是为了取得这些收入；二是收入和费用在时间意义上的配比，即一定会计期间的收入和费用的配比。

3. 历史成本计量

历史成本计量又称实际成本计量或原始成本计量，是指企业的各项财产物资应当按取得或构建时发生的实际支出进行计价。物价变动时，除国家另有规定者外，不得调整账目价值。

以历史成本为计价基础有助于对各项资产、负债项目的确认和对计量结果的验证和控制；同时，按照历史成本原则进行核算，也使收入与费用的配比建立在实际交易的基础上，防止企业随意改动资产价格造成经营成果虚假或任意操纵企业的经营业绩。

用历史成本计价比较客观，有原始凭证作证明，可以随意查证和防止随意更改。但这样做是建立在币值稳定假设基础之上的，如果发生物价变动导致币值出现不稳定情况，则需要研究、使用其他的计价基础，如现行成本、重置成本等。

1.1.8 权责发生制与收付实现制

权责发生制与收付实现制是确定收入和费用的两种截然不同的会计处理基础。正确地应用权责发生制是会计核算中非常重要的一条规范。企业生产经营活动在时间上是持续不断的——不断地取得收入，不断地发生各种成本、费用。将收入和相关费用相配比，就可以计算和确定企业生产经营活动所产生的利润（或亏损）。

由于企业生产经营活动是连续的，而会计期间是人为划分的，所以难免有一部分收入和费用出现收支期间和应归属期间不相一致的情况。于是在处理这类经济业务时，应正确选择合适的会计处理基础。可供选择的会计处理基础包括收付实现制和权责发生制两种。

一、收付实现制

收付实现制亦称现收现付制，是以款项是否实际收到或付出作为确定本期收入和费用的标准。采用收付实现制会计处理基础，凡是本期实际收到的款项，不论其是否属于本期实现的收入，都作为本期的收入处理；凡是本期付出的款项，不论其是否属于本期负担的费用，都作为本期的费用处理。反之，凡本期没有实际收到款项和付出的款项，即使应当归属于本期，但也不作为本期收入和费用处理。

这种会计处理基础，由于款项的收付实际上以现金收付为准，所以一般称为现金制。现举例说明收付实现制下会计处理的特点。

【例1-1】企业于7月10日销售商品一批，7月25日收到货款，存入银行。

分析：这笔销售收入由于在7月收到了货款，按照收付实现制的处理标准，应作为7月份的收入入账。

【例1-2】企业与7月10日销售商品一批，8月10日收到货款，存入银行。

分析：这笔销售收入虽然属于7月份实现的收入，但由于是8月份收到了货款，按照收付实现制的处理标准，则应将其作为8月份的收入入账。

【例1-3】 企业与7月10日收到某购货单位一笔货款，存入银行，但按合同规定于9月份交付商品。

分析：这笔销售收入虽然属于9月份实现的收入，但由于是7月份收到了款项，按照收付实现制的处理标准，则应将其作为7月份的收入入账。

【例1-4】 企业于12月30日以银行存款预付来年全年的保险费。

分析：这笔款项虽然属于来年各月负担的费用，但由于在本年12月份支付了款项，按照收付实现制的处理标准，应将其作为本年12月份的费用入账。

【例1-5】 企业于12月30日购入办公用品一批，但款项是在来年3月份支付。

分析：这笔费用虽然属于本年12月份负担的费用，但由于款项是在来年3月份支付，按照收付实现制的处理标准，应将其作为来年3月份的费用入账。

【例1-6】 企业于12月30日用银行存款支付本月水电费。

分析：这笔费用由于在本年12月份付款，按照收付实现制的处理标准，应作为本年12月份的费用入账。

从上面的举例可以看出，无论收入的权利和支出的义务归属哪一期，只要款项的收付在本期，就应确认为本期的收入和费用，不考虑预收收入和预付费用，以及应计收入和应计费用的存在。到会计期间根据账簿记录确定本期的收入和费用，因为实际收到和付出的款项，必然已经登记入账，所以不存在对账簿记录于期末进行调整的问题。这种会计处理基础核算手续简单，但强调财务状况的切实性，不同时期缺乏可比性，所以它主要适用于行政、事业单位。

二、权责发生制

《企业会计准则——基本准则》第九条指出："企业应当以权责发生制为基础进行会计确认、计量和报告。"权责发生制亦称应收应付制，是指企业以收入的权利和支出的义务是否归属于本期为标准来确认收入、费用的一种会计处理基础。也就是以应收应付为标准，而不是以款项的实际收付是否在本期发生为标准来确认本期的收入和费用。

在权责发生制下，凡是属于本期实现的收入和发生的费用，不论款项是否实际收到或实际付出，都应作为本期收入和费用入账；凡是不属于本期的收益和费用，即使款项在本期收到或付出，也不作为本期的收入和费用处理。由于它不管款项的收付，而以收入和费用是否归属本期为准，所以称为应计制。

前面所举的例子说明：在权责发生制下，【例1-1】和【例1-6】收入和费用的归属期与款项的实际收付同属相同的会计期间，确认的收入与费用与收付实现制相同。【例1-2】应作为7月份的收入，因为收入的权利在7月份就实现；【例1-3】应作为9月份的收入，因为7月份只是收到款项，并没有实现收入的权利。【例1-4】应作为第二年的费用，因为支出的义务应在第二年。【例1-5】应作为本年12月份的费用，因为12月份已经发生支出的义务了。

上述可见，与收付实现制相反，在权责发生制下，必须考虑预收、预付和应收、应付。由于企业日常的账簿记录不能完全反映本期的收入和费用，需要在会计期末对账簿记录进行调整，使未收到款项的应计收入和未付出款项的应付费用，以及收到款项而不完全属于本期的收入和付出款项而不完全属于本期的费用,归属于相应的会计期间,以便正确地计算本期的经营成果。采用权责发生制核算比较复杂,但反映本期的收入和费用比较合适、真实,所以适用于企业。

任务2　认识会计职业

1.2.1　会计职业

一、会计职业的特点

在当今社会,会计、医生和律师是人们所向往的三大自由职业。一提到会计职业,人们的第一印象就是"专业"、"高薪",中国正面临一个"财务管理的世纪",会计职业在飞速发展中,对有志于从事会计职业的青年越来越体现出巨大的吸引力。

首先,会计职业可以带给高级管理人员必需的知识储备和更大的发展空间。据美国《福布斯》杂志统计,2005年世界500强企业中的首席执行官中,约有25%以上的教育背景是会计专业,有35%是从首席财务官(Chief Financial Officer)升任的,会计的教育或者职业背景为通向高层管理的道路奠定了坚实的基础。可见,会计确实是充满机遇的职业,将造就出无数成功人士。

其次,会计职业具有很大的责任和风险。在传统的观念中,会计人员唯老板之命是从,只需要对老板负责就行了。但按照我国有关法律的规定,企业的会计人员除要向管理者负责之外,更要向国家、社会公众负责,这就使会计从业人员面临更多的风险和责任。会计人员只有遵守国家的各项法律法规,恪守职业道德,严格按照国家的财经纪律工作,才能尽可能地降低职业风险。

再其次,会计更是充满挑战的职业。我国现在约有1 200万人从事会计职业,无论是就业还是升职都面临激烈的竞争,虽然有如此多的会计从业者,我国却十分匮乏具有国际水准和现代经营观念的高水平会计人员,也只有这些高素质的会计人员才能够脱颖而出,成为人们所羡慕的"金领"。

最后,会计职业正在由"劳动密集型"向"智力密集型"转化,需要不断地进行学习。在传统的会计工作中,经验是至关重要的因素,会计技能也往往是通过师傅带徒弟的方式进行传递。但在现代会计工作中,随着经济活动的复杂化,会计技术、会计规则总在不断地变化,需要会计人员不断地更新自身的知识结构,不断地学习新知识。

二、会计职业活动的领域

会计人员所从事的职业活动,一般而言,凡是有经济活动的地方,就会有会计活动。因此,会计职业活动的范围是比较广泛的。按照行业性质不同,将会计职业分为企业会计、政府与非营利组织会计和会计师事务所的注册会计师。

1. 企业会计

企业会计是指在自主经营、自负盈亏的单位中从事会计管理活动的一种职业。如在工业企业、商业企业、施工建筑企业、金融企业、服务企业等从事会计核算、成本计算、分析、预测、决策等工作。

（1）财务会计。即在各类企业中从事会计核算和监督，以对外提供会计信息为主要目的的一种会计职业。如我们在工业、商业等企业中看见的记账、算账、报账的会计人员。

（2）管理会计。即在各类企业中从事会计分析、投资、融资预测与决策，以对内提供会计信息为主要目的的一种会计职业。如企业中从事投资分析、预测、决策等方面的会计人员。

（3）成本会计。即在各类企业中从事产品成本计算、核算、分析，以提供成本信息为主要目的的一种会计职业。如工业企业中的成本核算员、成本分析员等。

2. 政府与非营利组织会计

政府与非营利组织会计是应用于社会再生产过程中分配领域的专业会计，它以预算管理为中心，对中央与地方政府及事业行政单位的经济业务，进行连续、系统、完整地反映和监督的经济管理活动。主要包括财政总预算会计、行政单位会计、事业单位会计。

3. 会计师事务所的注册会计师

注册会计师是指取得注册会计师证书并在会计师事务所执业的人员，有时也指其所在的会计师事务所。英文全称 Certified Public Accountant，简称 CPA，指从事社会审计、中介审计、独立审计的专业人士。

三、会计人员的任职条件和工作职责

会计职业的从业者是会计人员。会计人员是指在国家机关、社会团体、企事业单位和其他经济组织进行会计核算和会计监督的专业技术人员。包括会计机构负责人、总会计师、高级会计师、会计师、助理会计师、会计员等。其中总会计师属于行政职务，高级会计师、会计师、助理会计师、会计员属于专业技术职务。

1. 各类会计人员的任职条件和要求

根据《会计法》规定，首先，"各单位应根据会计业务需要配备持有会计证的会计人员。未取得会计证的人员，不得从事会计工作"。其次，要具备必要的专业知识、专业技能和良好的职业道德，"会计人员应当具备必要的专业知识和专业技能，熟悉国家有关法律、法规、规章和国家统一会计制度，遵守职业道德"。最后，要按规定参加会计业务培训，"会计人员应当按照国家有关规定参加会计业务培训"。具体来讲，对于会计人员、助理会计师、会计师和高级会计师四类会计专业技术职务的任职条件和要求如下。

（1）会计员。根据《会计专业职务试行条例》的规定，担任会计员的基本条件是：初步掌握财务会计知识和技能；熟悉并能认真执行有关会计法规和财务会计制度；能担任一个岗位的会计工作；大学专科或中等专业学校毕业，在会计工作岗位上已见习一年期满。担任会计员的工作职责是：负责具体审核和办理财务收支，编制记账凭证，登记会计账簿，编制财务报表和办理其他会计事项。

（2）助理会计师。助理会计师的任职条件如下：

① 掌握一般的财务会计基础理论和专业知识。

② 熟悉并能正确执行有关的财经方针、政策和财务会计法规、制度。

③ 能担负某一方面或某个重要岗位的财务会计工作。

④ 取得硕士学位或取得第二学士学位或研究生班结业证书，具备履行助理会计师职责的能力，或者大学本科毕业后在财务会计工作岗位上见习一年期满，或者大学专科毕业并担任会计员职务两年以上，或者中等专业学校毕业并担任会计员职务 4 年以上。助理会计师的工作职责是：负责草拟一般的财务会计制度、规定、办法；解释、解答财务会计法规、制度中的一般规定；分析、检查某一方面或某些项目的财务收支和预算执行情况。

(3) 会计师。会计师的任职条件如下：

① 较系统地掌握财务会计基础理论和专业知识。

② 掌握并能正确贯彻执行有关的财经方针、政策和财务会计法规、制度。

③ 具有一定的财务会计工作经验，能担负一个单位或管理一个地区、一个部门、一个系统某个方面的财务会计工作。

④ 取得博士学位并具有履行会计师职责的能力，或者取得硕士学位并担任助理会计师职务 2 年左右，或者取得第二学士学位或研究生班结业证书并担任助理会计师职务 2~3 年，或者大学本科或专科毕业并担任助理会计师职务 4 年以上。

⑤ 掌握一门外语。会计师的工作职责是：负责草拟比较重要的财务会计制度、规定、办法，解释、解答财务会计法规、制度中的重要问题；分析、检查财务收支和预算执行情况；培养初级会计人才。

(4) 高级会计师。高级会计师的任职条件是：

① 较系统地掌握经济、财务会计理论和专业知识。

② 具有较高的政策水平和丰富的财务会计工作经验，能担任一个地区、一个部门或一个系统的财务会计管理工作。

③ 取得博士学位并担任会计师职务 2~3 年，或者取得硕士学位、第二学士学位或研究生班结业证书，或者大学本科毕业担任会计师职务 5 年以上。

④ 比较熟练地掌握一门外语。高级会计师的工作职责是：负责草拟和解释、解答一个地区、一个部门、一个系统或在全国施行财务会计法规、制度、办法；组织和指导一个地区、一个部门、一个系统的经济核算和财务会计工作；培养中级以上会计人才。

担任上述专业技术职务必须取得相应的会计专业技术资格。2000 年 9 月，财政部、人事部联合印发的《会计专业技术资格考试暂行规定》及其实施办法，对考试级别、报名条件、聘用制度、证书管理等作出了规定。如会计专业技术资格分为初级资格、中级资格和高级资格三个级别。现阶段只对初级、中级会计资格实行全国统一考试。

2. 会计人员的工作职责

按照国家制定的会计职业标准，会计人员的工作主要包括以下几个方面。

(1) 对单位的会计事项进行会计核算。

(2) 对单位的经济活动实行会计监督和控制。

(3) 根据会计准则和财务会计制度，拟订本单位办理会计事务的具体办法。

(4) 参与制订经济计划，考察、分析预算、财务计划的执行情况。

(5) 办理其他会计事务，例如在本单位实行责任会计、经营决策会计、电算化会计等。

1.2.2 会计人员的职业素质要求

作为一种社会职业，会计具有多层面的素质要求：一方面，作为社会行业体系中的重要部分，会计人员必须具备其他行业从业者所共有的素质；另一方面，由于工作性质、岗位要求、技能水平的特殊性，会计人员又具有其特定的素质要求。目前，研究者普遍认为：高尚的职业道德、丰富的会计专业知识、娴熟的业务技能、较强的组织管理能力是构成会计人员职业素质的基本要素。

一、具有高尚的职业道德

1. 爱岗敬业

热爱本职工作，这是做好一切工作的出发点。会计人员只有为自己建立了这个出发点，才会勤奋、努力地钻研业务技术，使自己的知识和技能适应具体从事的会计工作的要求。

2. 熟悉法规

法制意识是维护社会主义市场经济秩序，在法律范围内进行经营活动的重要前提。会计工作不只是单纯的记账、算账、报账工作，会计工作时时、事事、处处涉及执法守规方面的问题。会计人员不但自己应当熟悉财经法律、法规和国家统一的会计制度，还要能结合会计工作进行广泛宣传；做到在自己处理各项经济业务时知法依法、知章循章，依法把关守口，对服务和监督对象则能够进行会计法制宣传，增强他们的法制观念，帮助他们辨明法律上的是非，促使他们在日常经济活动中依法办事，避免不轨行为。

3. 依法办事

会计人员应当按照会计法律、法规、规章规定的程序和要求进行会计工作，保证所提供的会计信息合法、真实、准确、及时、完整。会计信息的合法、真实、准确、及时和完整，不但要体现在会计凭证和会计账簿的记录上，还要体现在财务报告上，使单位外部的投资者、债权人、社会公众以及社会监督部门能依照法定程序得到可靠的会计信息资料。要做到这一点并不容易，但会计人员的职业道德要求这样做，会计人员应该继续在这一点上树立自己职业的形象和职业人格的尊严，敢于抵制歪风邪气，同一切违法乱纪的行为作斗争。

4. 客观公正

会计人员在办理会计事务中，应当实事求是、客观公正。这是一种工作态度，也是会计人员追求的一种境界。做好会计工作，无疑是需要专业知识和专业技能的，但这并不足以保证会计工作的质量，具有实事求是的精神和客观公正的态度也同样重要；否则，就会把知识和技能用错了地方，甚至参与弄虚作假或者通同作弊。

5. 搞好服务

会计工作的特点决定了会计人员应当熟悉本单位的生产经营和业务管理情况，以便运用所掌握的会计信息和会计方法，为改善单位的内部管理、提高经济效益服务。社会主义市场经济体制的建立为企业和实行企业化管理的事业单位开辟了广阔的天地。在这片广阔天地里驰骋需要有过硬的业务本领和服务意识。会计工作是经济管理工作的一部分，把这部分工作做好对所在单位的经营管理至关重要。这也正是会计人员的责任所在。

6. 保守秘密

会计人员应当保守本单位的商业秘密，除法律规定和单位领导人同意外，不能私自向外界提供或者泄露单位的会计信息。会计人员由于工作性质的原因，有机会了解到本单位的重要机密，如对企业来说，关键技术、工艺规程、配方、控制手段和成本资料等都是非常重要的机密，这些机密一旦泄露给明显的或潜在的竞争对手，会给本单位的经济利益造成重大的损害，对被泄露的单位是非常不公正的。所以，泄露本单位的商业秘密，是一种非常不道德的行为。会计人员应当树立泄露商业秘密是大忌的观念，对于自己知悉的内部机密，任何时候、任何情况下都要严格保守，不能信口吐露，也不能为了自己的私利而向外界提供。

二、具有丰富的会计专业知识

会计工作是一种高智力活动，它的正常运作离不开相应的知识储备和必要的技能水平，因而在会计人员职业活动中，厚实的知识是会计人员从事会计工作和实践活动的必备基础。需要指出的是，高职学生并不需要在专业知识领域有很深的造诣，因此，在理论知识体系的构建上，应遵循的基本原则是"以能够满足岗位工作需要的理论知识为基准，适当加深理论知识的学习"。需要具备的理论知识依次是：基础会计、中级财务会计、成本会计、管理会计、财务管理、审计学原理、会计电算化。下面简要介绍会计专业所学的课程。

1. 基础会计

基础会计是会计专业的入门基础课程，解决会计业务处理的基本方法和基本技能。基础会计的主要内容包括：记账原理和方法、账户的设置、会计凭证的编制和审核、会计账簿的设置和登记、财务报表的编制原理等。

2. 中级财务会计

中级财务会计是会计专业最重要的课程，解决企业经常性业务发生时的会计处理的基本方法和基本技能。中级财务会计的主要内容包括：购销存各环节的会计处理、投融资业务的会计处理、纳税业务和财务成果核算业务的会计处理，以及财务报告的编制等。

3. 成本会计

成本会计是会计专业的最重要的课程，解决制造业企业有关产品成本核算的会计处理的基本方法和基本技能。成本会计的主要内容包括：成本核算的原理和方法、不同类型的企业的成本核算方法、产品成本分析和报告等。

4. 管理会计

管理会计是主要为企业内部管理决策人员提供会计信息的课程，是解决企业有关投资分析、筹资分析、预算分析、责任会计的基本技能。管理会计的主要内容包括预测、决策、全面预算、成本控制和责任会计等。

5. 财务管理

财务管理是会计专业的一门重要的专业课程，主要研究企业资金运动各环节的筹划与谋略，着重研究如何合理确定企业资金筹集规模和最佳资金结构，如何选择合理的筹资方式，怎样进行投资项目的可行性分析，确定最佳投资方式与投资渠道，如何安排股利分配方案，以及怎样实现企业价值增长等。

6. 审计学原理

审计学原理是会计专业的一门重要的专业课程，其课程内容包括：审计职业规范体系、审计的分类与方法、审计组织与审计人员、审计准则与审计依据、审计程序、审计证据与审计工作底稿、内部控制的评审、审计报告、审计抽样、销售和收款循环的审计、采购和支出循环的审计、生产循环的审计、投资和筹资循环的审计、货币资金和内部审计等。

7. 会计电算化

会计电算化是会计专业的一门重要的专业课程，其课程内容包括：会计电算化概述、系统管理及基础设置、账务处理系统、报表处理系统、工资管理系统、固定资产管理系统、采购与应付款管理系统、销售与应收款管理系统、存货核算与库存管理系统等。

除此之外，还应有财政与金融、统计、经济学等相关专业知识。

三、具有娴熟的业务技能

会计是一种非常讲究实际经验和专业技巧的职业，动手能力很重要。会计人员在获得一定专业理论知识的基础上，特别强调实际操作能力及岗位所要求的业务素质。具体表现为：在会计岗位上能进行经济业务上的各种会计处理，如会计记录的书写、会计科目设置、复式记账法的应用、凭证处理和账簿登记等基本会计业务处理；能运用财务会计理论解决实际核算问题，如会计要素的确认、计量与核算；能完成财务报表的编制；能进行成本核算，如成本费用的归集与分配，产品成本的计算；能利用财务报表提供的数据进行分析，如偿债能力分析、营运能力分析、获利能力分析，以此预测企业的发展前景，对企业的未来作出判断。

会计人员不仅要熟悉手工操作，并且能够熟练地使用和维护计算机应用软件，如Office系列软件（如Excel、Word等）、会计核算软件、ERP（企业资源规划）系统等，适应会计业务电算化的需要。

四、具有较强的组织管理能力

会计作为一种经济管理能力，会计人员除了具备会计核算和会计监督两个基本职能外，还应具有预测经济前景、参与经营决策、控制经济过程、评价经营业绩等能力，这就需要会计人员具有内外协调能力和管理决策能力。

会计人员的内外协调能力包括两个方面：一是对内的组织、协调、沟通能力；二是对外的协调和沟通能力。由于会计人员要确认、计量、记录、跟踪各方面的会计信息和会计资料，对内必然与企业内部的采购、生产、保管、销售等部门发生财务关系；对外必然与工商、税务、银行以及政府有关部门之间发生财务关系，为此，会计人员应具有团队精神和全局观念，从整体战略出发，公正地组织、协调各部门的关系，形成合力，实现内部控制的有效管理。还应积极主动地向领导反映经营管理活动中的情况和存在的问题，提出合理化建议，参与管理、参与预测、参与监控，从而使会计的事后反映变为事前的预测分析，成为决策层的参谋和助手。对外部各相关单位除要将企业真实的经营情况和财务状况反映给相关部门外，还要有诚恳的态度，吃苦耐劳的精神，较强的与人沟通的能力才能顺利完成各项任务。

1.2.3 会计人员的职业发展

会计是一种非常讲究实际经验和专业技巧的职业，它的入职门槛相对比较低，难就难在以后的发展。想要得到好的发展，就要注意在工作中积累经验，不断地提高专业素质和专业技巧，开拓自己的知识面。

随着社会经济的高速发展，会计行业已经开始和其他的专业慢慢融合从而产生了很多新职业，这也为以后会计人员的发展提供了更多的选择机会。以会计作为职业你会获益很多，其中最重要的是，你可以了解企业到底是如何运作的。前已述及，很多商界成功人士最早都是从事会计工作的，同时，很多大企业的财务总监必须具有会计的背景。

目前会计专业四大职业方向有：做会计的、查会计的、管会计的、研究会计的。"做会计的"即从事会计核算、会计信息披露的狭义上的会计人员。"查会计的"包括注册会计师和政府与企事业单位审计部门的审计人员、资产清算评估人员。"管会计的"是指与会计管理有关的政府部门管理人员和其他政府部门及其他非营利组织的会计业务人员，如财政部门的会计业务管理处，"研究会计的"一般指在各类研究部门的专职研究人员和高等院校会计专业的教授和会计专家。

那么，会计职业的从业人员怎样走上事业的成功之路，以实现自己的宏伟目标呢？一些成功人士总结了自己成才的经验，可供参考。

第一，要有长远的职业规划。

"凡事预则立，不预则废"，制定自己的职业规划，是激励会计人员沿着理想的目标，实现可持续发展的前提。

第二，积沙成塔，不断培养自己的良好素质。

比如正直诚信、独立思考、坚持原则等优秀的个人素质是通过一件件小事培养的，也是通过一件件小事得以体现的。在日常的工作中需要注意一言一行，不断培养自己的良好素质。

第三，与时俱进，不断学习。

学习是完善一个人的知识结构，适应社会发展的唯一办法。会计人员不仅要有扎实的专业技能，还要广泛地学习货币、金融、银行、财政、统计、计量经济学等相关经济学知识，同时还要了解法律和计算机应用知识，提高自己处理数据和把握信息的能力，培养自己严谨的逻辑思维能力。

第四，要培养良好的人际交往能力和一定的管理能力。

常言说得好，"事在人为"。做财会工作，不仅要与企业内部的各个部门和人员打交道，还要与外部的银行、税务等部门打交道，处理好方方面面的关系，必须具备良好的人际交往能力和一定的管理能力。

以上这些能力的培养对于未来的职业发展具有重要的现实意义。

知识链接1-2　会计的产生和发展

会计是适应社会生产实践和经济管理的客观需要而产生的，并随着社会生产的发展而发展。它的产生和发展经历了很长的历史时期。

人类的生存与社会的发展，有赖于物质资料的生产，而在物质资料的生产过程中，又必然发生人力、物力、财力的消耗。所以，在生产实践中，人们为了尽量减少生产消耗，创造尽可能多的物质资料，就要求对生产过程中的各种经济现象从数量方面记录下来，以所获得的信息去指导与管理生产，从而促进生产的不断发展。

在原始社会，由于生产过程比较简单，生产力水平非常低下，所以，人们对生产的耗费与成果是通过头脑的记忆或一定方式记载的，如刻契计量、结绳记事等。通常把这种原始的计算与记录方法称为会计的萌芽。会计产生后，最初只是"生产职能的附带部分"，会计还不是一项独立的工作。随着生产的发展，剩余产品的出现，简单的记录与计算行为已无法满足管理的需要，于是会计就逐渐"从生产职能中分离出来，成为特殊的、专门委托当事人的独立的职能"，专职会计就应运而生了。随着专职会计的产生，记账技术也相应得到了发展，特别是文字和货币产生以后，生产过程便逐渐过渡到用货币形式来计量和记录，为簿记的形成奠定了基础。

在我国，会计的发展具有悠久的历史。"会计"一词最早出现在奴隶社会的西周时代。"零星算之为计，总合算之为会"是对会计的解释。西周王朝为记录钱粮赋税情况，设立了"司书"、"司会"等专门从事会计工作的官吏。"司书"是记账的，主要对财务收支进行登记；"司会"是进行会计监督的。

到了封建社会，生产日益社会化，商品经济有了发展，会计的地位与技术也发生了很大的变化。两汉时期的"簿书"、南北朝的"账簿"等会计账册，都相继出现。特别是唐宋时期，工商业日益发达，贸易十分活跃，经济空前繁荣，使会计的发展有了良好的社会条件。由"日记账"和"总清账"相结合的账簿体系已经形成，建立了每年一次编制"计册"，即财务报表的制度等。比较典型的是宋朝初期，已逐步形成了一套记账、算账的古代会计结算法，即"四柱结算法"，亦称"四柱清册"。所谓"四柱"是指旧管（相当于"上期结存"）、新收（相当于"本期收入"）、开除（相当于"本期支出"）、实在（相当于"本期结存"）四个部分。"四柱结算法"把一定时期内财务收支记录，通过"旧管+新收=开除+实在"（即上期结存+本期收入=本期支出+本期结存）这一平衡公式，加以总结，既可以检查日常记账的正确性，又可系统、全面和综合地反映经济活动的全貌。这是我国古代会计的一项杰出成就，即使在现代会计中，仍然运用这一平衡关系。

明末清初，随着手工业、商业的进一步发展和资本主义萌芽的出现，我国商人设计了"龙门账"，用于计算盈亏。把全部账目分为"进"（相当于各项收入）、"缴"（相当于各项支出）、"存"（相当于各项资产）、"该"（相当于资本、负债）四类，运用了"进-缴=存-该"的平衡公式计算盈亏，并设置总账进行"类记录"，开始复式记账。

在国外，12~15世纪，地中海沿岸部分城市的商业和手工业发展很快，呈现出资本主义的萌芽状态。当时，意大利威尼斯出现了借贷资本家，对银行账簿的记录采用了借贷复式记账法。1494年，意大利数学家卢卡·帕乔利（Luca Pacioli）发表了《算术、几何及比例概要》一书，系统地阐述了借贷记账法的原理及其应用。清朝后期，随着资本主义在我国的萌芽，社会经济不断发展，会计方法也不断演进，以借贷记账法为主要内容的"西式会计"传入我国，对促进我国会计的发展起到了积极的作用。

现代会计一般认为是从20世纪50年代开始至今。其主要标志是：

第一，电子技术与会计的结合。电子计算机逐渐代替传统手工操作，使会计在操作方法上有了根本的变化。

第二，生产力水平和管理科学的发展。会计理论和方法随着企业内部和外部对会计信息的不同要求而分化为两个领域，即管理会计和财务会计，并基本形成了各自的理论体系及相应的程序和方法。

中华人民共和国成立之后，我国实行高度集中的计划经济体制，引进了与此相适应的苏联计划经济会计模式，对旧中国的会计制度与方法进行改造与革新。特别是改革开放以后，为适应社会主义市场经济发展的需要，财政部先后制定了分行业的会计制度，强化了对会计工作的组织和指导。1985年颁布《中华人民共和国会计法》，1993年对《会计法》进行第一次修订。目前执行的是第二次修订并自2000年7月1日起施行的《会计法》。为适应社会主义市场经济发展的需要，财政部于1992年11月公布了《企业会计准则》和《企业财务通则》，自1993年7月1日起执行。"两则"的实施，表明了我国在会计法规体系、宏观会计管理模式等方面作出了大幅度的改革，并逐步与国际会计惯例接轨。2006年2月我国对企业会计准则又进行了全面的修订和完善，使我国的会计理论和实务都迈入了国际化的轨道。

综上所述，会计是社会经济发展到一定阶段的产物，经济的发展推动了会计的发展。会计经历了一个由简单到复杂，由低级到高级的发展过程。生产离不开管理，管理离不开会计；经济愈发展，会计愈重要。

阅读材料

1. 如何学习会计

学习会计，方法很重要，掌握适合自己的学习方法，是学习会计的总钢，纲举目张。学习会计如同过河，其方法很多，架桥、造船、扎竹排、蹚水、摸着石头过河、游到对岸、坐羊皮筏子过河。不同的方法解决不同的问题，不可能用一种方法来对付。应寻找，摸索和逐渐形成适合自己的一套学习方法。养成好的学习习惯使你终生受益。建议从以下四个"结合"学习会计。

（1）理论与实际相结合。

会计理论是从会计实际工作中总结出来的规律，它来源于实际，是实际的概括和总结。因此，会计学习应该是先实际后理论，先知道实际业务的现场流程和情景，也就是熟悉业务，根据业务来理解和认识核算的理论，也就是掌握账务处理的原理。

（2）理解与记忆相结合。

先理解后记忆，在理解的基础上加强记忆。死记硬背，效果不见得好，事倍功半。会计需要背出来的东西不多，但是基本概念还是不少，先理解后记忆，才能记住记牢。

（3）课上与课下相结合。

以课堂学习为主，以课后学习为辅。课堂上学懂学会，课堂下巩固提高。立足课上，提高听课效果。课堂上没有听懂的，不要认为课后自己看看就会了，应及时向老师请教。课下主要是做必不可少的复习，回顾思考，研读教材，完成作业，融会贯通，形成能力和技能。

（4）想与练相结合。

想是指思考，要勤于思考。上课时边听边想。下课后先回顾，再看书，再做作业，再小结，再默想消化、理解、提高。知识转化为能力的重要环节是练习。会计练习主要是做作业，包括习题册上的作业和课外布置的作业。多练，反复练，加快速度，熟能生巧。把专业技能转化为自己的专业素质。

2. 怎样阅读会计教材

从拿到教材开始到考试为止，应该至少读5遍指定教材。

一读课前预习先

从师二读课堂间

温故知新读三遍

四读再把习题练

五读复习迎考试

3. 怎样做会计作业

(1) 先弄清楚道理，然后再做，即先看书后做作业，做不出来时再看书。

(2) 经常与教师沟通，充分利用网络的学习资源。

(3) 团结协作、群策群力有利于开拓思路。

本项目小结

会计是以货币为主要计量单位，反映和监督一个单位经济活动的一种经济管理工作。它与企业其他管理活动相比，具有以货币为主要计量尺度；连续性、系统性、全面性和综合性；会计核算以凭证为依据等特点。

会计的职能，是指会计在经济管理中所具有的功能。《中华人民共和国会计法》对会计的基本职能表述为：会计核算和会计监督。

会计的对象是指会计核算和监督的内容，通常又称为价值运动或资金运动。

会计的方法是用来核算和监督会计内容，实现会计目标的手段。会计方法包括会计核算方法、会计分析方法和会计预测、决策方法等。会计核算方法一般包括设置账户、复式记账、填制和审核会计凭证、登记账簿、成本计算、财产清算、编制财务报表等七种专门方法。其中，复式记账是会计核算方法的核心。

会计作为一种社会职业，具有多层面的素质要求：一方面，作为社会行业体系中的重要部分，会计人员必须要具备其他行业从业者所共有的素质；另一方面，由于工作性质、岗位要求、技能水平的特殊性，会计人员又具有其特定的素质要求。目前，研究者普遍认为：高尚的职业道德、丰富的专业知识、娴熟的业务技能、较强的组织管理能力是构成会计人员职业素质的基本要素。

【课后训练】

一、判断题

1. 会计只能以货币为计量单位。（   ）
2. 会计监督职能也被称为控制职能，即实施过程控制，包括事前、事中和事后的监督。（   ）
3. 会计的最基本功能是会计监督。（   ）
4. 会计核算的三项工作指记账、对账、报账。（   ）
5. 签订经济合同是一项经济活动，因此属于会计对象。（   ）
6. 会计主体必须是法律主体。（   ）
7. 凡是特定对象中能够以货币表现的经济活动，都是会计对象。（   ）
8. 会计核算所提供的各种信息是会计监督的依据。（   ）
9. 在会计核算方法体系中，其主要的工作程序是填制和审核凭证、登记账簿和编制财务报表。（   ）
10. 企业会计工作的组织方式有集中核算与非集中核算两种。（   ）

二、单项选择题

1. 关于会计的说法错误的是（　　）。
   A. 会计是一项经济管理活动
   B. 会计的主要工作是核算和监督
   C. 会计的对象针对的是某一主体平时所发生的经济活动
   D. 货币是会计唯一的计量单位

2. 在会计职能中，属于控制职能的是（　　）。
   A. 进行会计核算	B. 实施会计监督
   C. 参与经济决策	D. 评价经营业绩

3. 下列方法中不属于会计核算方法的有（　　）。
   A. 填制会计凭证	B. 登记会计账簿
   C. 编制财务预算	D. 编制财务报表

4. 会计核算的最终环节是（　　）。
   A. 确认	B. 计量	C. 计算	D. 报告

5. 资金的循环与周转过程不包括（　　）。
   A. 供应过程	B. 生产过程
   C. 销售过程	D. 分配过程

6. 在会计核算的基本前提中，界定会计工作和会计信息的空间范围的是（　　）。
   A. 会计主体	B. 持续经营
   C. 会计期间	D. 货币计量

7. 持续经营是建立在（　　）基础上的。
   A. 会计主体	B. 权责发生制
   C. 会计分期	D. 货币计量

8. 会计分期是建立在（　　）基础上的。
   A. 会计主体	B. 持续经营
   C. 权责发生制	D. 货币计量

9. 根据《会计法》的规定，我国会计年度的期间为（　　）。
   A. 公历1月1日起至12月31日止	B. 农历1月1日起至12月31日止
   C. 公历4月1日起至次年3月31日止	D. 农历10月1日起至次年9月30日止

10. 会计执行事后核算的主要形式是（　　）。
    A. 计划、决策	B. 记账、算账、报账
    C. 预算、控制、计划	D. 预测、决策、控制

11. 计提固定资产折旧以（　　）假设为基础。
    A. 会计主体	B. 货币计量	C. 会计分期	D. 持续经营

12. （　　）是会计工作的主体。
    A. 会计人员	B. 会计主管	C. 单位负责人	D. 总会计师

13. 会计职业的"试金石"是（　　）。
    A. 廉洁自律	B. 客观公正	C. 爱岗敬业	D. 保守秘密

14. 在一个会计期间发生的一切经济业务，都要依次经过的核算环节是（　　）。

  A. 设置会计科目、成本计算、复式记账
  B. 复式记账、财产清查、编制财务报表
  C. 填制审核凭证、登记账簿、编制财务报表
  D. 填制审核凭证、复式记账、编制财务报表
15. 下列不属于中期财务报告的是（　　）。
  A. 年度财务会计报告　　　　　　　　B. 半年度财务会计报告
  C. 季度财务会计报告　　　　　　　　D. 月度财务会计报告

三、多项选择题

1. 会计是（　　）。
  A. 经济管理活动　　　　　　　　　　B. 以凭证为依据
  C. 以货币为主要计量单位　　　　　　D. 针对一定主体的经济活动
2. 会计按其报告的对象不同，可分为（　　）。
  A. 财务会计　　B. 管理会计　　C. 企业会计　　D. 预算会计
3. 会计的职能包括（　　）。
  A. 进行会计核算　　B. 实施会计监督　　C. 预测经济前景
  D. 参与经济决策　　E. 评价经营业绩
4. 会计核算的基本前提有（　　）。
  A. 会计主体　　B. 持续经营　　C. 会计期间　　D. 货币计量
5. 下列业务中属于资金退出的有（　　）。
  A. 购买材料　　B. 缴纳税金　　C. 分配利润　　D. 银行借款
6. 下列方法中属于会计核算方法的有（　　）。
  A. 填制会计凭证　　　　　　　　　　B. 登记会计账簿
  C. 编制财务报表　　　　　　　　　　D. 编制财务预算
7. 我国《企业会计准则》规定，会计期间分为（　　）。
  A. 年度　　　　B. 半年度　　　C. 季度　　　　D. 月度
8. 在下列组织中可以作为会计主体的是（　　）。
  A. 事业单位　　B. 分公司　　　C. 生产车间　　D. 销售部门
9. 资金运动包括（　　）。
  A. 资金的投入　　　　　　　　　　　B. 资金的循环与周转
  C. 资金的退出　　　　　　　　　　　D. 资金的积累
10. 会计有为企业外部各有关方面提供信息的作用，主要是指（　　）。
  A. 为政府提供信息　　　　　　　　　B. 为投资者提供信息
  C. 为债权人提供信息　　　　　　　　D. 为社会公众提供信息
11. 会计人员的专业技术职务分为（　　）。
  A. 高级会计师　　B. 会计师　　C. 助理会计师　　D. 会计员
12. 会计人员的职业道德包括爱岗敬业、依法办事、（　　）等。
  A. 熟悉财经法规　　B. 搞好服务　　C. 客观公正　　D. 保守秘密

项目二

认知会计要素与会计账户

技能目标

1. 能对企业简单经济业务进行分析、分类，正确选取会计科目（账户）。
2. 能运用借贷记账法的基本原理编制会计分录，登记有关账户、试算平衡，会正确计算账户余额。

知识目标

1. 明确各会计要素的内涵及包括内容。
2. 理解经济业务发生对会计等式的影响。
3. 掌握常用会计科目的内容和科目分级。
4. 掌握账户的基本结构。
5. 理解复式记账法的基本原理。
6. 掌握借贷记账法的内容。
7. 明确试算平衡的原理。
8. 掌握总账与明细账平行登记的要点。

【案例导入】

张明和张芳两兄妹决定开一家公司，经过深入调查后，两人决定搞服装加工，并给公司起名为"明芳服装公司"。两人积极筹备公司开办事宜。首先解决资金问题：父亲为企业投资22 000元，张明出资30 000元，张芳出资15 000元。此外，又以公司的名义从银行借款25 000元，3年后一次还本付息，所有资金均存入开立的银行账户。资金到位后，张明购置了缝纫机50台，每台480元；张芳去江淮公司赊购一台熨衣设备，价格36 000元，又从长江公司购入材料一批，价款12 000元。张明到人才市场招聘了一批员工，第二天上班。这样，经过紧张的准备后，企业正式挂牌营业。

问题：
1. 本案例中涉及了哪些项目？
2. 推断可能对你编制的资产负债表特别感兴趣的两组人，列出他们感兴趣的原因和内容。

任务1　认识会计要素

"案例导入"发生的若干事项，正是明芳服装公司（会计主体）的日常经济活动，作为一名会计，就需要将这些交易或事项（会计对象）进行确认、计量、记录和报告（即核算）。那么，如何能够有条理地、专业化地进行核算，来帮助明芳服装公司进行管理呢？我们首先需要对这些交易或事项进行分类。

【案例资料】

在"案例导入"中明芳公司的资料里，目前的经济活动中表现出以下几个方面。

（1）资产：公司以各种形式获得的资金存入银行账户，成为该公司的货币资金（银行存款），购得的缝纫机、熨衣设备（固定资产）、材料（原材料）成为公司生产中必不可少的有形的资源。

（2）负债：资产中有部分是向银行借入的3年期借款（长期借款）和赊购熨衣设备时的欠款（应付账款）。

（3）所有者权益：资产中还有一部分来自公司的创办人张明、张芳及其父亲的投资（实收资本），张明、张芳及其父亲成为明芳公司的投资人，以其投资行为对公司的资产享有一定的权益。

根据资料中的数据可以得出：

银行存款 = 22 000 + 30 000 + 15 000 + 25 000 - 50 × 480 - 12 000 = 56 000（元）

固定资产 = 50 × 480 + 3 600 = 27 600（元）

原材料 = 12 000（元）

长期借款 = 25 000（元）

应付账款 = 3 600（元）

实收资本 = 22 000 + 30 000 + 15 000 = 67 000（元）

对资产负债表感兴趣的人应该有两组，他们分别是明芳公司的债权人和投资人。

2.1.1　会计要素的构成

会计要素就是对会计对象的基本分类，是进行会计确认和计量的依据，也是设定财务报表结构和内容的依据。

《企业会计准则——基本准则》第十条规定："企业应当按照交易或者事项的经济特征确定会计要素。"会计要素包括资产、负债、所有者权益、收入、费用和利润。

一、资产

《企业会计准则——基本准则》第二十条规定："资产是企业过去的交易或者事项形成

的、由企业拥有或者控制的、预期会给企业带来经济利益的资源。"

具体来讲，企业从事生产经营活动必须具备一定的物质资源，如货币资金、厂房场地、机器设备、原材料等，这些都是企业从事生产经营的物质基础，都属于企业的资产。此外，专利权、商标权、土地使用权等不具有实物形态，但却有助于生产经营活动进行的无形资产，以及企业对其他单位的投资等也都属于资产。

根据资产的定义，资产具有以下基本特征：

（1）资产必须是由过去的交易或者事项形成的。包括购买、生产、建造行为或者其他交易或事项。也就是说，资产是过去已经发生的交易或事项所产生的结果，资产必须是现实的资产。未来将发生的交易或者事项不能作为资产确认。例如，某企业将在下月份购入一批存货，并已经与供货方签订了购买合同，于下月份提供商品并付款，则该企业在本月份不能将这批货作为资产反映，因为该买卖行为还未发生，尚未产生结果。

（2）资产由企业拥有或者控制。一项资源要作为企业资产予以确认，企业应该拥有此项资源的所有权，可以按照自己的意愿使用或处置。但对一些特殊方式形成的资产，企业虽然对其不拥有所有权，却能够实际控制的，比如融资租入的固定资产，也应该确认为固定资产。例如，某企业以融资租赁方式租入一台设备，租期10年，虽然从法律形式来讲，该企业并不拥有这台设备的所有权，但是由于租赁合同中规定的租赁期相当长，接近于该设备的使用寿命，租赁结束时该企业有优先购买这台设备的选择权，在租赁期内该企业有权支配设备的使用并从中受益，所以，从其经济实质来看，该企业能够控制其创造的未来经济利益。因此，在会计核算上将这台设备视为该企业的资产。

（3）资产预期能够直接或间接地给企业带来经济利益。这是指资产具有直接或间接导致现金和现金等价物流入企业的潜力。例如，企业通过收回应收账款、出售库存商品等方式直接获得经济利益，企业也可以通过对外投资以获得股利或参与分配利润的方式间接获得经济利益。按照这一特征，那些已经没有经济价值，不能给企业带来经济利益的项目，就不能继续确认为企业的资产。例如，某企业2003年购入了一台设备，由于技术更新2008年又新购入了一台设备替换了原设备，原设备不再使用，同时又没有市场出售。由于该设备不能再给企业带来经济利益的流入，因此，不再作为企业的资产。

符合资产定义的资源，在同时满足以下条件时，才能确认为资产：

一是与该资源有关的经济利益很可能流入企业。

二是该资产的成本或者价值能够可靠地计量。

资产是企业期望能为其带来经济利益的资源，而企业在掌控这些资源时，可以从时间角度（即资产的流动性或称变现能力）对这些资源提出不同的希望和要求。对有些资源，企业希望它们能在短期内（一年或一个营业周期内，包括一年）通过周转换回新的资源或转换成其他形式，这样的资产被称为流动资产，如货币资金、应收账款、原材料、库存商品等；而另一些资产则被要求能长期（一年以上）为企业"服役"，这类资产被称为非流动资产，如固定资产、无形资产等、工程物资、在建工程等。

☞ **小思考**

以下条目所涉及的项目是否都能列为资产？为什么？

1. 根据一份合同，公司将在未来的某一时间购买的一套设备。
2. 一家提供渡轮旅游观光的公司，其观光渡轮常年运行在某运河系统上。该条目中提及的渡轮和某运河系统。

3. 一台已经废弃、不能再使用的设备。
4. 完成贷款手续而得到的一笔银行存款。
5. 爱利公司从贝克公司临时租用的一辆汽车。
6. 明芳公司新招聘的员工。

二、负债

《企业会计准则——基本准则》第二十三条规定："负债是指企业过去的交易或者事项形成的、预期会导致经济利益流出企业的现时义务。"现时义务是指企业在现行条件下已承担的义务。未来发生的交易或事项可能形成的义务不属于现时义务，不应当确认为负债。企业的负债主要包括短期借款、应付票据、应付账款、预收账款、应付职工薪酬、应交税费、应付利息、应付股利、其他应付款、长期借款、应付债券和长期应付款等。

根据负债的定义，负债具有下列基本特征：

（1）负债必须是由过去的交易或者事项形成的。也就是说，导致负债的交易或事项必须已经发生。例如，购置货物或使用劳务会产生应付账款（已经预付或是在交货时支付的款项除外），接受银行贷款则会产生偿还贷款的义务。只有源于已经发生的交易或事项，会计上才有可能确认为负债。对于企业正在筹划的未来交易或事项，如企业的业务计划等，并不构成企业的负债。例如，某企业已经向银行借入款项 50 000 元，该交易属于过去的交易或事项所应形成企业的负债；企业同时还与银行达成 3 个月后再借入 50 000 元的借款意向书，该交易就不属于过去的交易或事项，不应形成企业的负债。

（2）负债预期会导致经济利益流出企业，即企业的负债通常是在未来某一时日通过交付资产（包括现金和其他资产）或提供劳务来清偿，有时候企业可以通过承诺新的负债或转化为所有者权益来了结一项现有的负债，但最终一般都会导致企业经济利益的流出。

（3）负债是企业承担的现时义务。现时义务可以是法定义务，也可以是推定义务。其中法定义务是指具有约束力的合同或者法律、法规规定的义务，一般在法律意义上需要强制执行；推定义务是指根据企业多年来的习惯做法、公开的承诺或者公开宣布的政策而导致企业将承担的责任，这些责任也使有关各方形成了企业将履行义务解脱责任的合理预期。例如，某企业购买原材料形成应付账款 10 万元，向银行贷入款项 20 万元，按照税法规定应当缴纳各种税款 2 万元，应付给工人的工资 3 万元，这些均属于企业承担的法定义务，需要依法予以偿还。又如，该企业多年来对家电销售业务制定一项政策，即："对售出的家电类商品 3 个月内包换、一年保修、终身维护。"这项服务承诺属于推定义务，应当将其确认为一项负债。

符合负债定义的义务，在同时满足下列条件时，才能确认为负债：

一是与该义务有关的经济利益很可能流出企业。

二是未来流出的经济利益的金额能够可靠地计量。

现实的经济活动中，一个企业的负债将导致资产的流出，那么企业有限的资产则需要进行合理的安排来进行债务清偿。于是企业有必要将负债按偿还期的长短进行分类，并按此列入资产负债表的负债栏目中。被要求在一年内偿还的债务称为流动负债，如短期借款、应付账款、应付职工薪酬、应交税费等；而需要一年以上才能偿还的债务则被称为非流动负债，如长期借款、应付债券、长期应付款等。

☞ **小思考**

请说说以下事项中的债权债务的发生以什么为标志，发生后债权人和债务人分别是谁？

1. 小张因需要购房而向银行办理了为期20年的购房按揭贷款。
2. A公司向B公司签订了合同，由A公司将货物销售给B公司，B公司有为期1个月的延期付款时间。
3. 用户购买了移动公司销售的预存话费卡。
4. 根据公司规定，每月15日为发放上月工资时间，而现在时间为2009年2月10日，职工还没有领取1月份的工资。
5. 某商店推出系列购物卡，一公司购买了一定数额的购物卡发放给职工作为福利。

三、所有者权益

《企业会计准则——基本准则》第二十六条规定："所有者权益是指企业资产扣除负债后，由所有者享有的剩余权益。"公司的所有者权益亦称股东权益。

所有者权益的来源包括所有者投入的资本、直接计入所有者的利得和损失、留存收益等。直接计入所有者权益的利得和损失，是指不应计入当期损益、会导致所有者权益发生增减变动的、与所有者投入资本或者向所有者分配利润无关的利得和损失。其中，利得是指由企业非日常活动所形成的、会导致所有者权益增加的、与所有者投入资本无关的经济利益的流入；损失是指企业非日常活动发生的导致所有者权益减少的、与向所有者分配利润无关的经济利益的流出。

所有者权益具有下列特征：

（1）除非发生减资、清算，企业不需要偿还所有者权益。
（2）企业清算时，只有在清偿所有的负债后，所有者权益才返还给所有者。
（3）所有者凭借所有者权益能够参与利润分配。

所有者权益的项目主要包括实收资本、资本公积、盈余公积和未分配利润。其中盈余公积和未分配利润由于都属于企业净收益的累积，所以，合称为留存收益。

☞ **小资料**

截至2007年年底，三鹿公司总资产16.19亿元，总负债3.95亿元，净资产12.24亿元。三聚氰胺事件发生后，来自全国的400多个三鹿一级代理商集聚三鹿集团总部石家庄，追讨因召回问题产品而垫付的几亿元退货款。有代理商预计，加上所欠经销商货款、奶农收奶款，以及包装、添加剂等供货商货款、员工遣散费，保守估算，三鹿总负债要接近20亿元。

乳业专家王丁棉分析认为，按三鹿2007年净资产12.24亿元计算，三鹿资产已经有一部分转移到旗下8家工厂，破产拍卖所得估计最多只有10亿元，远远不能承担其近20亿元的负债，资产总缺口至少有10亿元。而按照破产程序，受害儿童和被遣散的员工享有优先获赔权。

资产、负债、所有者权益三个要素是反映企业财务状况的会计要素，它们反映企业资金价值运动的静态关系，因此被称为静态会计要素，成为编制资产负债表的要素。

四、收入

《企业会计准则——基本准则》第三十条规定:"收入是指企业在日常活动中形成的、与所有者投入资本无关的、会导致所有者权益增加的经济利益的总流入。"

收入包括商品销售收入、提供劳务收入和让渡资产收入。企业代第三方收取的款项,应当作为负债处理,不应当确认为收入。

按照收入的定义,收入具有以下几个特征:

(1) 收入应当是企业日常活动中形成的经济利益流入。日常活动是企业为完成其经营目标所从事的经常性活动以及与之相关的活动,如工业企业制造并销售商品、商业企业销售商品、租赁公司出租资产等。明确日常活动是为了区分收入与利得的关系,不属于日常活动所形成的经济利益流入应作为利得处理,如企业处置固定资产、无形资产取得的经济利益流入。

(2) 收入会导致经济利益的流入,该流入不包括所有者投入的资本。收入应当会导致经济利益流入企业,从而导致资产增加或负债减少。但是并非所有的经济利益的流入都是收入,如所有者投入资本也会导致经济利益流入企业,但应计入所有者权益,而不能确认为收入。

(3) 收入应当最终导致所有者权益的增加。由于收入会导致资产增加或负债减少,最终必然导致所有者权益增加,不会导致所有者权益增加的经济利益流入不能确认为收入。

收入在符合定义的基础上,只有同时满足以下三个条件时才能加以确认:

一是与收入相关的经济利益很可能流入企业。

二是经济利益流入企业的结果会导致企业资产增加或者负债减少。

三是经济利益的流入额能够可靠地计量。

五、费用

《企业会计准则——基本准则》第三十三条规定:"费用是指企业日常活动中形成的,与所有者利润分配无关的、会导致所有者权益减少的经济利益的总流出。"

费用是企业在日常活动中发生的,可能表现为资产的减少或负债的增加,或二者兼而有之。同理,费用最终导致所有者权益的减少,但所有者权益的减少并不一定是费用产生的。

根据费用的定义,费用具有以下几个方面的特征:

(1) 费用应当是企业日常活动中发生的。日常活动的界定与收入定义中涉及的日常活动是一致的。

(2) 费用会导致经济利益的流出,该流出不包括向所有者分配的利润。费用会导致经济利益的流出,从而导致企业资产的减少或负债的增加(最终导致资产减少)。但并非所有的经济利益的流出都属于费用,如向所有者分配利润也会导致经济利益流出,就属于所有者权益的抵减,不能确认为费用。

(3) 费用应该最终导致所有者权益减少。不会导致所有者权益减少的经济利益流出不能确认为费用。如企业偿还一笔短期借款,会导致经济利益流出企业,但负债也同时减少,不会导致所有者权益的减少,所以不能确认为费用。

费用的确认除了费用的定义外,还应当同时符合以下条件才可以确认:

一是与费用相关的经济利益很可能流出企业。

二是经济利益流出企业的结果会导致企业资产减少或者负债增加。

三是经济利益的流出额能够可靠地计量。

费用按照经济用途进行分类，可分为计入产品成本、劳务成本的费用和不计入产品成本、劳务成本的费用两大类。

计入产品成本、劳务成本的费用，可进一步划分为直接费用和间接费用。其中直接费用包括直接材料、直接人工和其他直接费用，这类费用发生时，能够明确地分清楚是由哪项产品或劳务所引起的；间接费用同样也应计入到产品或劳务的费用中，只是在产生时不能分清每项产品承担多少，而暂时计在制造费用中，在期末再采用合适的标准分配计入各产品或劳务的总成本中。计入产品成本或劳务成本的费用，只有在销售产品或提供劳务时才能从获得的收入里得到补偿。

不计入产品成本、劳务成本的费用，可进一步划分为管理费用、财务费用和销售费用，在发生费用的当期从当期取得的收入中得到补偿。

☞ **小思考**

以下各项哪些应被视为收入或费用？

1. 企业根据税法规定计算并代扣的职工的个人所得税。
2. 接受投资者的投资。
3. 因销售商品而得到的款项。
4. 支付的罚款。
5. 每月产生的电话费、水电费、房租。
6. 因从银行借了半年的贷款而产生的贷款利息。
7. 因卖掉长年使用而变旧的汽车而获得的现金。

六、利润

《企业会计准则——基本准则》第三十七条规定："利润是指企业在一定会计期间的经营成果。利润包括收入减去费用后的净额、直接计入当期利润的利得和损失等。"

利得是指由企业非日常活动发生的、与所有者利润分配无关的、会引起所有者权益增加的经济利益的流入。损失是指由企业非日常活动发生的、与所有者利润分配无关的、会引起所有者权益减少的经济利益的流出。

利得和损失有两个去向：一个是直接计入所有者权益的利得和损失，作为资本公积直接反映在资产负债表中；另一个是直接计入当期利润的利得和损失，作为营业外收入，营业外支出反映在利润表中。

利润的构成有三个层次：营业利润、利润总额和净利润。

营业利润 = 营业收入 − 营业成本 − 营业税金及附加 − 期间费用 + 投资收益

其中：

营业收入 = 主营业务收入 + 其他业务收入

营业成本 = 主营业务成本 + 其他业务成本

利润总额 = 营业利润 + 营业外收入 − 营业外支出

$$净利润 = 利润总额 - 所得税费用$$

收入、费用和利润是反映企业经营成果的三个要素，是企业资金运动的动态表现，成为编制利润表的要素，被称为动态要素。

为了更清楚地认识六要素之间以及与利得和损失的关系，我们看一看图2-1。

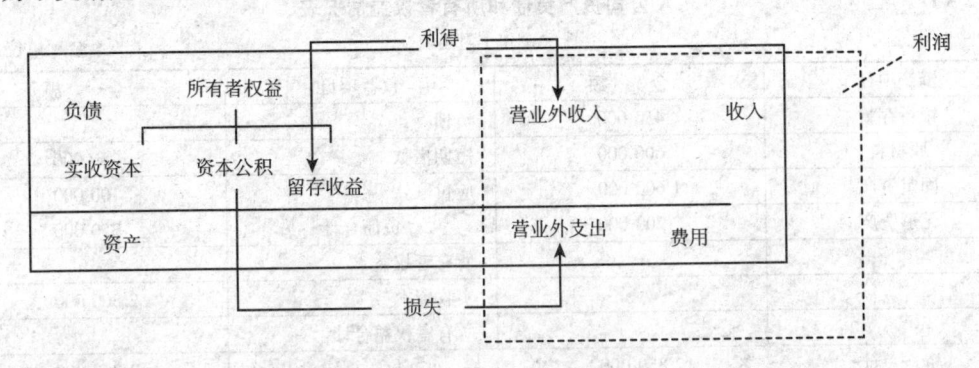

图2-1 会计六要素之间以及与利得和损失的关系

2.1.2 会计等式

一、会计等式的含义及表示

会计要素是企业经济活动的具体分类，要素之间并不是孤立存在的，而是有着密不可分的内在联系。被认定为会计主体的资产有各种具体的表现形式，或有形或无形，或价低或价高，或长期存在或很快被消耗，而这些资产分别来自于不同方式。给予企业这些资产的各方都有各自的目的和要求，也因不同的给予形式拥有相应的权益。也就是说，一个企业有多少资产，就意味着有关方对这些资产有多大的权益，资产和权益是同一事物的两个方面，即：

$$资产 = 权益$$

资产总额反映了会计主体拥有的经济资源的总量，权益总额反映了有关方对资产总体的要求权的大小，而资产最初有两种获得方式：投资者投入和向债权人借入，而这两种方式则使两方角色分别享有不同的权益，即投资人权益和债权人权益，因此，又可以说：

$$资产 = 债权人权益 + 所有者权益$$

站在会计主体的角度，债权人权益即会计主体对外的负债，所以又有：

$$资产 = 负债 + 所有者权益$$

我们将上式称为会计恒等式，它不仅反映了会计主体某一时点的资产、负债、所有者权益三要素之间在数量上的恒等关系，更从经济含义上体现着三者之间的内在联系，也是设置账户、复式记账、编制资产负债表的理论依据。

【例2-1】A公司是由甲、乙、丙、丁四方共同出资创办的新企业，其中甲方投入价值200 000元的房屋及建筑物，乙方投入一套价值1 400 000元的新设备，丙方投入价值500 000元的原材料，丁方则投入价值200 000元的一项专利权和200 000元的现金（已存入公司开户银行）。A公司又从当地工商银行借入为期半年的借款250 000元（已存入公司开户银行），并赊购一批价值100 000元的原材料。A公司××年1月初资产与权益（负债和所有者权益）情况如表2-1所示。

表2-1　　　　　　　　　A公司资产负债和所有者权益情况表
××年1月1日
金额单位：元

资产项目	金　　额	权益项目	金　　额
银行存款	450 000	负债	
原材料	600 000	短期借款	250 000
固定资产	1 600 000	应付账款	100 000
无形资产	200 000	负债合计	350 000
		所有者权益	
		实收资本	2 500 000
		所有者权益合计	
资产总计	2 850 000	权益总计	2 850 000

表2-1清晰表明了A公司在××年1月初其资产与权益（负债和所有者权益）之间数量上存在的平衡关系。

☞ **小思考**

3年前，几个人合伙创建了一家公司，共筹资400万元（其中合伙人投资300万元，从银行借款100万元），用以建厂房、买设备和材料，形成企业的资产。经过两年的苦心经营，企业已拥有资产600万元，需要偿还各种债务200万元，试计算，企业的净资产为多少？企业的留存收益又是多少？

我国企业会计准则对收入和费用的定义是狭义的概念，不包括非日常活动产生的计入损益的利得和损失。而以广义的收入和费用来看，则有：

$$收入-费用=利润$$

根据债权人权益和所有者权益的差别，利润仅为所有者享有，当然损失也由所有者来承担。所以将上式代入会计恒等式，则有：

$$资产=负债+（所有者权益+利润）$$
$$资产=负债+所有者权益+收入-费用$$
$$费用+资产=负债+所有者权益+收入$$

2.1.3　企业资金的运动

企业的经济业务可以说是复杂多样的，如从银行取得贷款、购进材料、组织生产、产品完工并销售等，但复杂的活动总有一定的规律可循，当我们找到了规律，就可以根据规律去分析复杂的经济活动。会计恒等式就像一架天平，它始终保持平衡。这样，经济业务的变化类型总体来讲就包括两大类：一类活动引起等式两边同增同减；另一类活动引起等式一边此增彼减。在此基础上，对等式两边的要素之间的变化进一步分析，得出9种基本业务类型。

类型1：资产与负债等额同增。
类型2：资产与负债等额同减。
类型3：资产与所有者权益等额同增。
类型4：资产与所有者权益等额同减。
类型5：资产内部项目之间等额此增彼减。
类型6：负债内部项目之间等额此增彼减。
类型7：所有者权益内部项目之间等额此增彼减。
类型8：负债增加，所有者权益减少。
类型9：负债减少，所有者权益增加。

【例2-2】B公司2008年1月初资产总额1 000 000元，负债总额600 000元，所有者权益总额400 000元。该公司2008年1月份发生如下经济业务（部分）。

(1) 从其开户银行取出现金1 000元。

该项经济业务引起资产要素中的"库存现金"项目增加1 000元，"银行存款"项目减少1 000元，不涉及所有者权益要素和负债要素，不影响会计基本等式的平衡关系，也没有使原有等式金额发生变化。

资产	=	负债	+	所有者权益
1 000 000	=	600 000	+	400 000
+1 000				
-1 000				
1 000 000	=	600 000	+	400 000

(2) 采购一批生产用原材料，价值20 000元，货款未付。

该项经济业务引起资产要素中的"原材料"项目增加20 000元，同时引起负债要素中的"应付账款"项目增加20 000元，不涉及所有者权益要素，不影响会计基本等式的平衡关系，但使上笔业务后的等式金额发生了变化，两边同时增加了20 000元。

资产	=	负债	+	所有者权益
1 000 000	=	600 000	+	400 000
+20 000		+20 000		
1 020 000	=	620 000	+	400 000

(3) 用银行存款5 000元，偿还一笔购货时的欠款。

该项经济业务引起资产要素中的"银行存款"项目减少5 000元，同时引起负债要素中的"应付账款"项目减少5 000元，不涉及所有者权益要素，不影响会计基本等式的平衡关系，但使上笔业务后的等式金额发生变化，两边同时减少了5 000元。

资产	=	负债	+	所有者权益
1 020 000	=	620 000	+	400 000
-5 000		-5 000		
1 015 000	=	615 000	+	400 000

(4) 某投资人代公司偿还到期的 10 000 元短期借款，并协商同意作为对公司的追加投资。

该项经济业务引起负债要素中的"短期借款"项目减少 10 000 元，同时引起所有者权益要素中的"实收资本"项目增加 10 000 元，不涉及资产要素，不影响会计基本等式的平衡关系，也没有使原有等式金额发生变化。

资产	=	负债	+	所有者权益
1 015 000	=	615 000	+	400 000
		−10 000		+10 000
1 015 000	=	605 000	+	410 000

(5) 从银行借入 1 年期借款 15 000 元，直接偿还前欠货款。

该项经济业务引起负债要素中的内部项目"短期借款"增加 15 000 元，"应付账款"项目减少 15 000 元，不涉及资产要素和所有者权益要素，不影响会计基本等式的平衡关系，也没有使原有等式金额发生变化。

资产	=	负债	+	所有者权益
1 015 000	=	605 000	+	410 000
		+15 000		
		−15 000		
1 015 000	=	605 000	+	410 000

(6) 用银行存款 6 000 元，归还某投资人投资。

该项经济业务引起资产要素中的"银行存款"项目减少 6 000 元，同时引起所有者权益要素中的"实收资本"项目减少 6 000 元，不涉及负债要素，不影响会计基本等式的平衡关系，但使上笔业务后的等式金额发生变化，两边同时减少了 6 000 元。

资产	=	负债	+	所有者权益
1 015 000	=	605 000	+	410 000
−6 000				−6 000
1 009 000	=	605 000	+	404 000

(7) 根据有关决议，决定向投资人分配利润 80 000 元，红利尚未实际发放。

该项经济业务引起所有者权益要素中的"未分配利润"项目减少 80 000 元，负债要素中的"应付股利"项目增加 80 000 元，不涉及资产要素，不影响会计基本等式的平衡关系，也没有使原有等式金额发生变化。

资产	=	负债	+	所有者权益
1 009 000	=	605 000	+	404 000
		+80 000		−80 000
1 009 000	=	685 000	+	324 000

(8) 某投资人甲购买了另一投资人乙的股份，占总股本 10 000 000 的 1%，价值 100 000 元。

该项经济业务引起所有者权益要素内部"实收资本"中的投资人具体人物发生了变

化，投资人乙对公司的投资减少100 000元，投资人甲对公司的投资增加100 000元，不涉及资产要素和负债要素，不影响会计基本等式的平衡关系，也没有使原有等式金额发生变化。

资产	=	负债	+	所有者权益
1 009 000	=	685 000	+	324 000
				−100 000
				+100 000
1 009 000	=	685 000	+	324 000

（9）某投资人向公司投入一台价值60 000元的设备。

该项经济业务引起资产要素中的"固定资产"项目增加60 000元，同时引起所有者权益要素中的"实收资本"项目增加60 000元，不涉及负债要素。不影响会计基本等式的平衡关系，但使上笔业务后的等式金额发生变化，两边同时增加了60 000元。

资产	=	负债	+	所有者权益
1 009 000	=	685 000	+	324 000
+60 000				+60 000
1 069 000	=	685 000	+	384 000

【阅读提示】

权益资金与债务资金的区别

第一，性质不同。权益资金属于企业所有者的权益，是投资者对其投入资本及其所产生的盈利的要求权，是企业的资本；而债务资金属于企业债权人的权益，是债权人对企业资产的索偿权，是企业的负债。

第二，偿还期不同。债权人提供的资金是有一定的偿还期限的，企业应按期偿还负债的本金和利息；而所有者权益在企业整个经营过程中无须偿还。

第三，享受的权利不同。债权人仅对其所提供的资产，按事先规定的时间、利率有索回权，却没有参与企业经营决策和收益分配的权利；而所有者对企业净资产的要求权，会随企业经济效益的提高而有所增加，享有参与企业经营决策管理与收益分配的权利。

任务2　认知会计科目与账户

【案例资料】

福耐特公司是一家从事矿山机械设备生产的企业，公司经营中使用一定量的人民币，并在银行开立户头用于交易转账，公司拥有大量的机器设备、钢板、电机、车床、螺丝等用于生产，车间里放着正在生产和已经完工的矿山设备，平时会发生销售矿山设备和钢板边角料的行为，也会有支付工人及管理人员工资、招待客户、维护公司网站等活动。

如何将该公司的各项内容和活动进行合理有效的记录呢?

2.2.1 认识会计科目

1. 会计科目

企业常用会计科目如表 2-2 所示。

表 2-2　　　　　　　　　　企业常用会计科目表

编号	会计科目	编号	会计科目
一、资产类		2701	长期应付款
1001	库存现金	三、共同类	
1002	银行存款	3101	衍生工具
1012	其他货币资金	3201	套期工具
1121	应收票据	3202	被套期项目
1122	应收账款	四、所有者权益类	
1123	预付账款	4001	实收资本
1131	应收股利	4002	资本公积
1132	应收利息	4101	盈余公积
1221	其他应收款	4103	本年利润
1231	坏账准备	4104	利润分配
1402	在途物资	五、成本类	
1403	原材料	5001	生产成本
1601	固定资产	5101	制造费用
1602	累计折旧	5201	劳务成本
1604	在建工程	5301	研发支出
1701	无形资产	六、损益类	
1702	累计摊销	6001	主营业务收入
1801	长期待摊费用	6051	其他业务收入
二、负债类		6111	投资收益
2001	短期借款	6301	营业外收入
2201	应付票据	6401	主营业务成本
2202	应付账款	6402	其他业务支出
2203	预收账款	6405	营业税金及附加
2211	应付职工薪酬	6601	销售费用
2221	应交税费	6602	管理费用
2231	应付利息	6603	财务费用
2232	应付股利	6701	资产减值损失
2241	其他应付款	6711	营业外支出
2501	长期借款	6801	所得税费用
2502	应付债券	6901	以前年度损益调整

表 2-2 的内容看似复杂，但如果我们把它们先按要素进行分类，再针对具体项目的特点分别命名，就可以看到：公司的人民币（库存现金）、银行里的存款（银行存款）、公司用于生产的机器设备（固定资产）、钢板（原材料）、电机（固定资产）、车床（固定资产）、螺丝（周转材料）以及车间里完工的设备（库存商品）都是企业的资产，而括号里的就被称为会计科目。如果几个事项在会计核算中具有相同的特点和性质，就可以使用相同的会计科目，比如，该公司的汽车因为和电机、车床一样能长期为企业服务，单位价值也较高，就会被纳入固定资产的范畴。

会计科目就是对会计六要素的内容进行具体分类的类别名称。通过设置会计科目，可以对复杂的、性质不同的经济业务进行科学的分类，将复杂的经济信息变成有规律的、易于识别的经济信息，并为将其转变为会计信息做准备。

会计科目的设置取决于企业的管理要求、管理水平、规模大小、业务繁简。既不要过于复杂烦琐，增加不必要的工作量，又不要过于简单粗糙，使各项会计要素混淆不清，不能满足会计信息使用者的需要。设置会计科目，是填制会计凭证和设置账户的依据，是编制财务报表的基础。

由表 2-2 可知，会计科目按其反映的经济内容的不同可以分为资产类、负债类、共同类、所有者权益类、成本类和损益类六大类。按提供指标的详细程度不同可以分为总分类科目和明细分类科目。总分类科目（即总账科目或一级科目）是总括反映会计要素具体内容的科目，它提供总括核算资料，是进行总分类核算的依据，例如银行存款、库存现金、固定资产、应收账款、原材料等科目表中列出的会计科目。明细分类科目包括子目和细目。子目（即二级科目）是在一个总分类科目下分设的若干个对该总分类科目反映的经济内容进行较为详细分类的项目，如原材料这个总分类科目下，按照材料大类分设的"原料及主要材料"、"辅助材料"、"燃料"等。细目（即三级科目）是在一个子目下再分设的若干个对该子目反映的经济内容进行更为详细分类的项目，例如对上述"原材料"总分类科目下的子目"原材料及主要材料"再按其具体材料品名分设的"棉花"、"棉纱"等。

知识链接 2-1 会计科目的排序与编号

会计科目是对会计要素作进一步的划分，在排列上既要适应财务报表内容、格式及编报的传统，又须显示会计要素之间的性质区别。六大类的排列顺序是按先资产后权益、先静态后动态进行排列的，而各项目内的顺序又分别按照流动性、永久性、重要性等排列。

会计科目编号供企业填制会计凭证、登记会计账簿、查阅会计账目、采用会计软件系统时参考，方便确定科目类别和位置，满足制证、记账工作要求，提高工作效率和实行会计电算化。会计科目的编号应达到以下要求：①专一性；②简单明了便于记忆；③排列有序，层次分明；④有一定的弹性，留有余地；⑤分类合理。会计科目的一级科目是规定的，一般为固定的四位数，不能随意更改；二级以上的科目可根据自己企业的业务情况自行设置。第一位数代表该科目所属科目类别，如 1 代表资产，第二位数代表在该类中的小类，后两位数则对应具体科目。科目编号并不连续，以便今后为新发生的业务设置新科目时进行分类编号。

2.2.2 认识会计账户

会计科目仅仅是会计要素细分后的类别名称，就像我们已经为各个物品分好了类，写好了标签，但如果没有准备好合适的箱子，这些标签就没地方粘贴，这些物品也就不能很好地分类存放。这些事先准备好的用来贴上标签存放分好类的物品的"箱子"，就是会计账户。

账户是根据会计科目开设的，用来对会计科目所反映的内容进行连续和系统记录的、具有一定格式和结构的记账实体。有了账户，会计科目就有了"安身之处"。设置账户是根据经济管理的要求，按照会计要素，对企业不断发生的经济业务进行日常归类，从而反映、监督会计要素各个具体类别并提供各类动态、静态指标，是会计核算的专门方法之一。通过账户的设置和运用，可以把经济业务分类归集，提供分门别类的经济信息资料，核算和监督各项经济指标的增减变动情况，有利于企业的经济决策。

会计科目所反映的经济内容也就是账户的核算内容。因此，账户和会计科目一样，也可以按反映的经济内容分类和按反映经济内容的详细程度分类。

账户按经济内容分类：可以确切把握各个账户核算和监督的内容以及所设置的账户体系是否能满足和适应经济管理的需要。另外，这种分类也为编制财务报表提供依据。账户反映的经济内容决定账户的性质。因此，账户按经济内容分类是最基本的分类，是其他分类的基础和前提。

账户按经济内容的分类也可以分为资产类账户、负债类账户、共同类账户、所有者权益类账户、成本类账户和损益类账户六大类。

1. 资产类账户

资产类账户是用来核算企业资产的增减变动和结存情况的账户。按照资产的流动性不同，可划分为两类。

（1）核算流动资产的账户，如库存现金、银行存款、应收账款、其他应收款、原材料、库存商品等。

（2）核算非流动资产的账户，如长期股权投资、固定资产、累计折旧、无形资产等。

2. 负债类账户

负债类账户是用来核算企业负债的增减变动和结存情况的账户。按照负债偿还期限长短，可划分为两类。

（1）核算流动负债的账户，主要有短期借款、应付票据、应收账款、预收账款、应付职工薪酬、应交税费等。

（2）核算长期负债的账户，主要有长期借款、应付债券、长期应付款等。

3. 共同类账户

共同类账户是用来核算有关业务而形成的资产或负债。一般企业共同类账户有衍生工具、套期工具、被套期项目。共同类账户具有资产或负债的双重性质。

4. 所有者权益类账户

所有者权益类账户是用来核算企业所有者权益的增减变动和结存情况的账户。按照所有者权益的来源不同，可划分为两类。

（1）核算所有者原始投资的账户，如实收资本（或股本）。

（2）核算所有者投资积累的账户，如资本公积、盈余公积、本年利润、利润分配。

5. 成本类账户

成本类账户是用来核算企业生产经营过程中发生的费用，并计算成本的账户。成本类账户主要有生产成本、制造费用、劳务成本、研发成本等。

从某种意义上来说，成本类账户也是资产类账户，该类账户的期末余额属于企业的资产。例如，生产成本账户的期末余额表示企业尚未完工产品（也称在产品）的成本，是属于企业的流动资产。

6. 损益类账户

损益类账户是用来核算与损益计算直接相关的账户，核算内容主要是企业的收入和费用。该类账户又可以划分为两类。

（1）核算收入的损益类账户，主要有主营业务收入、其他业务收入、投资收益、营业外收入账户。

（2）核算支出的损益类账户，主要有主营业务成本、营业税金及附加、其他业务成本、销售费用、管理费用、财务费用、营业外支出、所得税费用等账户。

账户按照反映经济内容的详细程度分类与会计科目按其分类相同，也可以分为总分类账户（一级账户）和明细分类账户（二、三级账户）。按总分类科目（一级科目）开设的账户就是总分类账户，又称一级账户，以货币为计量单位，用于对会计要素具体内容进行总分类核算，提供总括核算资料的账户。按明细分类科目（二、三级科目）开设的账户就是明细分类账户，又称二级或三级账户，以货币、实物等为计量单位，用来对会计要素具体内容进行明细分类核算，提供详细核算资料的账户。它们之间的关系是：统驭与被统驭、制约与被制约的关系，前者统驭后者，后者对前者起补充说明的作用，从属于前者。

除此之外，账户还可以按照用途结构分类，该内容将在"项目六"中作详细介绍。

☞ 小思考

一个企业就如同一个家庭，假设有一个家庭有这样一些事项：该家庭在建设银行开了两个账户，账号分别是 JS5678 和 JS1234，在工商银行也开了几个账户，账号分别是 GS1234、GS4567 和 GS5678；有房产两处，一处为一套三居的住房，另一处为车库一间；有一辆轿车和一辆电动自行车；还有一台液晶电视、一台冰箱、一台洗衣机。想一想，如何填写表 2-3？

表 2-3 总分类科目与明细分类科目

总分类科目（一级科目）	明细分类科目	
	二级科目	三级科目
银行存款	建设银行	

续表

总分类科目（一级科目）	明细分类科目	
	二级科目	三级科目
固定资产	家电类	

知识链接 2-2　会计科目与账户的区别与联系

会计科目和账户是既有联系又有区别的两个概念。

（1）二者的联系。

它们都是对会计对象具体内容科学分类的设置，两者的口径一致，性质相同。会计科目是账户的名称，也是设置账户的依据；账户是根据会计科目开设的，是会计科目的具体运用。没有会计科目，账户便失去了设置的依据；没有账户，就无法发挥会计科目的作用。

（2）二者的区别。

会计科目仅仅是账户的名称，不存在格式和结构；而账户具有一定的格式和结构。

在实际工作中，对会计科目和账户不加以严格区分，而是相互通用。

2.2.3　账户的使用

为了正确地记录和反映经济业务，账户不仅要有明确的核算内容，还要有一定的结构，也就是账户的格式。在实际业务中，每一个账户表现为账簿中的某页或某些页。一般包括以下内容。

（1）账户名称。填写设置账户所依据的会计科目的名称。

（2）日期栏。记录经济业务发生的日期。

（3）凭证号栏。填写该笔账目记录所依据的记账凭证的编号。

（4）摘要栏。填写某项经济业务的简要说明。

（5）金额栏。金额栏分为发生额栏和余额栏：发生额栏填写某项经济业务发生时引起该账户增加或减少的金额；余额栏填写一定日期该账户的增减金额变动的结果。由于会计分期而有了相对的期初余额和期末余额。

账户的记录应是连续的，各金额之间存在着如下的关系。

期末余额 = 期初余额 + 本期增加发生额 - 本期减少发生额

由于会计的记录是以货币计量为主要计量形式，所以在一个账户中，金额栏成为其主要部分，人们关注的首要内容也是某项目的金额变化。而一个账户的金额变化不外乎增加和减少两种情况。于是，为了既突出账户的主要部分，又便于教学，我们常把账户结构简单地表示为 T 字形，如图 2-2 所示。

| 借 | 会计科目（如银行存款） | 贷 |

图 2-2 T 字形账户

T 字账户的左右两边主要用来登记该账户增减变动时的金额，至于哪一方记增加，哪一方记减少，要根据不同的记账方法及账户的性质来决定。

【课后训练】

一、单项选择题

1. 企业资金的循环与周转过程不包括（　　）。
   A. 供应过程　　　　B. 生产过程　　　　C. 销售过程　　　　D. 分配过程
2. 企业的全部资产减去全部负债后的净额就是企业的（　　）。
   A. 所有者的投资额　B. 所有者权益　　　C. 实收资本　　　　D. 资本公积
3. 下列各项中属于所有者权益的是（　　）。
   A. 房屋与设备　　　B. 存款与原材料　　C. 负债　　　　　　D. 留成收益
4. 资产是过去的交易事项形成、由企业拥有或控制的、能为企业带来预期经济利益的（　　）。
   A. 经济效益　　　　B. 经济资源　　　　C. 经济责任　　　　D. 经济成果
5. 负债是过去的交易、事项形成的现实义务，履行该义务需以（　　）偿还。
   A. 资产　　　　　　B. 货币资金　　　　C. 劳务　　　　　　D. 资产与劳务
6. 把费用按一定的对象予以归集和分配，即对象化了的费用通常称为（　　）。
   A. 间接费用　　　　B. 期间费用　　　　C. 制造费用　　　　D. 成本
7. 收入是企业在销售商品、提供劳务等日常经济活动中形成的（　　）总流入。
   A. 销售商品收入　　B. 劳务收入　　　　C. 营业收入　　　　D. 经济利益
8. 会计核算过程实质上是一个会计信息交换、加工和传输的过程，（　　）是会计信息交换的关键环节。
   A. 会计确认　　　　B. 会计计量　　　　C. 会计报告　　　　D. 会计记录
9. 企业在对各会计要素进行会计计量时，一般应以（　　）为计量基础。
   A. 历史成本　　　　B. 重置成本　　　　C. 现值　　　　　　D. 公允价值
10. 会计等式表现为各（　　）之间在总额上必然相等的关系。
    A. 会计科目　　　　B. 会计要素　　　　C. 会计账户　　　　D. 会计主体
11. 以下经济业务中会引起资产和负债同时减少的业务是（　　）。
    A. 以银行存款支付外购原材料　　　　B. 购进材料尚未付款
    C. 向银行借款存入银行　　　　　　　D. 以银行存款偿还借款
12. 经济业务发生后，（　　）会计等式的平衡关系。
    A. 可能影响　　　　B. 可能会破坏　　　C. 不会影响　　　　D. 会影响

45

13. 下列项目中不属于会计计量基础的是（　　）。
    A. 历史成本　　　　B. 重置成本　　　　C. 现行成本　　　　D. 计划成本
14. 下列经济业务的发生，不会使会计等式两边总额发生变化的是（　　）。
    A. 收到投资者以固定资产进行的投资　　　B. 从银行取得借款存入银行
    C. 以银行存款偿还应付账款　　　　　　　D. 收到应收账款存入银行
15. 下列经济业务发生使资产和权益项目同时增加的是（　　）。
    A. 收到购货单位预付的购货款存入银行　　B. 以资本公积金转增资本
    C. 产品生产领用材料　　　　　　　　　　D. 以现金支付运杂费

二、多项选择题

1. 下列各项中属于资产的项目有（　　）。
    A. 银行存款　　　B. 应收账款　　　C. 长期投资　　　D. 预付账款
2. 下列各项中属于流动资产的项目有（　　）。
    A. 交易性金融资产　B. 待摊费用　　　C. 存货　　　　　D. 运输工具
3. 下列各项中属于固定资产的项目有（　　）。
    A. 房屋及建筑物　　B. 长期股权投资　C. 机器设备　　　D. 专业技术
4. 制造业企业的资金运动（　　）等部分。
    A. 资金的筹资　　　　　　　　　　B. 资金的退出
    C. 资金的运用　　　　　　　　　　D. 资金的循环与周转
5. 下列各项中属于流动负债的项目有（　　）。
    A. 应付账款　　　B. 预付账款　　　C. 预提费用　　　D. 应付债券
6. 下列各项中属于所有者权益的项目是（　　）。
    A. 实收资本　　　B. 固定资产　　　C. 资本公积　　　D. 本年利润
7. 资产要素的特点有（　　）。
    A. 企业拥有或控制　　　　　　　　B. 能带来预期的经济利益
    C. 由过去的交易或事项形成　　　　D. 具有实物形态
8. 负债要素的特点有（　　）。
    A. 由过去的交易或事项形成　　　　B. 有确定的偿付金额
    C. 将导致经济利益的流出　　　　　D. 必须用货币资金偿还
9. 所有者与债权人在企业中享有的权益不同，其区别主要有（　　）。
    A. 对企业的经营管理权限不同　　　B. 取得收益的形式不同
    C. 对企业资产的要求权不同　　　　D. 对资产确认的标准不同
10. 收入的实现会引起（　　）。
    A. 负债的减少　　B. 资产的增加　　C. 费用的减少　　D. 利润的增加
11. 对符合资产定义的资源，在同时满足（　　）条件时，确认为资产。
    A. 与该资源有关的经济利益很可能流入企业
    B. 所有者认可的经济资源
    C. 该资源成本或价值能够可靠地加以计量
    D. 企业拥有或控制
12. 负债确认的条件有（　　）。

A. 符合负债的定义
B. 有关的经济利益很可能流出企业
C. 未来流出的经济利益的金额能够可靠地计量
D. 按"负债=资产-所有者权益"确定

13. 所有者权益的确认依附于（　　）的确认。
A. 资产　　　　B. 负债　　　　C. 收入　　　　D. 费用

14. 应列入利润表的会计要素项目有（　　）。
A. 资产　　　　B. 负债　　　　C. 所有者权益
D. 收入　　　　E. 费用　　　　F. 利润

15. 应列入资产负债表的会计要素项目有（　　）。
A. 资产　　　　B. 负债　　　　C. 所有者权益
D. 收入　　　　E. 费用　　　　F. 利润

16. 会计恒等式是（　　）工作的理论依据。
A. 复式记账　　B. 成本计算　　C. 编制财务报表　　D. 设置账户

17. 会计恒等式可以用（　　）公式表示。
A. 资产=负债+所有者权益
B. 资产=权益
C. 资产=负债人权益+所有者权益
D. 资产=负债+权益
E. 资产=负债+所有者权益+（收入-费用）

18. 下列经济业务中，引起会计恒等式左右两边同时发生增减变化的有（　　）。
A. 投资者投入资本
B. 以银行存款支付外购存货费用
C. 取得收入存入银行
D. 以产品抵偿债务

19. 下列经济业务中，只引起会计恒等式左右一边变化的有（　　）。
A. 从银行取得贷款
B. 将现金存入银行
C. 收到应收款存入银行
D. 赊购原材料

20. 下列经济业务中，引起会计恒等式左右两边同时发生减少变化的有（　　）。
A. 以银行存款支付应付账款
B. 以现金支付预提费用
C. 以现金支付下半年度报刊费
D. 取得短期借款存入银行

三、实务题

1. 某企业2010年7月1日资产、负债、所有者权益的资料如表2-4所示。

表2-4　　　　　　　　资产、负债、所有者权益表

资产项目	金额（元）	负债与所有者权益项目	金额（元）
库存现金	1 000	短期借款	50 000
银行存款	120 000	应付账款	20 000
应收账款	30 000	应交税费	2 000
原材料	20 000	实收资本	360 000
产成品	50 000	盈余公积	100 000
生产成本	11 000		
固定资产	300 000		
合计	532 000	合计	532 000

7月份发生如下经济业务：

(1) 购入原材料一批，计5 000元，已验收入库，但货款未付。
(2) 从银行提现金3 000元。
(3) 以银行存款上缴税费2 000元。
(4) 收到应收账款30 000元存入银行。
(5) 收到甲投资者以一辆全新汽车投资，价值120 000元。
(6) 向银行借入短期借款直接偿还应付账款20 000元。
(7) 生产车间领用材料8 000元。
(8) 以银行存款偿还银行短期借款30 000元。
(9) 向银行借入短期借款50 000元存入银行。
(10) 以银行存款购买原材料18 000元，材料已验收入库。

要求：计算上述经济业务发生引起有关项目的增减变动及结果，填在下面的表式（见表2-5）中；并说明经济业务的发生对会计等式的影响。

表2-5　　　　　　　　资产、负债与所有者权益明细表　　　　　　　单位：元

资产项目	变动前金额	增加金额	减少金额	变动后金额	负债与所有者权益项目	变动前金额	增加金额	减少金额	变动后金额
合计					合计				

2. 资料：广州新时代工厂某年3月31日资产、负债及所有者权益的状况如表2-6所示。

表2-6　　　　　　广州新时代工厂某年3月31日资产、
　　　　　　　　　　负债及所有者权益的状况　　　　　　　　　金额单位：元

序　号	内　　容	金额	资产	负债	所有者权益
1	厂部行政用房屋	400 000			
2	生产用厂房	1 600 000			
3	仓库	1 400 000			

续表

序号	内容	金额	资产	负债	所有者权益
4	车间的机器	3 500 000			
5	轿车	250 000			
6	仓库中的原材料	2 600 000			
7	机器用润滑油	10 000			
8	尚未完工的产品	1 500 000			
9	已完工的产成品	1 100 000			
10	保险柜里的现金	20 000			
11	银行账号里的存款	280 000			
12	尚未收回的货款	40 000			
13	投资者投入的资本	9 930 000			
14	欠银行的半年期贷款	300 000			
15	购货时欠的货款	700 000			
16	上月应缴未缴的税费	70 000			
17	3年期借款	800 000			
18	未分配利润	900 000			

要求：

（1）辨别表2-6各内容归属的类别，并将其金额填入三要素中的正确一栏。

（2）分别加计资产、负债、所有者权益的总额，填入合计栏中，并说明结果之间的关系。

3. 某企业2010年3月1日资产、负债、所有者权益各项目见表2-7。

表2-7　　　　　　　　　资产、负债及所有者权益情况登记表

2010年3月1日　　　　　　　　　　　　　　　　　金额单位：元

资产	金额	负债及所有者权益	金额
库存现金	300	短期借款	40 000
银行存款	45 000	应付账款	18 000
应收账款	32 000	实收资本	130 000
存货	28 000	本年利润	17 300
固定资产	100 000		
合计	205 300	合计	205 300

该企业3月份发生下列经济业务。

（1）2日，用银行存款购买原材料，价值3 000元。

（2）3日，向银行取得3个月的借款20 000元，转入企业存款户。

（3）4日，收回某客户所欠货款15 000元，存入银行。

（4）5日，用银行存款偿还以前欠某供货单位货款10 000元。

(5) 6日，收到某投资者投入的新机器一台，价值32 000元。

要求：根据上述资料，在表2-8至表2-12中编制该企业2010年3月2~6日的资产负债表，验证会计等式的平衡关系。

表2-8 资产、负债及所有者权益的分布情况

2010年3月2日　　　　　　　　　　　　金额单位：元

资　产	金　额	负债及所有者权益	金　额
库存现金		短期借款	
银行存款		应付账款	
应收账款		实收资本	
存货		本年利润	
固定资产			
合　计		合　计	

表2-9 资产、负债及所有者权益的分布情况

2010年3月3日　　　　　　　　　　　　金额单位：元

资　产	金　额	负债及所有者权益	金　额
库存现金		短期借款	
银行存款		应付账款	
应收账款		实收资本	
存货		本年利润	
固定资产			
合　计		合　计	

表2-10 资产、负债及所有者权益的分布情况

2010年3月4日　　　　　　　　　　　　金额单位：元

资　产	金　额	负债及所有者权益	金　额
库存现金		短期借款	
银行存款		应付账款	
应收账款		实收资本	
存货		本年利润	
固定资产			
合　计		合　计	

表 2-11　　　　　　　　　　资产、负债及所有者权益的分布情况
　　　　　　　　　　　　　　　　2010 年 3 月 5 日　　　　　　　　　　　　　金额单位：元

资　　产	金　　额	负债及所有者权益	金　　额
库存现金		短期借款	
银行存款		应付账款	
应收账款		实收资本	
存货		本年利润	
固定资产			
合　　计		合　　计	

表 2-12　　　　　　　　　　资产、负债及所有者权益的分布情况
　　　　　　　　　　　　　　　　2010 年 3 月 6 日　　　　　　　　　　　　　金额单位：元

资　　产	金　　额	负债及所有者权益	金　　额
库存现金		短期借款	
银行存款		应付账款	
应收账款		实收资本	
存货		本年利润	
固定资产			
合　　计		合　　计	

项目三

借贷记账法准备

技能目标

1. 认识记账方法和借贷记账法。
2. 运用借贷记账法初步分析、处理简单经济业务。

知识目标

1. 掌握复式记账的基本原理和主要特点。
2. 掌握借贷记账法的具体内容和基本操作。
3. 理解并掌握借贷记账法下账户的基本结构和各类账户的具体结构。
4. 了解总分类核算和明细分类核算的意义,并掌握平行登记原则。

【案例导入】

小赵和小张是一对好朋友,共同投资经营一个面包房。他们认为虽然自己不懂会计,但只要顾客盈门就可赚钱。至于会计,只要有简单的算术知识就可以了,况且即使不算账,钱也不会跑掉,因此,懂不懂会计知识是无所谓的。面包房刚开张时,由于业务量较小,他们根据收入现金的多少确定盈亏也没有感到什么不便。但一年后,生意却越做越大,十分兴隆,他们招聘了工人,扩大了规模,这时他们才发现原来的方法有问题。下面是2010年12月份发生的一些交易:

1. 本月对外销售面板价款总计20 000元,收到现金16 000元,另有4 000元的贷款,由于是老顾客购买,所以同意其下月付款。

2. 某集团公司定于下月初为单位青年职工举行集体婚礼,向面包店预订下月用的面包及相关食品,预付账款6 000元,面包店预计将于下月为其供货。

3. 因面粉价格不断上涨,为节约成本,本月一次性采购了18 000元的面粉,其中本月实际耗用了8 000元,另有10 000元的面粉库存待用。

4. 本月支付职工工资3 000元,但另有一名职工请事假回家,其本月1 000元的工资未支付。

5. 本月一次性支付了本季度的保险费共计1 200元。
6. 每季度末需向环卫部支付600元卫生费（每月200元）。

小张和小赵确认本月损益的方法如下：

本月收入（本月实际收到的现金）：16 000 + 6 000 = 22 000（元）

本月成本（本月实际支付的现金）：18 000 + 3 000 + 1 200 = 22 200（元）

本月利润 = 收入 - 成本 = 22 000 - 22 200 = -200（元）

算完账，小张和小赵很沮丧：明明本月生意兴隆，却怎么不赚钱还亏损呢？钱到底跑到哪里去了呢？

要求：

（1）请帮助解决小张和小赵的困惑，并谈谈收付实际制的不足。

（2）如果按权责发生制来处理，请你为小张和小赵算算面包店本月的净收益。

（3）请你谈谈营利性会计主体选择权责发生制有哪些合理的地方及不足。

任务1 认识记账方法

在会计工作中，为了有效地反映和监督会计对象，各会计主体除了要按照规定的会计科目设置账户外，还应采用一定的记账方法。所谓记账方法，是指按照一定的规则，使用一定的符号，在账户中登记各项经济业务的技术方法。会计上的记账方法，最初是单式记账法，随着社会经济的发展和人们的实践与总结，单式记账法逐步改进，从而演变为复式记账法。

一、单式记账法

单式记账法是指对发生的经济业务一般只在一个账户中进行计量与记录的方法。单式簿记的方法体系由核算项目、账簿设置、记录方法、会计凭证、结算方法以及会计报告等具体方法组成，是一种比较简单、不完整的记账方法。采用这种方法，一般只反映现金和银行存款的收付业务，以及债权、债务方面发生的经济业务事项，而不反映现金收付及债权、债务的对象。例如，用银行存款购买材料物资的业务，只在账户中记录银行存款的付出业务，而对材料物资的增加，却不在账户中记录。又如以现金支付办公用品费，只记录现金支出而不记录费用发生。因此，单式记账法一般只需设置"现金"、"银行存款"、"应收账款"、"应付账款"等账户，而没有记录对应账户，未能形成一套完整的账户体系，账户之间也不能形成相互对应的关系，不能反映经济业务的来龙去脉。这种记账方法目前实务上基本不采用。

二、复式记账法

1. 复式记账法的原理

复式记账是从单式记账法发展起来的一种比较完善的记账方法。

复式记账是指对任何一笔经济业务都必须同时在两个或两个以上的有关账户中进行相互联系地登记的记账方法。

复式记账要求任何一笔经济业务都需要在至少两个账户中进行登记（即作双重记录，故被称为"复式"）。如从银行提取现金，同时涉及"库存现金"和"银行存款"两个账户；生产车间领用原材料也会同时涉及"生产成本"和"原材料"两个账户；购入材料、只支付一部分货款，其余货款暂欠的业务则会同时涉及"原材料"、"银行存款"和"应付账款"三个账户。

采用复式记账法时，每一笔经济业务所涉及两个或两个以上的账户之间，有着相互联系的关系，被称为对应关系。一笔经济业务可以将两个或两个以上的账户联系在一起，一方面可以全面而详细地反映该项经济业务的来龙去脉，可以利用资金运动的来龙去脉再现经济业务的全貌；另一方面有助于进行检查，以保证账簿记录结果的正确性。

2. 复式记账法的种类和特点

（1）复式记账法的种类。

复式记账法在世界及我国的会计发展史上，曾经采用过和正在采用的复式记账法有："增减记账法"、"收付记账法"和"借贷记账法"等。各种复式记账法在其基本原理相同的条件下，主要表现为记账符号、记账规则和试算平衡公式的不同。我国在1993年的会计制度改革以前，在企事业单位是以上三种复式记账法并存，这给企业间横向经济联系和与国际经济交往带来诸多不便，也必然加大跨行业的公司和企业集团会计工作的难度。为此，我国在2006年颁布的《企业会计准则》中规定，我国企业单位必须采用借贷记账法，行政事业单位应该采用收付实现法。本书教学所举案例主要是以制造业企业为主，所以主要阐述"借贷记账法"。

（2）复式记账法的特点（相对单式记账法而言）。

复式记账法比较单式记账法有以下两个特点：①由于复式记账法对每一项经济业务的发生都要在两方面的两个或两个以上相互联系的账户中进行记录，其一，当经济业务的两个方面涉及两个账户时就在两个账户中记录，当经济业务的两个方面涉及三个或更多的账户时就要在三个或更多的账户中记录，因此，复式记账法可以使发生的经济业务得到全面的记录和反映。其二，当经济业务的两个方面所涉及的两个或两个以上的账户必须具有相互联系，因此，通过复式记账法的记录可以了解经济业务的来龙去脉。所以，采用复式记账法，通过对账户的记录，不仅可以全面、系统地反映经济活动的过程和结果，而且还可以了解经济业务的来龙去脉。②由于复式记账法对发生的每一项经济业务所涉及的两方面账户的金额要以相等的方式进行记录，具体表现为资金运动过程中的"资金来龙＝资金去脉"和资金运动到某一时点上的"资产＝负债＋所有者权益"的结果，所以，通过对账户记录中"资金来龙＝资金去脉"和"资产＝负债＋所有者权益"的计算（即"试算平衡"），可以检查账户记录的正确性。可见，复式记账法是一种科学的记账方法。

任务2　认识借贷记账法

3.2.1　借贷记账法的产生和发展

"借"、"贷"两个字的外文，本起源于拉丁文。据史料记载，借贷记账法产生于公元13世纪意大利地中海沿岸一带城市，当时这些地方的商业贸易已有较高程度的发展，借贷资本比较盛行。银行资本家为了记录吸收的存款和放出的贷款，把收进来的存款，记在贷主的名下，表示自身的债务即"欠人"的增加；把放出去的贷款，记在借主的名下，表示自身的债权即"人欠"的增加。"借"和"贷"也就是表示债权（应收款）和债务（应付款）的增减变动。

随着社会经济的发展，经济活动的内容日益复杂，记录的经济业务已不局限于货币资金的收付业务。而逐渐扩展到财产物资、经营损益和经营资本等的增减变化。在早期佛罗伦萨的银行和商业簿记中，记账者把反映物品的账户视同人名账户对待，把各种商品、财产及费用账户都人格化，并用人名账户中的记录债权债务关系解释商品购销活动和其他财产物资的增减变化，从而把人之借贷扩展到物之借贷。这时，为了求得账簿记录的统一，对于非货币资金的所有收付活动，都利用"借"、"贷"两字的含义来记录其增减变动情况。这样，随时代的演进和社会经济的发展，"借"、"贷"两字逐渐失去了原来的含义，而转化为纯粹的记账符号。

需要说明的是，虽然"借"、"贷"已经没有原来的含义，但是在现代借贷记账法中，"借"、"贷"作为会计符号包含三个意思和三种用途。一是指账户中借方和贷方两个对立的部位，即借方是账户左方的代名词，贷方是账户右方的代名词，其作用在于指明在账户中应计入的两个不同方向。二是指构成会计分录中的两个或两个以上的对应账户的相互关系，可以用来了解一笔经济业务所引起的资金增减变化的来龙去脉。三是指已登记在账户中的两个对立部位的数字所包含的不同经济内容，可以用来说明账户的经济性质。

3.2.2 借贷记账法的内容

1. 借贷记账法的记账符号

借贷记账法是以"借"、"贷"作为记账符号的一种复式记账方法。

借贷记账法的记账符号是"借"和"贷"。在借贷记账法下，"借"和"贷"本身没有确切的含义，纯粹是一种记账符号，代表了相应的金额记录方向，但究竟是由"借"还是由"贷"来表示增加或是减少，需要结合具体性质的账户才能确定。

2. 借贷记账法的记账规则

根据复式记账原理，任何一项经济业务都必须以相等的金额，在两个或两个以上相互关联的账户中进行记录。借贷记账法的记账规则是："有借必有贷，借贷必相等"。"有借必有贷"是指对任何一项经济业务，采用借贷记账法时，一定涉及两个或两个以上的账户，在这些账户中，有登记在借方的账户，同时也有登记在贷方的账户。"借贷必相等"是指借方登记的账户总额必然等于贷方登记的账户总额。

按照借贷记账法的记账规则记录经济业务时，可以按以下步骤进行分析。

首先，分析经济业务涉及了什么要素的变化——分析要素。

其次，根据业务的具体情况选择相应要素下的恰当账户——选择账户。

再次，根据账户性质结构、业务变化类型确定各账户的记账符号是借还是贷——确定方向。

最后，应借应贷双方的金额是否相等——填写金额。

现举例说明如下：

【例3-1】企业用银行存款40 000元购买原材料。

这项业务的发生，使资产类账户"原材料"和"银行存款"两个项目发生变动，原材料增加40 000元，银行存款减少40 000元。按照借贷记账法下的账户结构，资产增加记借方，资产减少记贷方，同是资产类两个账户一增一减，而且两者金额相等。可用图3-1表示。

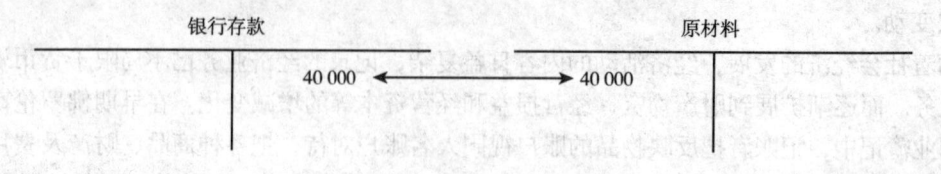

```
        银行存款                         原材料
        ────────                        ────────
         40 000  ◄────────────────► 40 000
```

图3-1

【例3-2】企业将到期未予兑付的应付票据1 200 000元，转为应付账款。

这项经济业务的发生，使同属于负债的应付票据和应付账款发生变动，应付账款增加1 200 000元，应付票据减少1 200 000元。按照借贷记账法下的账户结构，负债增加记贷方，负债减少记借方，同是负债类两个账户一增一减，而且两者金额相等。可用图3-2表示。

```
        应付账款                         应付票据
        ────────                        ────────
        1 200 000 ◄──────────────► 1 200 000
```

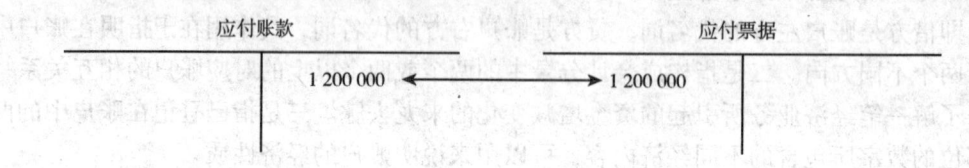

图3-2

【例3-3】企业接受某单位投入的全新设备一台，无须安装即可投入使用，投资双方共同确认的价值为5 000 000元。

这项经济业务的发生，使企业所有者权益类账户"实收资本"增加5 000 000元。同时，使资产类账户"固定资产"增加5 000 000元。按照借贷记账法下的账户结构，资产增加记借方，所有者权益增加记贷方，两类账户同时增加，而且两者金额相等。可用图3-3表示。

```
        实收资本                         固定资产
        ────────                        ────────
        5 000 000 ◄──────────────► 5 000 000
```

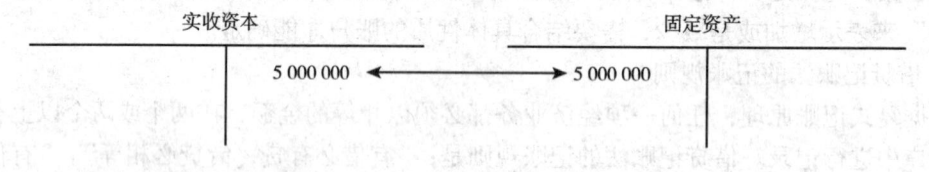

图3-3

【例3-4】用银行存款1 000 000元归还长期借款。

这项经济业务的发生，使负债类账户"长期借款"减少1 000 000元。同时，使资产类账户"银行存款"减少1 000 000元。按照借贷记账法下的账户结构，负债减少记借方，资产减少记贷方，两类账户同时减少，而且两者金额相等。可用图3-4来表示。

```
        银行存款                         长期借款
        ────────                        ────────
        1 000 000 ◄──────────────► 1 000 000
```

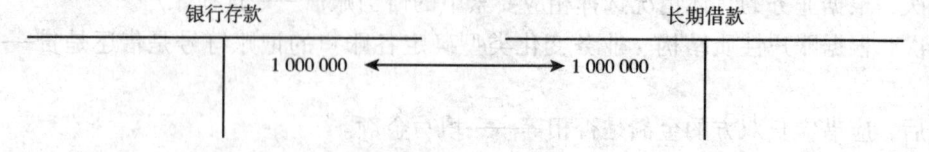

图3-4

【例3-5】销售商品一批，价值600 000元，货款暂未收。

这项经济业务的发生，使企业资产类账户"应收账款"增加600 000元。同时，使收入类账户"主营业务收入"增加600 000元。按照借贷记账法下的账户结构，资产增加记借方，收入增加记贷方，两类账户同时增加，且两者金额相等。可用图3-5来表示。

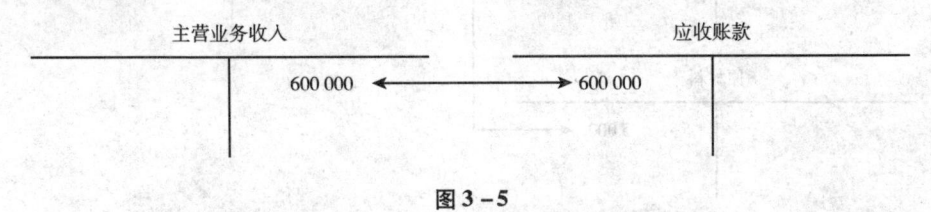

```
      主营业务收入                  应收账款
         |                            |
         |  600 000  ←——→  600 000    |
```

图3-5

【例3-6】企业管理部门用现金1 200元购买办公用品。

这项经济业务的发生，使费用类账户"管理费用"增加1 200元。同时，使资产类账户"现金"减少1 200元。按照借贷记账法下的账户结构，费用增加记借方，资产减少记贷方，两类账户一增一减，且两者金额相等。可用图3-6来表示。

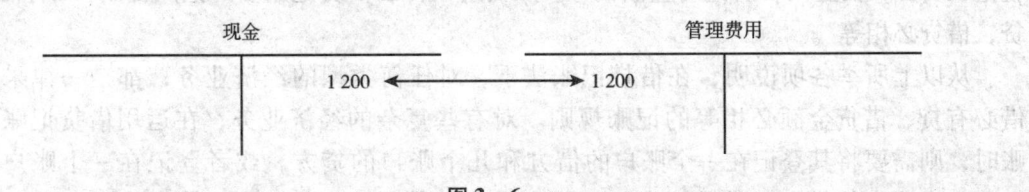

```
         现金                        管理费用
          |                             |
          |  1 200  ←——→  1 200         |
```

图3-6

【例3-7】用银行存款30 000元，从某单位购买价值20 000元的原材料并已验收入库，剩余10 000元用于偿还前欠该单位的货款。

这项经济业务的发生，使资产类账户"原材料"增加20 000元和资产类账户"银行存款"减少30 000元，使负债类账户"应付账款"减少10 000元。两类账户有增有减，且借方金额合计等于贷方金额。可用图3-7来表示。

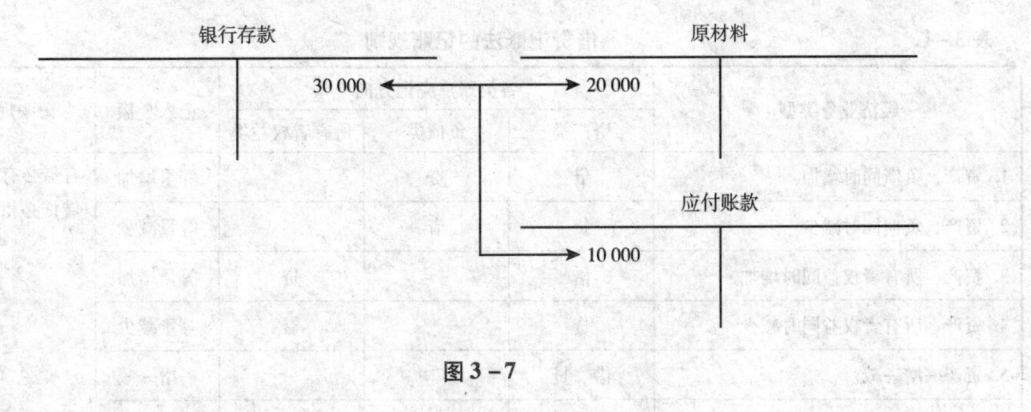

```
       银行存款                        原材料
          |                              |
          |  30 000  ————→  20 000       |
          |            |                 |
          |            |   应付账款       |
          |            |      |          |
          |            └→  10 000        |
```

图3-7

【例3-8】生产车间领用材料5 000元，用于车间一般耗用，另用银行存款2 000元支付本月生产车间水电费。

这项经济业务的发生，使资产类账户"原材料"减少5 000元和资产类账户"银行存款"减少2 000元，使反映生产耗费的账户"制造费用"增加7 000元。两类账户有增有减，且借方金额等于贷方金额合计。可用图3-8来表示。

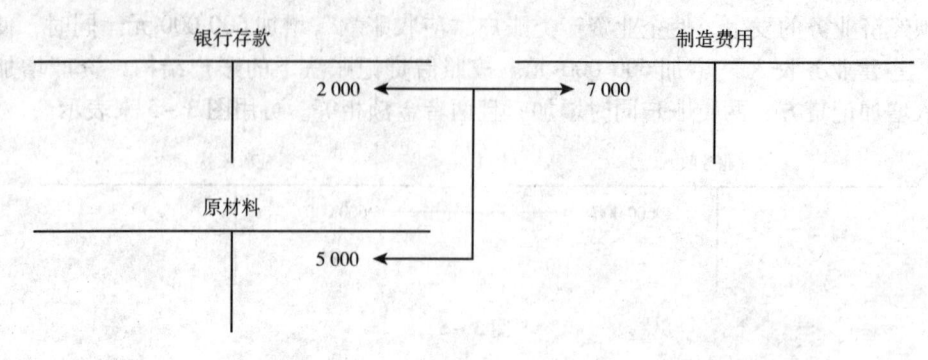

```
        银行存款                        制造费用
    ————————————              ————————————
         2 000  ←——————————————  7 000
                                    |
        原材料                        |
    ————————————                     |
         5 000  ←—————————————————————
```

图 3-8

从以上几个例子可以看出，在借贷记账法下，对任何经济业务，都会涉及两个或两个以上的账户，不论涉及的账户是增加还是减少，只要一个账户记在借方，那么另一个账户一定就记在贷方，而且两者所记的金额相等。从而可以得出借贷记账法的记账规则："有借必有贷，借贷必相等"。

从以上所举各项说明，在借贷记账法下，对任何类型的经济业务，都是一律采用有借必有贷、借贷金额必相等的记账规则。对有些复杂的经济业务，在运用借贷记账法记账时，则需要将其登记在一个账户的借方和几个账户的贷方，或者登记在一个账户的贷方和几个账户的借方。借贷双方的金额也必须相等。总之，运用借贷记账法记账，要求对发生的每一笔经济业务，都要以相等的金额、借贷相反的方向，在两个或两个以上相互联系的账户中进行连续、分类的登记。即记入一个账户的借方，同时记入一个或几个账户的贷方；或者记入一个账户的贷方，同时记入一个或几个账户的借方。记入借方的金额同记入贷方的金额必须相等。概括地说，"有借必有贷，借贷必相等"，就是借贷记账法的记账规则（见表 3-1）。

表 3-1　　　　　　　　　借贷记账法的记账规则

经济业务类型	各类账户应记方向 资产类	各类账户应记方向 负债类	各类账户应记方向 所有者权益类	记入金额	记账规则
1. 资产、负债同时增加	借	贷		等量增加	有借必有贷 借贷必相等
2. 资产、负债同时减少	贷	借		等量减少	
3. 资产、所有者权益同时增加	借		贷	等量增加	
4. 资产、所有者权益同时减少	贷		借	等量减少	
5. 资产一增一减	借、贷			一增一减	
6. 负债一增一减		贷、借		一增一减	
7. 所有者权益一增一减			贷、借	一增一减	
8. 负债增加、所有者权益减少		贷	借	一增一减	
9. 所有者权益增加、负债减少		借	贷	一减一增	

3. 借贷记账法的账户设置和结构

在借贷记账法下,账户左方称为"借方"(Debit side,可简写为 Dr),右方称为贷方(Credit side,可简写为 Cr)。

在借贷记账法下,账户的左方用借方表示、账户的右方用贷方表示,如图 3-9 所示。

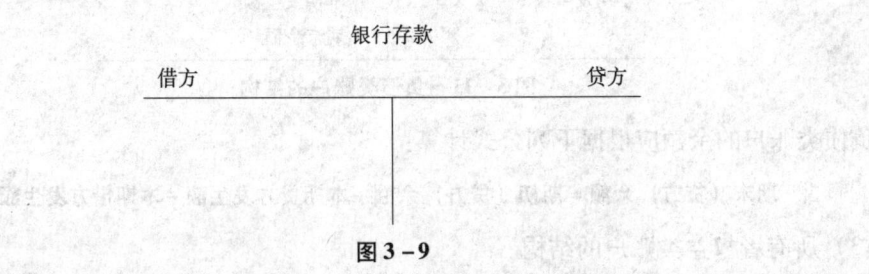

银行存款

| 借方 | 贷方 |

图 3-9

根据经济业务的发生记入借方或贷方,反映该项经济业务所引起的该科目增减变化的金额称为"发生额",凡是记入账户借方的金额称为"借方发生额",凡是记入账户贷方的金额称为"贷方发生额"。

在一个会计期间内(月、季、年),借方记录的金额合计数称为"本期借方发生额",贷方记录的金额合计数称为"本期贷方发生额"。

某一时点上账户借方累计发生额和贷方累计发生额的差额称为余额,若借方累计发生额大于贷方累计发生额,余额在借方,称"借方余额";若贷方累计发生额大于借方累计发生额,则余额在贷方,称为"贷方余额"。一般来讲,账户的余额在其登记增加的那一方。上一会计期间的期末余额,即为下一会计期间的期初余额。

借贷记账法下的账户具体结构是由账户的性质决定的,具体有以下几种。

(1) 资产类账户的结构。

在借贷记账法下,资产类账户借方登记增加,贷方登记减少,期末余额在借方,如图 3-10 所示。

会计科目

借方		贷方	
期初余额	×××		
增加额	×××	减少额	×××
本期发生额	×××	本期发生额	×××
期末余额	×××		

图 3-10 资产类账户的结构

资产类账户的余额应根据下列公式计算:

期末(借方)余额 = 期初(借方)余额 + 本期借方发生额 - 本期借方发生额

(2) 负债类账户的结构。

在借贷记账法下,负债类账户的结构与资产类账户的结构相反,即借方登记减少,贷方登记增加,期末余额在贷方,如图 3-11 所示。

会计科目

借方		贷方	
		期初余额	×××
减少额	×××	增加额	×××
本期发生额	×××	本期发生额	×××
		期末余额	×××

图 3-11 负债类账户的结构

负债类账户的余额应根据下列公式计算：

期末（贷方）余额 = 期初（贷方）余额 + 本期贷方发生额 − 本期借方发生额

（3）所有者权益类账户的结构。

在借贷记账法下，所有者权益类账户的结构与负债类账户的结构相同，即借方登记减少，贷方登记增加，期末余额在贷方，如图3-12所示。

会计科目

借方		贷方	
		期初余额	×××
减少额	×××	增加额	×××
本期发生额	×××	本期发生额	×××
		期末余额	×××

图 3-12 所有者权益账户的结构

所有者权益类账户的余额可根据下列公式计算：

期末（贷方）余额 = 期初（贷方）余额 + 本期贷方发生额 − 本期借方发生额

（4）损益类账户的结构。

损益类账户包括收入和费用两小类账户，在借贷记账法下，这两小类账户的结构正好相反。

收入类账户的结构与所有者权益类账户的结构相似，即借方登记减少，贷方登记增加，期末没有余额，如图3-13所示。

会计科目

借方		贷方	
		期初余额	×××
增加额	×××	减少额	×××
本期发生额	×××	本期发生额	×××

图 3-13 收入类账户的结构

费用类账户则与资产类账户的结构相似，借方登记增加，贷方登记减少，期末也没有余额，如图3-14所示。

```
                        会计科目
    借方                                    贷方
                                期初余额        ×××
    减少额         ×××         增加额          ×××
    本期发生额     ×××         本期发生额      ×××
```

图 3-14　费用类账户的结构

(5) 成本类账户的结构。

在借贷记账法下，成本类账户的结构与费用类账户的结构相同，即借方登记增加，贷方登记减少，期末一般无余额，若有余额则在借方，如图 3-15 所示。

```
                        会计科目
    借方                                    贷方
    期初余额             ×××
    本期增加额           ×××    本期减少额         ×××
    本期借方发生额合计   ×××    本期借方发生额合计 ×××
    期末余额             ×××
```

图 3-15　成本类账户结构

根据以上对各类账户结构的说明，可以将账户借方和贷方所记录的经济内容加以归纳，如表 3-2 所示。

表 3-2　　　　　　　　　　账户结构说明

账户类别	借方	贷方	余额方向
资产类	+	-	借方
负债类	-	+	贷方
所有者权益类	-	+	贷方
成本类	+	-	若有余额在借方
收入类	-	+	无余额
费用类	+	-	无余额

需要说明以下事项。

① 借贷记账法下可以设置双重性质的账户，既可以反映资产又可以反映负债。登记资产增加和减少时，比照资产类账户的结构进行；登记负债的增加和减少时，比照负债类账户进行。而该账户的性质则根据某日的余额方向确定：余额方向在借方，表示此余额为资产性质；余额方向在贷方，表示此余额为负债性质。如"固定资产清理"、"待处理财产损益"等账户。

② 表 3-2 中余额方向只是一般情况，而非必然，某些特殊的账户，其变化方向与其所

属性性质并不一致，需要单独记忆，如资产中的"累计折旧"是贷方登记增加，借方登记减少，余额在贷方。

4. 会计分录

在采用借贷记账法对每项经济业务进行记录时，必然会涉及两个或两个以上的应借和应贷账户。经济业务的发生，使有关账户之间在该业务中发生了借贷关系，这种临时发生的应借应贷的关系叫账户的对应关系。存在对应关系的账户，称为对应账户。

在实际工作中，由于账户众多，经纪业务频繁，根据经济业务内容直接记入账户容易产生差错，也难以从账中直接找到错误原因，因此，在企业设置了账户之后，发生经济业务之时，按照记账规则和复式记账的要求对经济业务进行分析，把每笔业务所涉及的记账符号（记账方向）、账户名称（会计科目）和金额分别写成一个特定形式的记录，就是会计分录。

会计分录是指明每项经济业务应借应贷账户的名称、记账方向和金额的一种记录形式。在我国会计实务中，编写会计分录是通过填制记账凭证来实现的。会计分录是记账凭证中最主要的内容。

会计分录由三个基本内容构成：记账符号、账户名称、金额。一般格式如下：

借：库存现金　　　　　　　　　　　　　　　　　　1 000
　　贷：银行存款　　　　　　　　　　　　　　　　　　　1 000

在书写会计分录时应注意以下事项。

① 会计科目应书写完整，一级会计科目必须规范。
② 先借后贷，分上下行书写。
③ 借贷错开，借贷符号、会计科目和金额应左右错格写。
④ 同方向的会计科目、金额要对齐。

会计分录按所涉及账户的多少，可分为简单分录和复合分录两种。简单分录为一借一贷，复合分录为一借多贷、多借一贷、多借多贷。实际上，复合分录是由若干个简单分录合并组成的，但不能随意将不是一笔业务的几笔分录合并为一个多借多贷的分录；否则，账户之间的对应关系将会混乱。

例如，将前两例的经济业务编制会计分录如下：

① 借：应付账款　　　　　　　　　　　　　　　　　40 000
　　贷：银行存款　　　　　　　　　　　　　40 000（简单会计分录）
② 借：应收票据　　　　　　　　　　　　　　　　　4 000
　　　　银行存款　　　　　　　　　　　　　　　　　3 000
　　贷：应收账款　　　　　　　　　　　　　7 000（复合会计分录）

5. 试算平衡

试算平衡就是指在某一时日（如会计期末），为了保证本期会计处理的正确性，依据会计等式或复式记账原理，对本期各账户的全部记录进行汇总、测算，以检验其正确性的一种专门方法。通过试算平衡，可以检查会计记录的正确性，并可查明出现不正确会计记录的原因，进行调整，从而为财务报表的编制提供准确的资料。

在借贷记账法下，根据复式记账的基本原理，试算平衡的方法主要有两种：发生额平衡法和余额平衡法。

① 发生额平衡法。是指将全部账户的本期借方发生额和本期贷方发生额分别加总后，

利用"有借必有贷，借贷必相等"的记账规则来检验本期发生额正确性的一种试算平衡方法，其试算平衡公式如下：

全部账户本期借方发生额合计 = 全部账户本期贷方发生额合计

② 余额平衡法。是指本期所有账户借方余额和所有账户贷方余额分别加总后，利用"资产 = 负债 + 所有者权益"的平衡原理来检验会计处理正确性的一种试算平衡方法。根据余额时间不同，又分为期初余额平衡和期末余额平衡。其试算平衡公式如下：

全部账户期初借方余额合计 = 全部账户期初贷方余额合计
全部账户期末借方余额合计 = 全部账户期末贷方余额合计

如果试算不平衡，说明账户的记录肯定有错；但试算平衡，也不能肯定记录完全正确。这是因为有些错误并不影响借贷双方的平衡，如果发生某项经纪业务在有关账户中被重记、漏记或记错了账户等错误，并不能通过试算平衡来发现。但试算平衡仍是检查账户记录是否正确的一种有效方法。

在会计实务中，试算平衡工作通常是通过编制试算平衡表来完成的。该表可以按一定时期（旬或月等）编制，在结算出各账户的本期发生额和期初、期末余额以后将各项金额填入表中。试算平衡表的格式如表3-3所示。

表 3-3　　　　　　　　　　　　　**试算平衡表**
年　　月

账户名称	期初余额		本期发生额		期末余额	
	借方	贷方	借方	贷方	借方	贷方
合计						

下面我们用一个完整的例子来看一看借贷记账法的运用。

【例 3-9】新星工厂 2010 年 1 月 1 日的资产和负债及所有者权益类账户的期初余额如表 3-4 所示。

表 3-4　　　　　　**资产和负债及所有者权益类账户的期初余额表**

资产类		负债及所有者权益类	
账户名称	金额/元	账户名称	金额/元
库存现金	25 000	短期借款	180 000
银行存款	800 000	应付账款	800 000
应收账款	500 000	其他应付款	60 000
其他应收款	10 000	实收资本	15 295 000

续表

资产类		负债及所有者权益类	
账户名称	金额/元	账户名称	金额/元
原材料	1 600 000		
库存商品	3 300 000		
固定资产	7 800 000		
生产成本	2 300 000		
合 计	16 335 000	合 计	16 335 000

步骤1：会计人员将根据表中3-4中的资料开设账户，并登记期初余额（见后面各T字形账户期初余额栏）。

接下来，新星工厂1月份发生以下经济业务。

① 投资者A投入新机器一台，价值50 000元。
② 用银行存款归还前欠货款30 000元。
③ 从银行取出现金5 000元。
④ 收到购货单位归还的贷款4 000元，存入公司开户银行。
⑤ 将现金10 000元存入银行。
⑥ 生产产品领用材料20 000元。
⑦ 从银行取得6个月的贷款60 000元存入银行。

步骤2：分析过程和会计分录如表3-5所示。会计人员将根据以上经济业务发生时所产生的原始凭证编制记账凭证（下面以会计分录代替）。

表3-5　　　　　　　　　　　　　分析过程和会计分录

序号	分析过程	会计分录
1	一方面该业务使企业得到一项资产——新机器；另一方面此机器的获得方式是投资者A的投资，则A以投资的方式对企业的资产享有所有权。此业务属于资产和所有者权益同增的业务。 资产　　　固定资产+（借）　50 000 所有者权益　实收资本+（贷）　50 000	借：固定资产　　50 000 　贷：实收资本　　50 000
2	用存款偿还债务，一方面使企业的资产——银行存款减少；另一方面也使企业背负的债务减少。此业务属于资产和负债同减的业务。 负债　　应付账款-（借）　30 000 资产　　银行存款-（贷）　30 000	借：应付账款　　30 000 　贷：银行存款　　30 000
3	存取钱这种业务在企业经常发生，是存款和现金之间的相互转换。取钱使企业的现金增加同时银行存款减少。此业务属于资产内部的此增（库存现金）彼减（银行存款）。 资产　　库存现金+（借）　5 000 资产　　银行存款-（贷）　5 000	借：库存现金　　5 000 　贷：银行存款　　5 000

续表

序号	分析过程	会计分录
4	收回买方所欠货款,是债权(资产)的收回,则企业对买方的债权减少,同时企业得到了现实的货币资金(银行存款)。此业务是资产内部的此增彼减。 资产　银行存款 +(借)　4 000 资产　应收账款 -(贷)　4 000	借:银行存款　　4 000 　贷:应收账款　　4 000
5	存钱与取钱的业务类型都是资产内部的此增彼减,但特别需要注意的是增加的是银行存款,减少的是库存现金。 资产　银行存款 +(借)　10 000 资产　库存现金 -(贷)　10 000	借:银行存款　　10 000 　贷:库存现金　　10 000
6	将原材料用于生产,使原材料减少,而原材料在生产过程中的耗用是成本的增加。此业务属于成本(或被看做是资产)的增加和资产的减少。 成本　生产成本 +(借)　20 000 资产　原材料 -(贷)　20 000	借:生产成本　　20 000 　贷:原材料　　　20 000
7	从银行取得贷款,企业对银行产生了负债,由于期限未超过1年,所以是一项流动负债;这笔贷款转入了企业名下的银行账户,使企业得到了可以控制的一项资产。此业务属于资产和负债同增的类型。 资产　银行存款 +(借)　60 000 负债　短期借款 -(贷)　60 000	借:银行存款　　60 000 　贷:短期借款　　60 000

步骤3:根据以上记账凭证(会计分录)登记步骤1所开设的T字形账户中,并逐个结出各账户的本期借、贷发生额合计和期末余额。如下图所示。

借方	库存现金		贷方
期初余额	25 000		
(3)	5 000	(5)	10 000
本期发生额	5 000	本期发生额	10 000
期末余额	20 000		

借方	银行存款		贷方
期初余额	800 000		
(4)	4 000	(2)	30 000
(5)	10 000	(3)	5 000
(7)	60 000		
本期发生额	74 000	本期发生额	35 000
期末余额	839 000		

借方	应收账款		贷方
期初余额	500 000		
		(4)	4 000
本期发生额	—	本期发生额	4 000
期末余额	496 000		

借方	其他应收款		贷方
期初余额	10 000		
本期发生额	—	本期发生额	—
期末余额	10 000		

借方	原材料	贷方		借方	生产成本	贷方
期初余额	1 600 000			期初余额	2 300 000	
		(6)	20 000	(6)	20 000	
本期发生额	—	本期发生额	20 000	本期发生额	20 000	本期发生额 —
期末余额	1 580 000			期末余额	2 320 000	

借方	库存商品	贷方		借方	固定资产	贷方
期初余额	3 300 000			期初余额	7 800 000	
本期发生额	—	本期发生额	—	(1)	50 000	
期末余额	3 300 000			本期发生额	50 000	本期发生额 —
				期末余额	7 850 000	

借方	短期借款	贷方		借方	应付账款	贷方
		期初余额	180 000			期初余额 800 000
		(7)	60 000	(2)	30 000	
本期发生额	—	本期发生额	60 000	本期发生额	30 000	本期发生额 —
		期末余额	240 000			期末余额 770 000

借方	其他应付款	贷方		借方	实收资本	贷方
		期初余额	60 000			期初余额 15 295 000
本期发生额	—	本期发生额	—			(1) 50 000
		期末余额	60 000	本期发生额	—	本期发生额 50 000
					496 000	期末余额 15 345 000

步骤4：将以上T字形账户的本期发生额和期初、期末余额栏中的数据依次填入表3-6进行合计。

表3-6　　　　　　总分类账户本期发生额及余额试算平衡表　　　　　　金额单位：元

账户名称	期初余额		本期发生额		期末余额	
	借方	贷方	借方	贷方	借方	贷方
库存现金	25 000		5 000	10 000	20 000	
银行存款	800 000		74 000	35 000	839 000	
应收账款	500 000			4 000	496 000	
其他应收款	10 000				10 000	
原材料	1 600 000			20 000	1 580 000	
生产成本	2 300 000		20 000		2 320 000	
库存商品	3 300 000				3 300 000	
固定资产	7 800 000		50 000		7 850 000	
短期借款		180 000		60 000		240 000
应付账款		800 000	30 000			770 000
其他应付款		60 000				60 000
实收资本		15 295 000		50 000		15 345 000
合计	16 335 000	16 335 000	179 000	179 000	16 415 000	16 415 000

3.2.3 总分类账与明细分类账的平行登记

总分类账户是根据总分类科目设置、用于对会计要素具体内容进行总括分类核算的账户，简称总账账户或总账。明细分类账户是根据明细分类科目设置的，用于对会计要素具体内容进行明细分类核算的账户，简称明细账。明细账也可以进一步划分为二级明细账户、三级明细账户。

总账和明细账的核算内容是相同的，只是反映资金运动增减变化的详细程度不同，总账和明细账之间是统驭和从属的关系，为了使总分类账户与所属的明细分类账户之间能够起到统驭、控制与辅助说明的作用，便于账户核对，确保核算资料的正确完整，则要求采用平行登记的方法登记总账和明细账。

一、平行登记的要点

平行登记是指对发生的每一笔经济业务，都要根据相同的会计凭证，一方面计入总分类账户，另一方面还要计入总分类账户所属的明细分类账户的一种记账方法。平行登记的要点可归纳如下。

1. 依据相同

依据相同是指对发生的经济业务，都要以相关的会计凭证为依据，既登记有关总分类账户，又登记其所属明细分类账户。

这一点对于平行登记非常重要。账簿登记是根据审核无误的凭证进行的，因此无论是登记总账还是登记明细账，都应以凭证为依据，而不能在登记了明细账后根据明细账的记录汇总登记总账，也不能在登记了总账后根据情况分解总账上的金额。否则，到了期末，总账和明细账的核对工作就没有了实际意义。"依据相同"也为平行登记后几个要点奠定了基础，使后面的操作有了价值。

2. 方向相同

方向相同是指将经济业务记入总分类账户和明细分类账户，记账方向必须相同。即总分类账户记入借方，明细分类账户也应记入借方；总分类账户记入贷方，明细分类账户也应记入贷方。

3. 期间相同

期间相同是指对每项经济业务在记入总分类账户和明细分类账户的过程中，可以有先有后，但必须在同一会计期间（如同一个月）全部登记入账。

4. 金额相等

金额相等就是指记入总分类账户的金额，必须与记入其所属明细分类账户的金额之和相等。

通过平行登记，总分类账户与明细分类账之间在登记金额上就形成了如下关系：

总分类账户期初（期末）余额 = 所属各明细分类账户期初（期末）余额之和
总分类账户借方发生额 = 所属各明细分类账户借方发生额之和
总分类账户贷方发生额 = 所属各明细分类账户贷方发生额之和

二、平行登记的应用

【例3-10】（1）新华工厂2010年12月初"原材料"和"应付账款"账户期初余额如表3-7所示。

表3-7　　　　　　　　"原材料"和"应付账款"账户期初余额

账户名称		数量	单价/元	金额/元	
总账	明细账			总账	明细账
原材料				179 000（借）	
	A材料	10 000千克	5.6		56 000（借）
	B材料	20吨	2 400		48 000（借）
	C材料	2 500件	30		75 000（借）
应付账款				90 000（贷）	
	华兴工厂				40 000（贷）
	祥瑞工厂				30 000（贷）
	通达工厂				20 000（贷）

（2）12月份发生的部分经济业务如下：

① 12月3日，用银行存款偿还上月欠华兴工厂货款40 000元，欠祥瑞工厂货款30 000元。

借：应付账款——华兴工厂　　　　　　　　　　　　　40 000
　　　　　　　——祥瑞工厂　　　　　　　　　　　　　30 000
　　贷：银行存款　　　　　　　　　　　　　　　　　　70 000

② 12月5日，向华兴工厂购入A材料30 000千克，每千克5.6元，计168 000元；购入B材料30吨，每吨2 400元，计72 000元（暂不考虑增值税，以下同），材料验收入库，货款以银行存款付讫。

借：原材料——A材料　　　　　　　　　　　　　　　168 000
　　　　　——B材料　　　　　　　　　　　　　　　　72 000
　　贷：银行存款　　　　　　　　　　　　　　　　　240 000

③ 12月12日，用银行存款归还前欠通达工厂货款20 000元。

借：应付账款——通达工厂　　　　　　　　　　　　　20 000
　　贷：银行存款　　　　　　　　　　　　　　　　　　20 000

④ 12月20日，向华兴工厂购入A材料20 000千克，每千克5.6元，计112 000元。材料验收入库，货款尚未支付。

借：原材料——A材料　　　　　　　　　　　　　　　112 000
　　贷：应付账款——华兴工厂　　　　　　　　　　　112 000

⑤ 12月26日，向通达工厂购入C材料7 500件，每件30元，计225 000元。材料验收入库，货款尚未支付。

借：原材料——C材料　　　　　　　　　　　　　　　225 000

　　　　贷：应付账款——通达工厂　　　　　　　　　　　　　　　　　225 000
　　⑥12月30日，仓库发出A材料40 000千克，单价5.6元，计224 000元；B材料40吨，单价2 400元，计96 000元；C材料8 000件，每件30元，计240 000元。
　　　　借：生产成本　　　　　　　　　　　　　　　　　　　　　　　560 000
　　　　　　贷：原材料——A材料　　　　　　　　　　　　　　　　　　224 000
　　　　　　　　　　　——B材料　　　　　　　　　　　　　　　　　　 96 000
　　　　　　　　　　　——C材料　　　　　　　　　　　　　　　　　　240 000
　　(3)根据上述资料，进行平行登记。
　　①"原材料"总分类账户与所属明细分类账户的平行登记如表3-8至表3-11所示。

表3-8　　　　　　　　　　　　原材料总分类账户

账户名称：原材料　　　　　　　　　　　　　　　　　　　　　　　　　金额单位：元

| 2010年 || 凭证 || 摘要 | 借方 | 贷方 | 借或贷 | 余额 |
月	日	字	号					
12	1	略	略	月初余额			借	179 000
	5			购进原材料	240 000		借	419 000
	20			购进原材料	112 000		借	531 000
	26			购进原材料	225 000		借	756 000
	30			生产领用		560 000	借	196 000
	30			本期发生额及余额	577 000	560 000	借	196 000

表3-9　　　　　　　　　　　　原材料明细分类账户

账户名称：A材料　　　　　　　　　　　　　　　　　　　　　　　　　金额单位：元

| 2010年 || 凭证 || 摘要 | 收入 ||| 发出 ||| 结存 |||
月	日	字	号		数量	单价	金额	数量	单价	金额	数量	单价	金额
12	1	略	略	月初余额							10 000	5.6	56 000
	5			购入	30 000	5.6	168 000				40 000	5.6	224 000
	20			购入	20 000	5.6	112 000				60 000	5.6	336 000
	30			发出				40 000	5.6	224 000	20 000	5.6	112 000
	30			月结	50 000	5.6	280 000	40 000	5.6	224 000	20 000	5.6	112 000

表3-10　　　　　　　　　　　　原材料明细分类账户

账户名称：B材料　　　　　　　　　　　　　　　　　　　　　　　　　金额单位：元

| 2010年 || 凭证 || 摘要 | 收入 ||| 发出 ||| 结存 |||
月	日	字	号		数量	单价	金额	数量	单价	金额	数量	单价	金额
12	1	略	略	月初余额							20	2 400	48 000
	5			购入	30	2 400	72 000				50	2 400	120 000
	30			发出				40	2 400	96 000	10	2 400	24 000
	30			月结	30	2 400	72 000	40	2 400	96 000	10	2 400	24 000

表 3-11　　　　　　　　　　　　　　原材料明细分类账户

账户名称：C 材料　　　　　　　　　　　　　　　　　　　　　　　　　　　　　　　　　　金额单位：元

2010年		凭证		摘要	收入			发出			结存		
月	日	字	号		数量	单价	金额	数量	单价	金额	数量	单价	金额
12	1	略	略	月初余额							2 500	30	75 000
	26			购入	75 000	30	225 000				10 000	30	300 000
	30			发出				8 000	30	240 000	2 000	30	60 000
	30			月结	75 000	30	225 000	8 000	30	240 000	2 000	30	60 000

②"应付账款"总分类账户与明细分类账户的平行登记如表 3-12 至表 3-15 所示。

表 3-12　　　　　　　　　　　　　　应付账款分类账户

账户名称：应付账款　　　　　　　　　　　　　　　　　　　　　　　　　　　　　　　　金额单位：元

2010年		凭证		摘要	借方	贷方	借或贷	余额
月	日	字	号					
12	1	略	略	月初余额			贷	90 000
	3			还款	70 000		贷	20 000
	12			还款	20 000		平	0
	20			购料		112 000	贷	112 000
	26			购料		225 000	贷	337 000
	30			本期发生额及余额	90 000	337 000	贷	337 000

表 3-13　　　　　　　　　　　　　应付账款明细分类账户

账户名称：华兴工厂　　　　　　　　　　　　　　　　　　　　　　　　　　　　　　　　金额单位：元

2010年		凭证		摘要	借方	贷方	借或贷	余额
月	日	字	号					
12	1	略	略	月初余额			贷	40 000
	3			还款	40 000		平	0
	20			购料		112 000	贷	112 000
	30			月结	40 000	112 000	贷	112 000

表 3-14　　　　　　　　　　　　　应付账款明细分类账户

账户名称：祥瑞工厂　　　　　　　　　　　　　　　　　　　　　　　　　　　　　　　　金额单位：元

2010年		凭证		摘要	借方	贷方	借或贷	余额
月	日	字	号					
12	1	略	略	月初余额			贷	30 000
	3			还欠款	30 000		平	0
	30			月结	30 000		平	0

表 3-15　　　　　　　　　　应付账款明细分类账户

账户名称：通达工厂　　　　　　　　　　　　　　　　　　　　　　金额单位：元

2010年		凭证		摘要	借方	贷方	借或贷	余额
月	日	字	号					
12	1	略	略	月初余额			贷	20 000
	12			还欠款	20 000		平	0
	26			购料		225 000	贷	225 000
	30			月结	20 000	225 000	贷	225 000

从上述平行登记的结果可以看出，"原材料"和"应付账款"总分类账户的期初、期末余额及本期借、贷方发生额，与其所属明细分类账户的期初、期末余额之和及本期借、贷方发生额之和都是相等的。利用这种相等的关系，可以核对总分类账和明细分类账的登记是否正确。如有不等，则表明记账出现错误，就应该检查，予以更正。

☞ 小资料

借贷记账法的起源

借贷记账法大致起源于13世纪意大利北方的三个港口城市，即威尼斯、热那亚和佛罗伦萨。十字军东征后，随着地中海航路的开辟，上述三个城市逐渐成为东西方贸易的中转站，这里的商业、手工业、金融业都较为发达。当时作为支付手段的货币为金属货币，结算手段也较为落后，商人外出交易需携带大量的金属货币，既不方便又不安全。为了交易的便利，也为了保护货币资金的安全，在这三个城市逐步出现了一些从事放贷和金钱保管业务的金融家。他们在借出金钱时，记在借主的名下，表示债权的增加（人欠我）；在接受委托保管金钱或贷出款项时，记在贷主的名下，表示债务的增加（我欠人）。

随着经济活动内容的日益复杂，记录的经济业务不再局限于货币的借贷和保管业务，逐渐扩展到其他财产物资、经营损益等内容。为求得账簿记录的统一，对于非货币资金业务也采用这种记账方法。随着商品经济的发展，借、贷二字逐渐失去了原来的意义，约定俗称为具有特殊经济含义的复式记账方法。借贷记账法逐步在欧美国家传播，20世纪初传入我国。

【课后训练】

一、单项选择题

1. 世界各国普遍采用的复式记账法是（　　）。
   A. 收付记账法　　　　　　　　　　B. 增减记账法
   C. 左右记账法　　　　　　　　　　D. 借贷记账法
2. 复式记账法与单式记账法相比较，下列说法正确的是（　　）。
   A. 两者都有利于检查账户记录的正确性

B. 两者都能清晰地反映经济业务的过程和结果
C. 两者都有一套账户体系
D. 两者的账户都有相互对应关系

3. 复式记账法是对每一个经济业务都以相同的金额在两个或两个以上账户中进行登记，其登记的账户一定是（　　）。
A. 资产类账户　　　　　　　　　　B. 权益类账户
C. 相互关联的账户　　　　　　　　D. 总分类账户和明细分类账户

4. 在借贷记账法下，账户之间最本质的差别是（　　）。
A. 账户的格式　　　　　　　　　　B. 账户的结构
C. 账户的用途　　　　　　　　　　D. 账户的性质

5. 在借贷记账法下，借和贷两字用以标明（　　）。
A. 记账的规则　　　　　　　　　　B. 记账的符号
C. 记账的依据　　　　　　　　　　D. 记账的原则

6. 在借贷记账法下，账户的借方表示（　　）。
A. 费用的增加和收入的减少　　　　B. 收入的增加和资产的减少
C. 利润的增加和负债的减少　　　　D. 利润的增加和费用的减少

7. 在借贷记账法下，费用账户的结构（　　）。
A. 类似资产类账户　　　　　　　　B. 与负债类账户相同
C. 与所有者权益账户相同　　　　　D. 与资产类账户相同

二、多项选择题

1. 复式记账的特点是（　　）。
A. 以相等的金额记录　　　　　　　B. 在相互联系的账户中记录
C. 会计记录简单　　　　　　　　　D. 可以进行试算平衡

2. 复式记账法具体包括（　　）。
A. 借贷记账法　　　　　　　　　　B. 收付记账法
C. 增减记账法　　　　　　　　　　D. 左右记账法

3. 账户登记的内容包括（　　）。
A. 负债的增加　　　　　　　　　　B. 收入的增加
C. 资产的增加　　　　　　　　　　D. 所有者权益的增加

4. 必须使用复式记账法登记进行相关反映的会计核算方法有（　　）。
A. 填制会计凭证　　　　　　　　　B. 登记会计账簿
C. 成本计算　　　　　　　　　　　D. 财产清查

5. 下列账户中与"主营业务收入"账户存在对应关系的有（　　）。
A. "库存现金"　　　　　　　　　　B. "应收账款"
C. "预收账款"　　　　　　　　　　D. "本年利润"

6. 下列会计分录中，属于复合会计分录的有（　　）。
A. 一借一贷　　　　　　　　　　　B. 一借多贷
C. 一贷多借　　　　　　　　　　　D. 多借多贷

三、实务题

练习一

1. 目的：练习对借贷记账法下各账户借贷符号的运用以及账户中各金额之间的计算关系。
2. 资料：见表 3 – 16。
3. 要求：根据表 3 – 16 中各账户的已知金额求出空格中的金额并填入表 3 – 16 中。

表 3 – 16　　　　　　　　　　　　各账户的金额　　　　　　　　　　　金额单位：元

账户名称	期初余额	借方发生额	贷方发生额	期末余额
库存现金	1 600	400	1 000	
银行存款	13 400	6 000		10 400
应收账款	20 000		12 000	18 000
短期借款	15 000		5 800	12 800
原材料		22 000	20 000	30 000
应付账款	9 600	800		8 800
本年利润	9 600	1 400		11 000
盈余公积	7 000		1 800	8 400

练习二

1. 目的：练习借贷记账法下分录的编制。
2. 资料：某企业 2010 年 8 月份发生部分经济业务如下：
（1）国家投入资本 25 000 元，存入银行。
（2）通过银行转账支付前欠南方工厂的购货款 3 000 元。
（3）从银行提取现金 15 000 元，准备发放工资。
（4）收回应收账款 4 500 元，存入银行。
（5）以银行存款归还向银行借入的短期借款 10 000 元。
（6）联营单位投入新机器一台，作为对该公司的投资，价值 7 500 元。
（7）购入材料 2 100 元，货款未付。
（8）收回应收账款 7 600 元，其中 5 000 元直接归还银行短期借款，其余 2 600 元存入银行。
（9）将多余的库存现金 500 元存入银行。
（10）采购员出差，预借差旅费 1 500 元，财务科以现金支付。
要求：根据上述业务编制相应的会计分录。

练习三

1. 目的：通过编制会计分录、登记 T 字形账户及编制试算平衡表进一步掌握借贷复式记账法。

2. 资料：

假定恒安公司2010年2月份有关账户的期初余额如表3-17所示。

表3-17　　　　　　　　恒安公司2010年2月份有关账户的期初余额　　　　　　　金额单位：元

资产		负债及所有者权益	
账户名称	借方余额	账户名称	贷方余额
库存现金	900	短期借款	100 000
银行存款	268 700	应付账款	105 300
应收账款	95 200	应付职工薪酬	19 700
原材料	67 000	应交税费	8 800
生产成本	172 000	长期借款	500 000
固定资产	930 000	实收资本	800 000
合计	1 533 800	合计	1 533 800

恒安公司2010年2月份发生下列经济业务：

(1) 购进材料一批，计价46 800元（暂不考虑增值税），材料已验收入库，货款以银行存款支付。

(2) 以银行存款支付上月应缴未缴的税费8 800元。

(3) 从银行提取现金30 000元。

(4) 收到A公司投入新机器设备一台，价值160 000元。

(5) 以现金支付生产工人工资30 000元。

(6) 生产车间从仓库领用材料56 000元，进行产品生产。

(7) 向银行借入短期借款直接归还应付供应商货款80 000元。

(8) 收到客户前欠销货款27 900元，存入银行。

(9) 三年期借款100 000元已到期，以银行存款偿还。

(10) 将支付给生产工人的30 000元工资计入产品生产成本。

(11) 取得一年期借款150 000元存入银行。

(12) 购入生产用机器设备167 000元，其中100 000元用银行存款支付，剩余部分暂欠。

要求：

(1) 根据资料2的经济业务，编制会计分录。

(2) 开设T字形账户登记期初余额、本期发生额，结出期末余额。

(3) 编制总分类账户本期发生额及期末余额试算平衡表（见表3-18）。

表 3-18　　各类账户发生额及余额试算平衡表　　金额单位：元

账户名称	期末余额 借方	期末余额 贷方	本期发生额 借方	本期发生额 贷方	期末余额 借方	期末余额 贷方
库存现金						
银行存款						
应收账款						
原材料						
固定资产						
生产成本						
短期借款						
长期借款						
应付账款						
应交税费						
应付职工薪酬						
实收资本						
合　计						

练习四

1. 目的：综合练习借贷记账法的应用。

2. 资料：三利公司2010年12月份发生下列经济业务：

1日，企业收到投资者投入资本100 000元，存入银行。

2日，企业收到某公司投入全新设备一台，价值为250 000元。

3日，向银行申请借入了期限为3个月的借款50 000元，年利率为6.6%；期限为2年的借款120 000元，年利率为7.6%。款项均存入银行，借款到期一次还本付息。

4日，计算本月份应负担的银行借款利息。

5日，从本市购入甲材料100千克，单价为每千克500元，增值税税率为17%，款项已由银行存款支付，材料运到企业并已验收入库。

6日，企业从庆丰工厂购入甲材料50千克，单价为每千克480元；乙材料60千克，单价为每千克600元，增值税税率为17%，同时发生运费1 000元（按材料重量分配）。材料及运费款均已由银行存款支付。

7日，上述从大华工厂购入甲、乙两种材料已运达企业并验收入库，结转入库材料实际成本。

8日，企业从长江工厂购入丙材料20千克，单价为每千克480元，增值税税率为17%，长江工厂代垫运费500元，材料乙运到并验收入库，发票账单已到，但货款尚未支付。

12日，以银行存款预付立新工厂丙材料款60 000元。

15日，本月份应付职工薪酬工资47 230元。其中生产A产品工人工资24 500元，生产B产品工人工资9 800元，车间管理人员工资7 430元，行政管理人员工资5 500元。

15日，企业从银行提取现金47 230元，准备发放工资。

15日，以现金发放职工工资47 230元。

15日，发放工资时，按规定比例集体职工"三险一金"6 602元。其中A产品负担3 420元，B产品1 372元，车间管理人员工资1 040元，行政管理人员工资770元。

17日，以银行存款归还8日所欠长江工厂的材料款。

20日，立新工厂按合同发来12日已预付款的丙材料60千克，单价800元，增值税税率为17%，运费300元，余款300元，余额已退回存入银行，材料验收入库。

23日，收到"领用材料汇总表"，该企业发生领料业务如表3-19所示。

表3-19　　　　　　　　　　　领用材料汇总表　　　　　　　　　　　　　金额单位：元

项　　目	甲材料	乙材料	丙材料	合　　计
产品生产耗用	40 000	21 000	9 590	70 590
其中：A产品	24 000	13 000	7 860	44 860
B产品	16 000	8 000	1 730	25 730
车间一般耗用	400	620	180	1 200
管理部门耗用		1 000	400	1 400
合　　计	40 400	22 620	10 170	73 190

24日，按规定支付银行借款短期借款利息2 500元。

25日，以银行存款支付车间办公费、水电费等1 256元，管理部门办公费、水电费1 000元。

26日，向向阳工厂销售A产品100件，每件售价150元，应向该单位收取的增值税税率为17%，产品已经发出，货款及增值税款已存入银行。

27日，向外地北方公司销售A产品200件，每件150元；B产品100件，每件售价200元，增值税税率17%，并以银行存款垫付运杂费1 500元，产品已经发出，款项未收到。

28日，收到向阳公司预付购买A产品货款35 600元，存入银行。

29日，接到银行通知，收到北方公司27日销售货款的全部款项，存入银行。

29日，按合同规定向阳光公司发出A产品200件，每件售价150元，价款30 000元，增值税销项税额5 100元。以银行存款代垫运杂费500元，冲抵原单位28日的账款。

30日，按规定计算并计提本月固定资产折旧12 000元，其中车间使用的固定资产应提折旧8 400元，行政管理部门使用的固定资产应提折旧3 600元。

30日，将本月发生的制造费用16 800元分配转入产品生产成本（按生产工人工时比例分配）。

30日，按规定计算并结转本期产品销售税金3 000元。

30日，期末计算并结转已售A产品500件的实际生产成本36 000元，B产品100件的实际生产成本12 000元。

30日，乙公司因未能及时履行与本公司签订的供货合同，收到乙公司支付的违约金2 500元的支票，并送存银行。

30日，由于公司发给丙公司的商品规格、型号与订货合同不符，按照合同规定支付违约金3 000元，开出转账支票付讫。

31日，假设该企业有关损益类账户的累计发生额资料如表3-20所示，并计算和结转本年度的利润总额。

表3-20　　　　　　　该企业有关损益类账户的累计发生额资料　　　　　　金额单位 元

序号	科目名称	借方余额	贷方余额
1	主营业务收入		1 680 000
2	其他业务收入		80 000
3	营业外收入		70 000
4	主营业务成本	1 220 000	
5	营业税金及附加	80 000	
6	其他业务成本	50 000	
7	销售税金	75 000	
8	管理费用	65 000	
9	财务费用	20 000	
10	营业外支出	40 000	

31日，假设该公司适用的所得税税率为25%，计算并结转所得税额，进而计算净利润。

31日，续前例，假设没有以前年度未弥补亏损。经股东大会批准，公司决定按10%提取法定盈余公积金、按50%分配给投资者，进行相应的会计核算并计算"未分配利润"余额。

要求：根据上述资料，运用借贷记账法编制会计分录。

项目四

借贷记账法的具体运用

技能目标

1. 认识制造业企业主要经济业务。
2. 运用借贷记账法处理企业基本经济业务。

知识目标

1. 掌握资金投入的业务核算知识。
2. 掌握采购业务核算知识。
3. 掌握生产过程业务核算知识。
4. 掌握销售过程业务核算知识。
5. 掌握财务成果核算知识。

【案例导入】

孙某于2010年6月以每年2 000元租用一间店面，投资创办了开心服装公司，主要经营各种服装的批发兼零售。6月1日，孙某以公司名义在银行开立账户，存入100 000元作为资本，用于经营。由于孙某不懂会计，他除了将所有的发票等单据都收集保存起来以外，没有做任何其他记录。到月底，孙某发现公司的存款反而减少，只剩下58 987元存款外加643元现金。另外，尽管客户赊欠的13 300元尚未收款，但公司也有10 560元货款尚未支付。除此之外，实地盘点库存服装，价值25 800元，孙林开始怀疑自己的经营，前来向你请教。

对孙某保存的所有单位进行检查分析，汇总一个月情况显示：

1. 投资款存入银行100 000元。
2. 内部装修及必要的设施花费20 000元，均已用支票支付。
3. 购入服装两批，每批价值35 200元，其中第一批现金购货，第二批赊购30%。
4. 1~30日零售服装收入共计38 800元，全部收现，存入开户银行。

5. 1~30日批发服装收入共计25 870元，赊销13 300元，其余货款收入均存入银行。
6. 用支票支付店面租金2 000元。
7. 本月从银行存款户提取现金五次共计10 000元，其中4 000元支付雇员工资，5 000元用作个人生活费，其余备日常零星开支。
8. 本月水电费543元，用支票支付。
9. 本月电话费220元，用现金支付。
10. 其他各种杂费137元，用现金支付。

要求：

试根据你所掌握的会计知识，结合开心服饰公司的具体业务：

1. 替开心服饰公司设计一套合理的账务处理程序，并帮其记录本月交易。
2. 向孙某报告开心服饰公司的财务状况，解答其疑虑。

　　企业是以营利为目的的经济实体。本章以最具代表性的企业类型——制造业为例来说明企业主要经济业务的内容和特点。

　　制造业是从事产品生产经营为主的行业。它的主要任务是为社会提供合格产品，满足各方面的需要，并在此过程中赚取利润，实现自身生存和发展的目的。制造业的生产经营活动主要围绕供应过程、生产过程、销售过程来进行。为了独立地进行生产经营活动，每个企业都必须拥有一定数量的经营资金，作为从事经营活动的物质基础。这些资金都是从一定的渠道取得的，并在经营活动中被具体运用，表现为不同的占用形态。随着企业生产经营活动的进行，资金的占用形态在供、产、销三个过程中不断转化，周而复始，形成资金的循环和周转。

　　第一，供应过程。

　　供应过程是制造企业生产经营活动的起始阶段，企业要开始生产经营活动，首先必须具备一定的物质条件，而这些物质条件的准备过程就是在供应过程中完成的。

　　在供应过程中，企业要以筹集来的货币资金建造或购买厂房、机器设备和各种材料物资，为进行产品生产提供必要的生产资料。企业的生产资料包括劳动资料和劳动对象两大部分：前者如厂房、机械设备等固定资产，后者如生产用的各种主要材料和辅助材料等原材料。这时资金就从货币资金形态转化为固定资金形态和储备资金形态。

　　第二，生产过程。

　　生产过程是企业生产经营过程的中间环节，也是企业生产经营活动的主要阶段。在生产过程中，劳动者（生产工人）借助于劳动资料，加工劳动对象，制造出各种适合社会需要的产品。这时资金就从固定资金、储备资金和货币资金形态（工人工资等）转化为生产资金形态，随着产品的制成和验收入库，资金又从生产资金形态转化为成品资金形态。生产过程是产品的形成阶段，同时也是各种生产成本费用的发生阶段。在这一过程中，企业的财务部门一方面要为企业产品生产所投入的人力物力和财力进行相应的会计处理；另一方面要对生产过程中发生的各种成本费用进行归集和分配，进而计算出产品的总成本和单位成本。

　　第三，销售过程。

　　销售过程是制造业生产经营环节的最后阶段，也是企业产品价值的实现阶段。在销售过程中，企业将产品销售出去，收回货币资金或其他资产，同时要发生营业费用，缴纳税金，与产品的购买单位发生货款结算关系等，这时资金从成品资金形态转化为货币资金形态。

在上述企业生产经营活动中，资金的筹集和资金回收或退出企业，与供应过程、生产过程和销售过程首尾相接，构成了制造业企业的主要经济业务。随着企业生产经营活动的进行，资金的占用形态不断转化，周而复始，形成资金的循环和周转（见图4-1）。

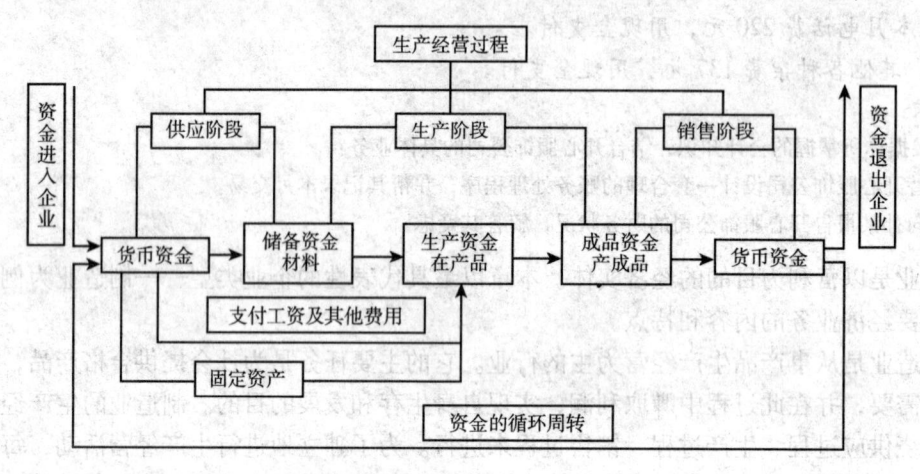

图4-1 制造业企业的资金运动

任务1 资金筹集业务的核算

4.1.1 资金筹集业务的核算内容

企业为了进行生产经营活动，必须拥有一定数量的资金，作为生产经营活动的物质基础。

企业筹集资金的渠道是指企业取得资金的方式。

目前我国企业的资金来源渠道主要是投资者投入和向银行、金融机构筹借以及发行债券等。因此，实收资本业务和借款业务的核算，就构成了资金筹集业务核算的主要内容。

4.1.2 投入资本的核算

一、投入资本核算的内容

企业要进行生产经营，就必须有一定的本钱。《公司法》规定，设立企业必须有法定的资本金，即企业在工商行政管理部门登记的注册资金。为此，企业通过发行股票和吸收直接投资或内部经营积累等方式来筹集自有资金——本钱。通过这种方式筹集到的资金构成企业所有者权益的主要部分，一般不须归还（企业清算和减资除外）。这就是投入资本。

二、投入资本核算的主要账户设置

1. "实收资本"账户

"实收资本"账户用来核算企业实收资本的增减变动情况及其结果（股份公司为"股本"）。

该账户是所有者权益类账户，其贷方登记企业实际收到的投资者投入的资本数，借方登记企业按法定程序报经批准减少的注册资本数，期末余额在贷方，表示企业实有的资本（或股本）数额。

该账户按投资者设置明细账，进行明细分类核算。

2. "资本公积"账户

"资本公积"账户主要用于反映所有者的公共积累，属于所有者权益账户。其贷方登记增加数，反映因资本溢价或股本溢价等而增加的资本公积金；借方登记减少数，表示因将其转为实收资本等而减少的资本公积金；余额在贷方，表示期末资本公积金的结余数额。

3. "固定资产"账户

固定资产是指使用期限较长、单位价值较高，并且在使用过程中保持原有实物形态基本不变的资产。"固定资产"账户是一个资产类账户，用于核算企业固定资产的增加、减少和结余情况。借方登记增加的固定资产的原始价值，贷方登记减少的固定资产的原始价值；期末余额在借方，表示企业期末固定资产原始价值的实有数额。本账户按固定资产的种类或用途设置明细账。

投入资本的核算还将涉及"现金"账户和"银行存款"账户。

三、投入资本的账务处理

账务处理是指根据具体的经济业务，编制会计分录，登记账簿的过程（见表4-1）。

表4-1　　　　　　　　东南公司账户期初余额

账户名称	借方金额	账户名称	贷方金额
库存现金	3 000	短期借款	1 091 400
银行存款	300 000	应付账款	183 000
应收账款	280 000	应付职工薪酬	58 000
原材料	860 000	应交税费	51 600
库存商品	1 505 000	实收资本	3 480 000
固定资产	3 850 000	盈余公积	100 000
		本年利润	469 000
		累计折旧	1 365 000
合　计	6 798 000	合计	6 743 000

2010年12月份东南公司发生下列经济业务。

【例4-1】1日，收到投资人投入资金共计300 000元，已存入银行。

该经济业务事项，属于资产和所有者权益同时增加的类型，涉及资产类的"银行存款"账户，以及所有者权益中的"实收资本"账户，两个账户同时增加30万元。因此，应编制会计分录如下：

借：银行存款　　　　　　　　　　　　　　　　　　　　　　　300 000
　　贷：实收资本　　　　　　　　　　　　　　　　　　　　　　　300 000

【例4-2】1日，A公司同本公司联营，A公司出资设备一台，账面原值为200 000元，已提折旧50 000元，双方协商作价150 000元，现已交付使用。

此例经济业务与【例4-1】是同一类型，所不同的是：资产类账户由"银行存款"换成了"固定资产"。因此，编制会计分录如下：

借：固定资产　　　　　　　　　　　　　　　　　　　　　　　150 000
　　贷：实收资本　　　　　　　　　　　　　　　　　　　　　　　150 000

【例4-3】B公司以房屋对公司进行投资，按协议确定的投资比例，B公司应投资500万元。B公司实际投资的房屋市价520万元，并已办理相关手续。该项经济业务与前例经济业务不同的是：B公司以房屋投资，其资产市价520万元，超过他应出投资（500万元）20万元。对投资超过注册资本的部分，不能作为实收资本入账，只能在资本公积账户核算。因此，应编制会计分录如下：

借：固定资产　　　　　　　　　　　　　　　　　　　　　　　5 200 000
　　贷：实收资本　　　　　　　　　　　　　　　　　　　　　　　5 000 000
　　　　资本公积　　　　　　　　　　　　　　　　　　　　　　　200 000

4.1.3　负债的核算

一、负债核算的内容

企业的资金筹集除了投资人投入资金外，还可以向银行和其他金融机构借入资金，用于弥补自有资金的不足，这部分借入资金形成了企业的负债。此外，企业在经营结算过程中临时占用的对方资金以及其他应付未付款项，也构成企业负债的一部分。这里主要讨论企业借款的核算。企业借款按偿还期限的不同可分为短期借款和长期借款。短期借款是指借入期限在一年以下（包括一年）的各种借款，主要用于生产周转的需要。长期借款指借入期限在一年以上的各种借款，主要用于固定资产的购建、改建和扩建等。

企业借入资金需要支付利息，借款利息是企业使用借入资金所应支付的代价或成本，是一项理财费用，应计入财务费用。

财务费用是指企业为筹集生产经营资金而发生的各项费用。包括企业生产经营期间发生的利息支出汇兑损益和金融机构手续费等支出。为生产经营周转而发生的短期借款利息可直接计入当期财务费用，为购建固定资产筹集的长期资金所发生的借款利息等费用，在固定资产尚未完工交付使用之前发生的，计入有关购建固定资产的成本；在固定资产完工投入使用之后发生利息支出，则计入财务费用。

二、负债核算应设置的账户

1. "短期借款"账户

短期借款属负债类账户,用于核算企业短期借款的借入、归还和结余情况。贷方登记借入各种短期借款本金数,借方登记归还的短期借款的本金数;期末余额在贷方,反映企业尚未归还的短期借款本金数。

本账户可按借款人或借款种类设置明细账。

2. "长期借款"账户

该账户用于核算借入期限在一年以上的各种借款。账户结构、明细账设置方法同短期借款。

3. "财务费用"账户

该账户属损益类(费用)账户,用于核算企业为筹集资金而发生的各项费用,包括利息支出、汇兑损失和银行手续费等。借方登记实际发生的财务费用数额,贷方登记结转到"本年利润"账户的数额;结转后该账户期末无余额。

本账户可按财务费用的具体项目设置明细账。

三、负债核算的账务处理

【例4-4】 1日,从银行取得临时借款100 000元,期限为6个月,年利息为6%,按月支付利息。当企业收到借款时,企业的资产——银行存款增加,同时企业的负债——短期借款也同样增加。因此,应编制会计分录如下:

借:银行存款　　　　　　　　　　　　　　　　　　　　　　　100 000
　　贷:短期借款　　　　　　　　　　　　　　　　　　　　　　100 000

【例4-5】 31日,支付本月的短期借款利息500元(100 000×6%×1÷12=500)。

这项经济业务的发生,一方面使企业的财务费用增加了500元,另一方面企业因支付利息而使银行存款减少了500元。因此,编制会计分录如下:

借:财务费用　　　　　　　　　　　　　　　　　　　　　　　　500
　　贷:银行存款　　　　　　　　　　　　　　　　　　　　　　　500

任务2　采购业务的核算

4.2.1　采购业务主要经济内容

采购业务是生产经营的准备阶段,其基本业务是组织各种生产材料的采购和存储,以备生产之需。因此,采购业务核算的主要内容是核算和监督材料的买价和采购费用,确定材料采购成本。

材料采购成本项目一般包括下列几项:

(1)材料的买价,即供货单位的发票价格。

(2)外地运杂费,指企业从外地购进材料在运抵企业仓库过程中用货币资金支付的有关费用，包括运输费、装卸费、保险费、包装费、仓储费等。

（3）运输途中的合理损耗，指所购材料在运输途中正常范围内的损耗。

（4）入库前的加工整理挑选费用（包括整理挑选过程中发生的损耗）。

（5）购入材料负担的其他费用。

4.2.2 采购业务核算应设置的账户

1. "在途物资"账户

该账户是资产类账户，用于核算企业购入材料物资的实际买价和采购费用，确定材料的实际采购成本的账户。其借方反映购入材料的买价和采购费用，贷方反映已验收入库材料的实际采购成本，期末借方余额表示尚未到达或尚未验收入库的在途物资的实际采购成本。

本账户按材料的品种规格设置明细账。

2. "原材料"账户

该账户是资产类账户，用于核算企业购入材料物资的实际采购成本并反映库存各种材料增减变化和结存情况。借方登记已验收入库材料物资所发生的买价和采购费用数额，即材料实际采购成本，贷方登记发出、领用材料的实际成本；期末余额在借方，表示企业期末库存各种材料物资的实际成本。

本账户按材料的品种、规格设置明细账。

3. "应交税费"账户

根据《中华人民共和国增值税暂行条例》规定，凡在中华人民共和国境内销售货物或提供加工、修理、修配劳务以及进口货物的单位和个人，应缴纳增值税。增值税就是按货物或应税劳务的增值部分征收的一种流转税。按规定，企业购入货物或接受应税劳务支付的增值税（即进项税额），可以从销售货物或提供劳务按规定收取的增值税（即销项税额）中抵扣。一般纳税人按17%（一般税率）或13%（优惠税率）的税率计算增值税，实际缴纳税额为销项税额与进项税额的差额。但小规模纳税人按销售额的3%计算增值税，不抵扣进项税额。

一般纳税人应纳增值税计算公式如下：

$$应纳税额 = 当期销项税额 - 当期进项税额$$

$$销项税额 = 销售额 \times 增值税税率$$

$$进项税额 = 购进货物或劳务价款 \times 增值税税率$$

企业应缴纳的增值税，在"应交税费"账户下设置的"应交增值税"明细账户进行核算。

该账户的贷方登记企业销售货物或提供应税劳务应缴纳的增值税销项税额，借方登记企业购进货物或接受劳务支付的进项税额和实际已缴纳的本期增值税额；期末贷方余额表示企业本期应交而未交的增值税额；期末余额若在借方，表示本期尚未抵扣完的增值税进项税额，可以留待下期继续抵扣。

"应交增值税"账户一般下设"进项税额"、"销项税额"、"已交税金"等专栏。

4. "应付账款"账户

该账户是负债类账户,用于核算企业因购买材料物资和接受劳务供应等而应付给供应单位的款项。贷方登记企业因购买材料等原因发生的应付未付的货款数额,借方登记企业实际支付的货款数额;期末余额在贷方,表示企业尚未支付的货款数额。本账户按供应单位开设明细账。

【例4-6】15日,从大洋公司购入甲材料4 000千克,每千克单价19元,共计76 000元,增值税税率17%,进项税额12 920元,材料已验收入库,货款88 920元,已由银行转账支付。

企业购买材料应支付的款项包括两个部分,一是材料的采购成本(买价+采购费用),二是增值税进项税额。因此,该项业务事项应编制会计分录如下:

借:在途物资——甲材料　　　　　　　　　　　　　　　76 000
　　应交税费——应交增值税(进项税额)　　　　　　　12 920
　　贷:银行存款　　　　　　　　　　　　　　　　　　　88 920

【例4-7】15日,从长江公司购进乙材料2 000千克,每千克14元,增值税税率17%,进项税额4 760元,材料已验收入库,货款32 760元暂欠。

这笔业务与前例不同的是:购买材料时款项尚未支付,一项资产(原材料)增加的同时,也增加了一项负债。因此,应编制会计分录如下:

借:在途物资——乙材料　　　　　　　　　　　　　　　28 000
　　应交税费——应交增值税(进项税额)　　　　　　　 4 760
　　贷:应付账款——长江公司　　　　　　　　　　　　　32 760

【例4-8】15日,以银行存款支付购入甲、乙两种材料的装卸搬运费6 000元,按材料重量分摊运费。

在材料采购过程中发生的采购费用,应采用合理的方法计入材料的采购成本。专为采购某种材料而发生的费用,应直接计入该种材料的采购成本;对于采购几种材料共同发生的费用,应选择适当的标准在几种材料之间进行分配,计入各种材料物资的采购成本。材料采购费用的分配标准可以选择采购材料的重量、体积或买价等。

$$采购费用分配率 = \frac{共同负担的采购费用}{各种材料分配重量(买价)之和}$$

某种材料物资应分摊的采购费用 = 某种材料重量(或买价)× 采购费用分配率

根据【例4-6】【例4-7】材料采购业务资料,计算材料采购费用分配率:

分配率 = 6 000 ÷ (4 000 + 2 000) = 1元/千克

甲材料分配额 = 4 000 × 1 = 4 000(元)

乙材料分配额 = 2 000 × 1 = 2 000(元)

编制会计分录:

借:在途物资——甲材料　　　　　　　　　　　　　　　 4 000
　　　　　　　——乙材料　　　　　　　　　　　　　　　 2 000
　　贷:银行存款　　　　　　　　　　　　　　　　　　　 6 000

在上述材料已经验收入库后,企业应按其实际成本结转材料的成本,则编制以下会计分录：
　　借：原材料——甲材料　　　　　　　　　　　　　　　　　　　80 000
　　　　　　　——乙材料　　　　　　　　　　　　　　　　　　　30 000
　　　　贷：在途物资——甲材料　　　　　　　　　　　　　　　　80 000
　　　　　　　　　——乙材料　　　　　　　　　　　　　　　　　30 000

任务3　生产过程的核算

4.3.1　生产过程主要经济内容

生产过程是制造业生产经营过程的第二阶段在这一环节中，企业组织劳动者使用机械设备等劳动工具对各种材料进行加工，构成产品生产成本的费用（又叫成本项目），包括以下几个方面：

（1）直接材料费，指直接用于产品生产，构成产品实体的材料费，主要包括主要材料、外购半成品及有助于产品形成的辅助材料费等。

（2）直接人工，指直接参加产品生产的工人薪酬。

（3）其他直接费用，指直接为生产产品而发生的燃料、动力、外部加工费等。

（4）制造费用，指企业生产部门为组织和管理生产而发生的各项间接费用，包括企业生产部门的管理人员的薪酬、折旧费、修理费、办公费、水电费、机物料消耗、劳动保护费、季节性和修理期间的停工损失等。

（5）管理费用是企业行政管理部门为管理、组织生产经营活动而发生的各项费用。它一般包括管理人员薪酬、折旧费、业务招待费、房产税、车船税、土地使用税、印花税、技术转让费、无形资产摊销、研发费、坏账损失、租赁费、咨询费、诉讼费、低值易耗品摊销、修理费等项目。管理费用是一些与产品生产没有直接关系的费用，这些费用不计入产品成本，而应计入当期损益，称为期间费用。

4.3.2　生产过程核算应设置的账户

一、"生产成本"账户

该账户属成本类账户，用于核算应计入产品成本的各项费用。借方登记应计入产品生产成本的直接材料、直接人工以及分配计入产品生产成本的制造费用，贷方登记完工入库产品的生产成本；期末余额在借方，表示尚未完工在产品的成本。

该账户按成本核算对象开设明细账。

二、"制造费用"账户

该账户属成本类账户，用来归集和分配企业生产车间为生产产品而发生的各项间接费用。借方登记实际发生的各项制造费用，贷方登记月末将制造费用分配计入"生产成本"

账户的金额。本账户月末一般无余额。

按不同生产车间（分厂）及制造费用的项目设置明细账。

三、"应付职工薪酬"账户

该账户属负债类账户，贷方登记计入本期成本费用的职工薪酬，借方登记企业工资实际发放数和福利费等的实际支付数；期末余额在贷方，表示应付未付职工薪酬的结余数。

按职工薪酬的具体项目设置明细账。

四、"累计折旧"账户

固定资产在使用中逐渐磨损，其损耗的价值叫折旧。

该账户是固定资产账户的调整账户（也叫抵减账户），其结构与固定资产账户相反。贷方登记按月计提的固定资产折旧额（累计折旧的增加额），借方登记出售、报废和毁损固定资产的已提折旧（累计折旧的减少额）；期末余额在贷方，反映企业已提取的固定资产折旧累计数额。

五、"库存商品"账户

该账户是资产类账户，用于核算和监督已生产完工并验收入库产品的增减变动及结存情况。借方登记已经完工入库产品的实际成本，贷方登记出库产品的实际成本；期末余额在借方，表示库存产品的实际成本。

按产成品的品种、规格和种类设置明细账。

六、"管理费用"账户

该账户是损益类（费用）账户，用来核算和监督企业行政管理部门为组织和管理生产经营活动发生的各种费用。借方登记发生的各项管理费用，贷方登记转入"本年利润"账户的数额。本账户期末一般无余额。

4.3.3 生产过程主要业务核算

【例4-9】15日，生产A产品领用甲材料1 500千克，每千克单价20元，领用乙材料1 000千克，每千克15元，共计45 000元。

生产产品领用材料，材料在加工过程中转化为产品，材料费用是构成产品生产成本的主要内容之一。领料时，一方面生产成本增加，另一方面库存原材料减少。因此，编制会计分录如下：

借：生产成本——A产品　　　　　　　　　　　　　　　　　45 000
　　贷：原材料——甲材料　　　　　　　　　　　　　　　　　30 000
　　　　　　——乙材料　　　　　　　　　　　　　　　　　15 000

【例4-10】15日，生产B产品领用甲材料800千克，每千克单价20元，共计16 000元。

借：生产成本——B产品　　　　　　　　　　　　　　　　　16 000
　　贷：原材料——甲材料　　　　　　　　　　　　　　　　　16 000

【例4－11】31日，分配结转应由产品成本负担的工资费用。其中，生产A产品工人工资35 000元，生产B产品工人工资25 000元，生产车间技术、管理人员工资13 000元，企业行政管理部门人员工资7 000元。

工资费用应按人员所在部门和工作性质划分，其中生产工人工资同生产领用材料一样也是构成产品生产成本的主要内容之一，应作为直接人工项目记入生产成本账户；车间技术和管理人员的工资虽然不能直接计入某种具体的产品成本，但他们是为组织和管理生产而发生的费用。因此，应做间接费用先记入制造费用账户，期末再按一定的方法和标准分配计入产品生产成本中；公司行政管理人员的工资费用与生产没有直接关系，他们是为管理整个公司的运作而发生的费用，应记入管理费用账户。工资在未发放之前形成企业对职工的一笔负债。因此，编制会计分录如下：

借：生产成本——A产品　　　　　　　　　　　　　　　　　35 000
　　　　　　——B产品　　　　　　　　　　　　　　　　　25 000
　　制造费用　　　　　　　　　　　　　　　　　　　　　　13 000
　　管理费用　　　　　　　　　　　　　　　　　　　　　　 7 000
　　贷：应付职工薪酬——工资　　　　　　　　　　　　　　80 000

【例4－12】31日，按工资总额的14%，计提职工福利费。其中，生产A产品工人应提福利费4 900元，生产B产品工人应提福利费3 500元，生产车间管理人员应提福利费1 820元，行政管理部门应提福利费980元。

按工资总额的一定比率计提的职工福利费，其核算同工资费用一样划分。因此，编制会计分录为：

借：生产成本——A产品　　　　　　　　　　　　　　　　　 4 900
　　　　　　——B产品　　　　　　　　　　　　　　　　　 3 500
　　制造费用　　　　　　　　　　　　　　　　　　　　　　 1 820
　　管理费用　　　　　　　　　　　　　　　　　　　　　　 980
　　贷：应付职工薪酬——福利费　　　　　　　　　　　　　11 200

【例4－13】15日，以银行存款80 000元，支付本月份职工工资，将工资款分别打入职工工资卡。

一般情况下，企业计算工资费用与实际发放工资的时间是不一致的，通常根据考勤产量等记录先计算分配本期实际应负担的工资费用，而实际发放工资时间在后。

发放工资时的会计分录：

借：应付职工薪酬——工资　　　　　　　　　　　　　　　80 000
　　贷：银行存款　　　　　　　　　　　　　　　　　　　80 000

【例4－14】31日，按规定提取本月固定资产折旧费58 000元。其中，生产车间使用厂房机器设备应提折旧28 900元，管理部门使用固定资产应提折旧29 100元。

固定资产的价值在使用中会发生损耗，这在会计上称为固定资产折旧。原材料在领用时其价值是一次转移到产品生产成本中，而固定资产的价值是在其整个使用寿命期限内分次转移到有关成本费用中，并逐步从企业实现的收入中获得补偿。固定资产的折旧费要按固定资产的用途和使用部门来分别核算：生产车间使用的固定资产所提取的折旧费先记入制造费用账户，期末再分配转入生产成本账户；行政管理部门使用的固定资产所提取的折旧费，直接记入管理费用账户。因此，编制会计分录如下：

借：制造费用　　　　　　　　　　　　　　　　　　　　　　28 900
　　管理费用　　　　　　　　　　　　　　　　　　　　　　29 100
　　贷：累计折旧　　　　　　　　　　　　　　　　　　　　　　58 000

【例4-15】20日，以银行存款8 000元支付水电费，其中生产A产品耗用2 000元，生产B产品耗用1 800元，生产车间一般耗用3 800元。行政管理部门一般耗用400元。

会计分录如下：

借：生产成本——A产品　　　　　　　　　　　　　　　　　2 000
　　　　　　——B产品　　　　　　　　　　　　　　　　　1 800
　　制造费用　　　　　　　　　　　　　　　　　　　　　　3 800
　　管理费用　　　　　　　　　　　　　　　　　　　　　　　400
　　贷：银行存款　　　　　　　　　　　　　　　　　　　　　　8 000

【例4-16】25日，从仓库领用乙材料1 000千克，每千克单价15元，计15 000元，其中生产车间一般性耗用12 000元，行政管理部门一般性耗用3 000元。

会计分录如下：

借：制造费用　　　　　　　　　　　　　　　　　　　　　　12 000
　　管理费用　　　　　　　　　　　　　　　　　　　　　　3 000
　　贷：原材料——乙材料　　　　　　　　　　　　　　　　　15 000

【例4-17】16日，以现金480元支付生产车间购入的零星办公用品。

会计分录：

借：制造费用　　　　　　　　　　　　　　　　　　　　　　　480
　　贷：现金　　　　　　　　　　　　　　　　　　　　　　　　480

【例4-18】16日，公司企划部经理王平出差预借差旅费2 000元，以现金支付。

对职工个人的借支款一般通过"其他应收款"账户核算，编制会计分录如下：

借：其他应收款——王平　　　　　　　　　　　　　　　　　2 000
　　贷：现金　　　　　　　　　　　　　　　　　　　　　　　2 000

【例4-19】20日，王平出差归来报销差旅费1 600元，余款交回。

差旅费属于管理费用项目，职工因公出差报销差旅费时，一方面企业的管理费用增加，另一方面，与之相应的资产减少（支付现金或抵减职工个人借支）。报销差旅费冲抵个人借支款按"多退少补"的原则结算：即若职工借支款大于所报销的差旅费，职工应将多余款退还公司财务部门；若职工个人借支款小于所报销的差旅费，则财务部门要将差额部分用现金补付给职工。此例是借支款大于所报销费用。因此，编制会计分录如下：

借：管理费用　　　　　　　　　　　　　　　　　　　　　　1 600
　　库存现金　　　　　　　　　　　　　　　　　　　　　　　400
　　贷：其他应收款——王平　　　　　　　　　　　　　　　　2 000

【例4-20】31日，根据制造费用账户记录，本月制造费用发生额为60 000元，按生产工人工资比例，转入生产成本账户。

制造费用是企业生产单位（车间或分厂）为组织和管理生产而发生的各项间接费用，平时发生时通过制造费用账户进行归集，期末再将归集的制造费用在生产的各种产品之间进行分配，转入产品生产成本账户。

制造费用的分配标准一般采用生产工人工时、生产工人工资和机械工时等。

分配率＝本月制造费用发生额／各种产品生产工时（生产工人工资）总额

某产品应负担的制造费用＝该种产品生产工时（生产工人工资）×分配率

本例题的计算过程如下：

分配率＝60 000÷（35 000＋25 000）＝1

A产品应分配制造费用＝35 000×1＝35 000（元）

B产品应分配制造费用＝25 000×1＝2 5000（元）

制造费用分配表见表4－2。

表4－2　　　　　　　　　　制造费用分配表　　　　　　　　　金额单位：元

产品名称	分配标准（生产工人工资）	分配率	分配额
A产品	35 000		35 000
B产品	25 000		25 000
合　计	60 000	1	60 000

编制会计分录：

借：生产成本——A产品　　　　　　　　　　　　　　　　　35 000

　　　　　　——B产品　　　　　　　　　　　　　　　　　25 000

　　贷：制造费用　　　　　　　　　　　　　　　　　　　　　　　60 000

【例4－21】31日，本月投产的A产品600件，B产品200件均全部完工，结转本月已完工产品生产成本。

产品生产成本是指企业为生产一定种类、一定数量的产品所发生的各种生产费用总和，包括直接材料、直接人工和制造费用（简称料工费）。本期所发生的全部生产费用在期末都归集到生产成本账户的借方。企业在期末无在产品的情况下，在结转前生产成本账户的期末余额数就是完工产品的生产成本（本例为简化，假设期末产品全部完工）；企业若期末有在产品，则生产成本账户归集的生产费用首先要在本期完工产品和期末在产品之间进行分配，然后才能计算出各种完工产品的总成本和单位成本。

根据前述资料登记的生产成本明细账和根据生产成本明细账编制的完工产品成本计算单如表4－3、表4－4、表4－5所示。

产品生产完工以后，要验收入库，同时会计要计算出完工产品的总成本和单位成本，将完工产品成本从生产成本账户结转到库存商品账户。具体的会计分录如下：

借：库存商品——A产品　　　　　　　　　　　　　　　　121 900

　　　　　　——B产品　　　　　　　　　　　　　　　　 71 300

　　贷：生产成本——A产品　　　　　　　　　　　　　　　　　121 900

　　　　　　　——B产品　　　　　　　　　　　　　　　　　　71 300

表 4-3　　　　　　　　　　　　　　　　生产成本明细账

产品名称：A 产品　　　　　　　　　　　　　　　　　　　　　　　　　　　　　　　　金额单位：元

2006 年		凭证号数	摘要	借方（成本项目）					贷方	借或贷	余额
月	日			直接材料	直接人工	其他直接费用	制造费用	合计			
12	略	略	生产耗用材料	45 000				45 000		借	45 000
			生产工人工资		35 000			35 000		借	80 000
			生产工人福利费		4 900			4 900		借	84 900
			生产耗费水电费			2 000		2 000		借	86 900
			分配转入制造费用				35 000	35 000		借	121 900
			结转完工产品成本						121 900	平	0
12	31		本期发生额及余额	45 000	39 900	2 000	35 000	121 900	121 900	平	0

表 4-4　　　　　　　　　　　　　　　　生产成本明细账

产品名称：B 产品　　　　　　　　　　　　　　　　　　　　　　　　　　　　　　　　金额单位：元

2006 年		凭证号数	摘要	借方（成本项目）					贷方	借或贷	余额
月	日			直接材料	直接人工	其他直接费用	制造费用	合计			
12	略	略	生产耗用材料	16 000				16 000		借	16 000
			生产工人工资		25 000			25 000		借	41 000
			生产工人福利费		3 500			3 500		借	44 500
			生产耗费水电费			1 800		1 800		借	46 300
			分配转入制造费用				25 000	25 000		借	71 300
			结转完工产品成本						71 300	平	0
12	31		本期发生额及余额	16 000	28 500	1 800	25 000	71 300	71 300	平	0

表 4-5　　　　　　　　　　　　　　　　完工产品成本计算单

　　　　　　　　　　　　　　　　　　　　2010 年 12 月　　　　　　　　　　　　　　　　　金额单位：元

成本项目	A 产品（600 件）		B 产品（200 件）	
	总成本	单位成本	总成本	单位成本
直接材料	45 000	75	16 000	80
直接人工	39 900	66.5	28 500	142.5
其他直接费用	2 000	3.33	1 800	9
制造费用	35 000	58.34	25 000	125
产品生产成本	121 900	203.17	71 300	356.5

任务4 销售过程的核算

4.4.1 销售过程主要经济内容

销售过程是制造业企业日常生产经营过程的最后环节。在这一环节中,企业要将生产完工的产品销售出去,同时收回货币资金或其他资产,以补偿在生产经营过程中发生的各项耗费,从而保证再生产过程的正常进行。

企业销售产品要向购买方办理货款结算,并确认营业收入。

$$商品销售收入 = 不含销税单价 \times 销售数量$$

在销售产品结算过程中,销售方向购买方收取的款项中,除了销售货款而外,还包括增值税的销项税额(增值税一般由购买方负担,由销售方代收后向国家税务部门办理结算缴纳)。

$$增值税销项税额 = 商品销售收入 \times 增值税税率$$

企业将产品销售出去,一方面取得销售收入,另一方面库存商品因销售而减少。为了按配比原则计算确定产品销售利润,必须计算和结转已销售产品的成本。

$$本期应结转主营业务成本 = 销售产品的数量 \times 产品单位成本$$

企业生产销售应税消费品按规定还要缴纳消费税,企业取得的其他非商品销售收入(不缴纳增值税的项目)应缴纳营业税。此外,企业经营过程中还涉及城市维护建设税,教育费附加等税费。

$$消费税额 = 应税消费品的销售额 \times 消费税率$$
$$城建税额 = (当期的营业税 + 消费税 + 增值税的应交额) \times 城建税税率$$

此外,企业为了销售产品,还要发生产品的包装费、广告费、运输费等费用,称之为销售费用,销售费用属于期间费用要由本期收入补偿。

综上所述,企业在销售过程中核算的主要内容为:办理销售产品或提供劳务价款的结算,确认取得的营业收入;计算营业成本、营业税金及附加和销售费用等。

4.4.2 销售业务核算应设置的账户

一、"主营业务收入"账户

该账户的性质是损益类(收入)账户,用于核算企业在销售产品、提供劳务过程中取得的收入。贷方登记已实现的主营业务收入,借方登记销售退回以及期末转入"本年利润"账户贷方的数额;本账户月末结转后无余额。

本账户可按销售产品的类别和部门设置明细账。

二、"主营业务成本"账户

该账户的性质是损益类（成本费用）账户，用来核算企业已销售产品的实际成本。借方登记从"库存商品"账户结转的已销售产品的实际生产成本，贷方登记月末结转到"本年利润"账户借方的数额；本账户月末结转后无余额。

明细账的设置同上。

三、"营业税金及附加"账户

该账户的性质是损益类（费用支出）账户，用来核算企业营业税金及附加，包括消费税、城市维护建设税和教育费附加等。

该账户借方登记按规定税率计算出的应缴纳的税金及附加，贷方登记月末结转到"本年利润"账户借方的数额；本账户结转后无余额。

按经营业务类别、品种设置明细账。

四、"销售费用"账户

该账户的性质是损益类（费用）账户，用来核算企业在销售产品过程中发生的各项费用。借方登记企业销售产品过程中实际发生的销售费用，贷方登记期末结转到"本年利润"账户借方的数额；本账户期末结转后无余额。

五、"其他业务收入"账户

该账户的性质是损益类（收入）账户，用于核算企业其他业务收入的实现及其结转情况，其贷方登记其他业务收入的实现即增加，借方登记期末转入"本年利润"账户的金额。经过结转之后，期末无余额。

本账户应按照其他业务收入的种类设置明细分类账户。

六、"其他业务成本"账户

该账户的性质是损益类（成本费用）账户用于核算企业其他业务成本的发生及其结转情况。借方登记其他业务的成本费用支出，贷方登记期末转入"本年利润"账户的金额，经过结转之后，期末无余额。本账户应与其他业务收入相对应而设置明细分类账户。

此外，销售业务核算还将涉及"应收账款"、"应交税费"等账户。

4.4.3 销售过程主要业务核算

一、主营业务收入的核算

企业的经营业务范围一般按主次划分为主营业务和非主营业务。经营主营业务取得的收入称为主营业务收入，而经营非主营业务取得的收入称为其他业务收入。以下以【例4-22】说明主营业务收入核算的方法。

【例4-22】12日，销售给本市外贸公司A产品300件，每件售价400元，货款共计

120 000元，增值税税率17%，货款收到存入银行。

一般销售商品是工、商企业的主营业务。该项销售业务中，企业收取的款项包括两个部分：销售商品的货款和应交纳的增值税销项税额，前者属于企业的主营业务收入，后者是企业的一项负债。因此，编制会计分录如下：

借：银行存款   140 400
  贷：主营业务收入   120 000
    应交税费——应交增值税（销项税额）   20 400

【例4-23】12日，按照销售合同，向外地某市荣鑫贸易公司发出商品A产品100件，每件售价400元，B产品60件，每件售价500元，货款共计70 000元，并垫付商品运杂费3 000元。增值税税率17%。价款尚未收到。企业在销售过程中发生的应收款项在"应收账款"账户核算。此笔经济业务形成的债权——"应收账款"包括三个内容：一是应该收取商品销售款；二是应收取的增值税销项税额；三是替对方垫付的商品运杂费。因此，编制会计分录如下：

借：应收账款——荣鑫贸易公司   84 900
  贷：主营业务收入——A产品   40 000
        ——B产品   30 000
    应交税费——应交增值税（销项税额）   11 900
    银行存款   3 000

【例4-24】21日，接到银行通知，已收到荣鑫贸易公司支付的购货款及运杂费等计84 900元。

会计分录如下：

借：银行存款   84 900
  贷：应收账款——荣鑫贸易公司   84 900

【例4-25】31日，结转本月已售产品的成本（A产品单位生产成本为218元，B产品单位生产成本为356.5元）。

企业销售商品，一方面取得营业收入，另一方面库存商品因销售而减少。因此，结转已销商品的成本时编制分录如下：

借：主营业务成本——A产品   87 200
       ——B产品   21 390
  贷：库存商品——A产品   87 200
       ——B产品   21 390

【例4-26】31日，根据规定的税率计算出应交城市维护建设税13 300元。应交教育费附加408元。

企业按规定计算的营业税，消费税及城建税，教育费附加等属于企业的一项费用，在"营业税金及附加"账户核算（增值税属价外税，不通过该账户核算），这些税费在未缴纳之前又是企业的一项负债，该负债在"应交税费"账户核算。因此，编制会计分录如下：

借：营业税金及附加   13 708
  贷：应交税费——城市维护建设税   13 300
      ——教育费附加   408

【例4-27】31日，以银行存款支付销售A产品包装运输费400元，B品包装运输费250元。产品销售的包装费及由销售方承担的运输费等，在"销售费用"账户核算。编制分录如下：

借：销售费用　　　　　　　　　　　　　　　　　　　　　650
　　贷：银行存款　　　　　　　　　　　　　　　　　　　　　　　650

【例4-28】31日，以银行存款向海天广告事务所支付广告费用3 500元。
企业为销售产品而发生的广告费也在"销售费用"账户核算。

借：销售费用　　　　　　　　　　　　　　　　　　　　　3 500
　　贷：银行存款　　　　　　　　　　　　　　　　　　　　　　　3 500

二、其他业务收入的核算

企业在经营过程中，除了要从事主营业务之外，还会发生一些经常性的、具有附营业务性质的业务，会计上称为其他业务，包括销售材料、出租包装物、出租固定资产以及提供非工业性劳务等活动。由于从事其他业务而实现的收入就是其他业务收入。因此，与其他业务收入相关联的成本费用就构成了其他业务成本。如销售材料的购进成本，出租包装物应摊销的包装物成本等。

【例4-29】28日，对外出售甲材料200千克，每千克售价25元，货款5 000元，增值税销项税额850元，货款收到存入银行。

制造企业的主营业务是生产销售商品，销售材料物质并不是其主营业务范围。因此，该项业务应记入其他业务收入账户，编制会计分录如下：

借：银行存款　　　　　　　　　　　　　　　　　　　　　5 850
　　贷：其他业务收入　　　　　　　　　　　　　　　　　　　　5 000
　　　　应交税费——应交增值税　　　　　　　　　　　　　　　　850

【例4-30】28日，结转已变卖甲材料的成本4 000元。

借：其他业务成本　　　　　　　　　　　　　　　　　　　4 000
　　贷：原材料——甲材料　　　　　　　　　　　　　　　　　　4 000

【例4-31】对外出租一批包装物，收到租金28 080元存入银行。

出租包装物收入属于让渡资产使用权收入，不属制造业的主营业务范围，应列入其他业务收入。由于租金中包含增值税额，因此，应进行价税分离，计算不含税租金收入。

不含税租金 = 28 080 ÷ (1 + 17%) = 24 000（元）

增值税额 = 28 080 - 24 000 = 4 080（元）或 24 000 × 17% = 4 080（元）

编制会计分录如下：

借：银行存款　　　　　　　　　　　　　　　　　　　　　28 080
　　贷：其他业务收入　　　　　　　　　　　　　　　　　　　　24 000
　　　　应交税费——应交增值税　　　　　　　　　　　　　　　4 080

【例4-32】结转本月出租包装物的成本14 500元。

借：其他业务成本　　　　　　　　　　　　　　　　　　　14 500
　　贷：包装物　　　　　　　　　　　　　　　　　　　　　　　14 500

任务5 财务成果的核算

4.5.1 财务成果核算主要经济内容

一、利得和损失核算的内容

1. 利得

利得是指由企业非日常活动所形成的、会导致所有者权益增加的、与所有者投入资本无关的经济利益的流入。

根据其性质和影响的不同，利得又分为直接计入所有者权益的利得和直接计入当期利润的利得。直接计入所有者权益的利得，如可供出售金融资产的公允价值变动收益，发生时计入资本公积；直接计入当期利润的利得，是指与企业正常的生产经营活动没有直接关系的各种收入，如固定资产盘盈、处理固定资产净收益、罚款收入等。发生时计入营业外收入。

2. 损失

损失是指由企业非日常活动所形成的、会导致所有者权益减少的、与所有者投入资本无关的经济利益的流出。根据其性质和影响的不同，损失又分为直接计入所有者权益的损失和直接计入当期利润的损失。直接计入所有者权益的损失，如可供出售金融资产的公允价值变动损失，发生时直接减少资本公积；直接计入当期利润的损失，如固定资产盘亏、处置固定资产净损失、罚款支出、非常损失等，发生时计入营业外支出。

二、利得与损失核算应设置的账户与账务处理

1. "营业外收入"账户

该账户的性质是损益（收入）类，用于核算企业直接计入当期利润的各项利得的发生及其结转情况，其贷方登记各项利得的发生即增加，借方登记期末转入"本年利润"账户的金额。经过结转之后，期末无余额。本账户可按照各项利得的项目设置明细分类账户。

2. "营业外支出"账户

该账户的性质是损益类（支出）账户，用于核算企业直接计入当期利润的损失的发生及其结转情况。企业的各项公益性捐赠支出也在本科目核算。借方登记各项损失的发生和营业外支出的增加额，贷方登记期末转入"本年利润"账户的金额，经过结转之后，期末无余额。本账户可按照各项损失和营业外支出的项目设置明细分类账户。

【例4-33】26日新晨公司收到某单位的违约罚款收入5 000元，存入银行。

借：银行存款　　　　　　　　　　　　　　　　　　　　　　　5 000
　　贷：营业外收入　　　　　　　　　　　　　　　　　　　　　　5 000

【例4-34】28日新晨公司用银行存款3 000元支付税收罚款滞纳金。

借：营业外支出　　　　　　　　　　　　　　　　　　　　　　　3 000
　　贷：银行存款　　　　　　　　　　　　　　　　　　　　　　　3 000

4.5.2 财务成果核算主要业务核算

一、财务成果及利润分配核算的任务

财务成果是指企业在一定会计期间所实现的最终经营成果,即企业利润。财务成果核算的任务就是按企业利润的形成过程分步计算出企业的营业利润、利润总额、净利润,从而真实完整地反映企业的经营活动成果。年末,还要将本年利润结转到利润分配账户进行分配。

利润构成的核算过程可分为三步计算:

(1) 计算营业利润。营业利润是企业利润的主要来源,其计算公式如下:

营业利润 = 营业收入 − 营业成本 − 营业税金及附加 − 销售费用 − 管理费用 − 财务费用 + 投资收益

式中的营业收入包括主营业务收入和其他业务收入,营业成本包括主营业务成本和其他业务成本。

(2) 计算利润总额。其公式为:

利润总额 = 营业利润 + 营业外收入 − 营业外支出

(3) 计算净利润。其公式为:

净利润 = 利润总额 − 所得税费用

二、财务成果及利润分配核算设置的主要账户

利润形成的核算主要通过设置本年利润账户来进行;而利润分配的核算是通过设置利润分配账户来进行处理。

本年利润账户的性质属于所有者权益账户,用来核算企业在一个会计期间实现的净利润(或净亏损)。该账户贷方登记期末从收入类账户转入的金额(如从主营业务收入、其他业务收入、营业外收入等账户结转);借方登记期末从费用类账户转入的金额(如从主营业务成本、其他业务成本、营业税金及附加、销售费用、管理费用、财务费用、营业外支出等账户结转的金额)。结转后,若贷方金额大于借方金额则为利润。反之,则为亏损。

利润分配账户属于所有者权益账户,年末,企业要将本年实现的净利润结转到利润分配账户进行利润分配。按国家有关规定,企业的净利润应按下列顺序分配:(1) 按规定弥补以前年度尚未弥补的亏损;(2) 提取法定盈余公积和任意盈余公积;(3) 向投资者分配利润。经过以上分配后,剩余部分为企业未分配利润。

三、利润形成和利润分配核算的账务处理

1. 利润形成核算的账务处理

(1) 期末,把所有收入类账户的贷方发生额结转到"本年利润"账户贷方。

借:主营业务收入
　　其他业务收入
　　营业外收入
　　投资收益

贷：本年利润

(2) 期末，把所有各成本、费用、支出类账户的借方发生额结转到"本年利润"账户借方。

借：本年利润
　　贷：主营业务成本
　　　　其他业务成本
　　　　营业税金及附加
　　　　销售费用
　　　　管理费用
　　　　财务费用
　　　　营业外支出

经过上述结转，本年利润账户贷方大于借方的差额即为利润，反之则为亏损。

【例4-35】31日，将新晨公司本月全部损益类账户的发生额结转到"本年利润"账户。

① 借：主营业务收入　　　　　　　　　　　　　　190 000
　　　 其他业务收入　　　　　　　　　　　　　　 29 000
　　　 营业外收入　　　　　　　　　　　　　　　　5 000
　　　　贷：本年利润　　　　　　　　　　　　　 224 000
② 借：本年利润　　　　　　　　　　　　　　　 177 748
　　　　贷：主营业务成本　　　　　　　　　　　 108 590
　　　　　　其他业务成本　　　　　　　　　　　　18 500
　　　　　　营业税金及附加　　　　　　　　　　　13 708
　　　　　　管理费用　　　　　　　　　　　　　　29 080
　　　　　　财务费用　　　　　　　　　　　　　　　 720
　　　　　　销售费用　　　　　　　　　　　　　 4 150
　　　　　　营业外支出　　　　　　　　　　　　　 3 000

(3) 计算所得税费用，结出净利润。

按照国家税法的有关规定，企业实现的经营所得和其他所得，应计算缴纳所得税。在实际工作中，会计核算的企业利润和应计算交税的所得额是有区别的。在此，为简化计算，我们假定二者是一致的，即不考虑纳税调整事项。计算所得税的公式为：

$$应交所得税 = 应纳税所得额 \times 所得税税率$$

计算的所得税通过所得税费用账户来核算，该账户属于损益类（费用）账户，借方登记本期所得税发生额，贷方登记期末转入本年利润账户借方的金额，结转后无余额。

【例4-36】31日，计算并结转本月所得税，所得税税率为25%。

本月利润总额 = 224 000 - 177 748 = 46 252（元）（假定应计税所得额等于利润总额）

本月应交所得税额 = 46 252 × 25% = 11 563（元）

计算所得税时，一方面反映企业的所得税费用增加，另一方面反映企业的负债应交税费的增加；同时为了计算净利润，还要将所得税费用结转到本年利润账户。因此，编制会计分录如下：

① 借：所得税费用　　　　　　　　　　　　　　　　　　11 563
　　贷：应交税费——所得税　　　　　　　　　　　　　　　　11 563
② 借：本年利润　　　　　　　　　　　　　　　　　　　　11 563
　　贷：所得税费用　　　　　　　　　　　　　　　　　　　　11 563

2. 利润分配核算的账务处理

企业全年取得的净利润应根据有关规定进行分配，利润分配工作平时不处理，一般在年终决算时进行。除了弥补以前年度亏损外，利润分配的去向主要包括两个部分：其一是提取各种公积金，主要由法定盈余公积和任意盈余公积组成；其二是按企业有关规定分配给投资者的利润。余下部分称为未分配利润。

利润分配账户属于所有者权益账户，主要用于反映企业利润分配情况和结果。其贷方登记企业年末从本年利润账户结转过来的可供分配的利润总额；借方登记按有关规定分配的利润数额（如提取盈余公积及向投资者分配利润）。余额如在贷方，表示企业尚未分配的利润数额，如在借方，则表示尚未弥补的亏损数额。该账户下设提取盈余公积、应付投资者利润、未分配利润等明细账户进行明细分类核算。

企业年末对利润进行分配时，根据利润分配的去向首先计入利润分配各有关明细账中（如提取盈余公积、应付投资者利润明细账），然后将本年利润账户的余额转入"利润分配——未分配利润"明细账户。同时将利润分配的其他明细账的金额（指前述的提取盈余公积和应付投资者利润等明细账的金额）也转入"利润分配——未分配利润"账户。结转后，除了"利润分配——未分配利润"明细账可有余额外，利润分配的其他明细账户均无余额。此时，通过"利润分配——未分配利润"账户借、贷方金额的比较就可确定年末未分配利润的数额（如为贷方余额就是尚未分配的利润，借方余额即为尚未弥补的亏损）。

【例4-37】31日，公司按全年净利润的10%提取法定盈余公积。

承前例：本月净利润 = 46 252 - 11 563 = 34 689（元）

本年累计净利润 = 469 000 + 34 689 = 503 689（元）

本年应提取法定盈余公积 = 503 689 × 10% = 50 368.9（元）

编制会计分录为：

借：利润分配——提取盈余公积　　　　　　　　　　　　50 368.9
　　贷：盈余公积——法定盈余公积　　　　　　　　　　　　50 368.9

【例4-38】31日，根据公司董事会决议，计算出年终应向投资者分配的利润300 000元。

编制会计分录如下：

借：利润分配——应付投资者股利　　　　　　　　　　　300 000
　　贷：应付股利　　　　　　　　　　　　　　　　　　　　300 000

【例4-39】31日，把本年净利润结转到"利润分配"——未分配利润账户。

借：本年利润　　　　　　　　　　　　　　　　　　　　503 689
　　贷：利润分配——未分配利润　　　　　　　　　　　　　503 689

同时，将利润分配其他明细账的金额也结转到利润分配——未分配利润账户

借：利润分配——未分配利润　　　　　　　　　　　　　350 368.9
　　贷：利润分配——提取盈余公积　　　　　　　　　　　　50 368.9

	——应付投资者股利	300 000

通过利润分配——未分配利润账户的记录可计算出年末未分配利润的余额。

此例，年末为分配利润 = 503 689 - 350 368.9 = 153 320.1（元）

【复习思考题】

1. 制造业经营过程一般可分为哪几个阶段？
2. 制造业经营过程核算需要设置和运用哪些账户？
3. 材料采购成本是由哪些内容构成的？
4. 产品生产成本是由哪些内容构成的？
5. 什么是期间费用？制造业都会发生哪些期间费用？
6. 企业利润总额怎样构成并怎样计算？
7. 什么是净利润？怎样进行利润分配？

【课后训练】

一、单项选择题

1. 下列采购费用中应计入采购成本的是（　　）。
   A. 市内采购材料的运杂费　　　　B. 运输途中的合理损耗
   C. 采购人员的差旅费　　　　　　D. 专设采购机构的经费

2. 甲企业购进材料100吨，货款计1 000 000元，途中发生定额内损耗1 000元，并以银行存款支付该材料的运杂费1 000元，保险费5 000元，增值税进项税为170 000元。则该材料的采购成本为（　　）元。
   A. 1 000 000　　B. 1 005 000　　C. 1 006 000　　D. 1 175 000

3. 下列各项目中，应计入"制造费用"账户的是（　　）。
   A. 生产产品耗用的材料　　　　　B. 机器设备的折旧费
   C. 产品生产工人的薪酬　　　　　D. 行政管理人员的薪酬

4. "期间费用"账户期末应（　　）。
   A. 有借方余额　　　　　　　　　B. 有贷方余额
   C. 无余额　　　　　　　　　　　D. 有时在借方，有时在贷方出现余额

5. "生产成本"账户的期末借方余额表示（　　）。
   A. 完工产品成本　　　　　　　　B. 半成品成本
   C. 本月生产成本合计　　　　　　D. 期末在产品成本

6. 预计负债是指（　　）。
   A. 先支付后计入成本或损益的费用　B. 先预收后计入成本或损益的费用
   C. 先预提后计入成本或损益的费用　D. 先计入成本或损益后支付的费用

7. 长期待摊费用是指（　　）。
   A. 先支付后计入成本或损益的费用　B. 先计入成本或损益后支付的费用
   C. 先预收后计入成本或损益的费用　D. 先预提后计入成本或损益的费用

8. 某企业本月支付厂部管理人员工资 15 000 元，预支付厂部半年（含本月）修理费 1 200 元，生产车间保险费 3 000 元。该企业本月管理费用发生额为（ ）元。
   A. 15 000   B. 16 200   C. 15 200   D. 19 200
9. 销售产品时应交销售税金，应贷记的科目是（ ）。
   A. 主营业务收入   B. 营业税金及附加
   C. 应交税费   D. 所得税费用
10. 企业计算应交所得税时，应借记的科目是（ ）。
    A. 利润分配   B. 所得税费用
    C. 应交税费   D. 营业税金及附加
11. 某企业"本年利润"账户 5 月末账面价值余额为 58 万元，表示（ ）。
    A. 5 月份实现的利润总额   B. 1～5 月份累计实现的营业利润
    C. 1～5 月份累计实现的利润总额   D. 1～5 月份累计实现的产品销售利润
12. 企业实际收到投资者投入的资金属于企业所有权益中的（ ）。
    A. 固定资产   B. 银行存款
    C. 实收资本   D. 资本公积
13. 预提短期借款利息支出时，应贷记的账户是（ ）。
    A. 短期借款   B. 财务费用
    C. 应付利息   D. 银行存款
14. "预提费用"账户期末如有借方余额，则表示（ ）。
    A. 已经预提但尚未支付的费用   B. 实际支出数大于预提数的差额
    C. 已经支出而尚未摊销的费用   D. 已经摊销而尚未支付的费用
15. 下列项目中属于营业外收入的有（ ）。
    A. 销售产品的收入   B. 出售废料收入
    C. 固定资产盘盈   D. 接受捐赠收入
16. 下述各项目中，应计入"销售费用"账户的是（ ）。
    A. 为销售产品而发生的广告费   B. 销售产品的价款
    C. 已销产品的生产成本   D. 销售产品所收取的税款
17. 年末结转后，"利润分配"账户的贷方余额表示（ ）。
    A. 利润实现额   B. 利润分配额   C. 未分配利润   D. 未弥补亏损

二、多项选择题

1. 下列应计入材料采购成本的有（ ）。
   A. 采购人员的差旅费   B. 材料买价
   C. 运输途中的合理损耗   D. 市内采购材料的运杂费
2. 与"预计负债"账户发生对应关系的账户有（ ）。
   A. 制造费用   B. 管理费用   C. 生产成本
   D. 银行存款   E. 财务费用
3. 下列各账户中，反映所有者权益的账户有（ ）。
   A. 实收资本   B. 资本公积   C. 应收账款
   D. 盈余公积   E. 本年利润

4. 下列项目中，属于待摊费用项目性质的有（　　）。
   A. 月初预付本月电费　　　　　　　　B. 年初预付全年财产保险费
   C. 季初预付本季度仓库租金　　　　　D. 预付外单位贷款
   E. 预交所得税

5. 下列费用中，属于生产过程中发生的费用有（　　）。
   A. 车间机器设备折旧费　　　　　　　B. 材料采购费用
   C. 生产工人薪酬　　　　　　　　　　D. 生产产品耗用的材料
   E. 车间照明用电费

6. 在收付实现制原则下，可以不设置的账户是（　　）。
   A. 长期待摊费用　　B. 累计折旧　　　C. 预收账款
   D. 应付账款　　　　E. 预付账款

7. 计提固定资产折旧时，与"累计折旧"账户相对应的账户为（　　）。
   A. 生产成本　　　　B. 制造费用　　　C. 管理费用
   D. 财务费用　　　　E. 银行存款

8. 期间费用一般包括（　　）。
   A. 财务费用　　　　B. 管理费用　　　C. 销售费用
   D. 制造费用　　　　E. 长期待摊费用

9. 预提费用提取数额小于应提取数额，可能导致本期（　　）。
   A. 负债减少　　　　B. 资产减少　　　C. 利润减少
   D. 费用减少　　　　E. 资产增加

10. 根据权责发生制原则，下列各项属于本年度收入的有（　　）。
    A. 本年度销售产品一批，货款下年初结算
    B. 收到上年度所销产品的货款
    C. 上年度已预收货款，本年度发出产品
    D. 本年度出租厂房，租金已于上年预收
    E. 本年度销售产品一批，货款收到存入银行

11. 一般来讲，所有者权益包括（　　）。
    A. 实收资本　　　　B. 资本公积　　　C. 盈余公积
    D. 利润分配　　　　E. 未分配利润

12. 下列项目应计入"利润分配"账户借方的是（　　）。
    A. 提取的公积金　　　　　　　　　　B. 所得税费用
    C. 年末转入的亏损额　　　　　　　　D. 分配给投资者的利润
    E. 盈余公积弥补亏损

13. 某工业企业采购甲、乙两种材料，下列采购支出属于直接费用的有（　　）。
    A. 两种材料的运费　B. 甲材料的买价　C. 两种材料的装卸费
    D. 乙材料的买价　　E. 乙材料的包装费

14. 工业企业的供、产、销三个阶段，应计算成本的有（　　）。
    A. 工资费用成本　　B. 材料采购成本　C. 采购费用成本
    D. 产品生产成本　　E. 产品销售成本

三、判断题

1. "材料采购"账户期末如有借方余额，表示在途材料的实际成本。（　）
2. 固定资产在使用过程中的磨损，表明固定资产价值的减少，应计入"固定资产"账户的贷方。（　）
3. 企业本期预收的销货款，属企业本期的收入。（　）
4. 材料采购费用一般直接体现在当期损益中，因此采购费用属于期间费用。（　）
5. 企业职工薪酬应计入产品生产成本。（　）
6. "累计折旧"账户是用来记录固定资产减少额的。（　）
7. 生产车间领用的原材料应计入"生产成本"账户的借方。（　）
8. 行政管理部门领用的原材料应计入"制造费用"账户的借方。（　）
9. 主营业务利润是企业的主营业务收入减去产品主营业务成本、营业费用及主营业务税金及附加后的余额。（　）
10. "利润分配——未分配利润"明细账的借方余额为未弥补亏损。（　）
11. "生产成本"账户期末如有借方余额，为尚未加工完成的各项在产品成本。（　）

四、综合练习题

练习一

1. 目的：练习筹资业务的核算。
2. 资料：新设立的广州运通实业公司5月份发生下列经济业务：
  （1）收到国家投入资金800 000元，存入银行。
  （2）收到江南集团公司投入生产流水线一条，价值2 750 000元，作为其投入额，生产流水线已验收使用。
  （3）向广州开发区购进厂房一幢，价值2 000 000元，已经验收使用，价款尚未支付。
  （4）向银行借入期限为2年、利率为8%的设备借款8 000 000元，已转存银行。
  （5）收到长江实业公司投入资金82 000 000元，经协商确认其注册资本金为80 000 000元，其余作资本溢价处理，款项已存入银行。
  （6）公司发行2年期、利率为10%、面值为500 000元的债务，筹集资金500 000元，已存入银行。
  （7）向银行借入期限为8个月、利率为6%的生产周转借款200 000元，已转存银行。
3. 要求：根据上述资料编制会计分录。

练习二

1. 目的：练习供应业务的核算。
2. 资料：广州运通实业公司6月份发生下列经济业务：
  （1）向飞达公司购进甲材料8 000千克，增值税专用发票上注明的价款400 000元，增值税额68 000元，甲材料已验收入库，款项尚未支付。
  （2）以银行贷款支付甲材料运输费3 600元、装卸费1 000元。该甲材料采购完毕，结转其实际采购成本。
  （3）向华南集团公司预付购进乙材料款200 000元，款项已通过银行付讫。
  （4）采购员预借差旅费2 000元，以库存现金支付。
  （5）向东风公司购进丙材料2 000千克，增值税专用发票上注明的价款50 000元，增值税 8 500 元；购进丁材料 5 000 千克，增值税专用发票上注明的价款 550 000 元，增值税额 93 500 元。企业于当日签发一张期限为 4 个月、面值为 702 000 元的商业汇票，用以承付材料款项。材料尚未验收入库。

（6）以银行存款支付丙、丁两种材料的运输费 8 800 元及装卸费 1 200 元，采购费用按材料的重量比例进行分配。

（7）丙、丁两种材料已经验收入库，结转其实际采购成本。

（8）采购员出差回来报销差旅费 2 200 元，又补付其现金 200 元，已结清预支款。

（9）收到向华南集团公司订购的乙材料 10 000 千克，增值税专用发票上注明的价款 1 000 000 元，增值税额 170 000 元。材料已验收入库，以银行存款支付运杂费 3 000 元、装卸费 1 000 元，订购材料的余款暂未支付。

（10）通过银行支付乙材料的余款 970 000 元。同时，乙材料采购完毕，结转其实际成本。

3. 要求：根据上述资料编制会计分录。

练习三

1. 目的：练习生产业务的核算。
2. 资料：广州运通实业公司 6 月份发生下列经济业务：

（1）根据各部门领用材料的凭证编制材料耗用汇总表，如下表所示。

材料耗用汇总表　　　　　　　　　　　　　　　　金额单位：元

耗用材料	甲材料 数量（千克）	甲材料 金额	乙材料 数量（千克）	乙材料 金额	丙材料 数量（千克）	丙材料 金额	丁材料 数量（千克）	丁材料 金额	生产成本
生产 A 产品耗用	5 000	253 000	6 000	602 400	1 000	26 400			881 800
生产 B 产品耗用	3 000	151 000	3 000	301 200			2 000	360 000	813 000
生产 C 产品耗用					600	15 840	2 000	360 000	375 840
生产车间一般耗用			500	50 200	100	2 640			52 840
行政管理部门耗用					100	2 640			2 640
合　　计	8 000	404 000	9 500	953 800	1 800	47 520	4 000	720 000	2 126 120

（2）车间主任出差预借差旅费 2 000 元。

（3）从银行提取现金 500 000 元，备发工资。

（4）以现金 500 000 元发放工资。

（5）车间主任出差回来报销差旅费 1 800 元，并退回库存现金 200 元，以结清其预借款。

（6）分配本月份职工工资 500 000 元，其中生产 A 产品工人工资 200 000 元，生产 B 产品工人工资 180 000 元，生产 C 产品工人工资 80 000 元，车间管理人员工资 16 000 元，行政管理人员工资 24 000 元。

（7）分别按本月份职工工资总额的 14%、2%、1.5% 计提职工福利费、工会经费、职工教育经费。

（8）计提本月份固定资产折旧费 20 000 元，其中：生产车间 18 000 元、行政管理部门 2 000 元。

（9）计提本月份银行借款利息1 000元。

（10）按生产工人工时分配本月份发生的制造费用，生产A产品耗用8 500工时、B产品耗用8 000工时、C产品耗用3 500工时。

（11）本月份生产A产品1 000件、B产品2 000件，已全部完工，验收入库，分别结转其实际生产成本。

3. 要求：根据上述资料编制会计分录。

练习四

1. 目的：练习销售过程业务的核算。

2. 资料：广州运通实业公司6月份又发生下列经济业务：

（1）售给长安公司A产品400件，每件售价1 500元，计货款600 000元，增值税102 000元，尚未收到。

（2）以银行存款支付推销商品的电视广告费20 000元。

（3）售给长江公司A产品300件，每件售价1 500元，计货款450 000元，增值税76 500元，款项均已收到，存入银行。

（4）以银行存款支付销售A产品的运输费5 800元。

（5）根据合同规定，预收马鞍公司订购B产品货款200 000元，存入银行。

（6）售给马鞍公司订购B产品1 800件，每件售价800元，计货款1 440 000元，增值税244 800元。款项除抵偿预收账款外，其余部分尚未收到。

（7）收到马鞍山公司签发并承兑的商业汇票一张，期限为3个月，面值为1 484 800元，用以抵付货款。

（8）期末，结转已售A、B产品的生产成本。

（9）期末，结转本月应缴纳的增值税额82 060元，款项通过银行付讫。

（10）期末，按商品销售收入计算应纳消费税15 000元、城市维护建设税8 000元。

3. 要求：根据上述资料编制会计分录。

练习五

1. 目的：练习财务成果及其分配业务的核算。

2. 资料：广州运通实业公司6月份发生下列经济业务：

（1）收到客户违约赔偿金2 000元，存入银行。

（2）向灾区捐献救灾款8 000元，以银行存款支付。

（3）期末，结转本月收益。

（4）期末，结转本月成本、费用和支出。

（5）根据本月份实现的利润总额，按25%的税率计提所得税费用。

（6）将所有税费用结转到"本年利润"账户。

（7）按公司净利润计提10%的盈余公积金和5%的公益金。

（8）按公司净利润的60%提取应分配给投资者的利润。

（9）期末，通过银行上缴所得税费用。

（10）期末，通过银行支付应付投资者利润。

（11）期末，结转本月已分配的利润。

3. 要求：根据上述资料编制会计分录。

项目五

填制和审核会计凭证

技能目标

1. 能识别会计凭证，理解会计凭证作用，熟悉会计凭证的分类。
2. 能正确填写和审核原始凭证，编制和审核记账凭证，了解会计凭证的传递和保管。

知识目标

1. 明确会计凭证的作用和分类。
2. 掌握原始凭证的要素和审核要点。
3. 掌握记账凭证的要素和审核要点。
4. 理解会计凭证的传递和保管。

【案例导入】

新华钢铁厂20××年2月5日，销售圆钢1吨，售价20 000元，增值税税率17%，款项收到存入银行。有如下凭证（见图5-1、图5-2）。

业务14 $\frac{2}{4}$　　　　　　　　　××市增值税专用发票

开票日期：20××年2月5日　　　　　　　　　　　　　　　　　　　No. 01643376

购货单位	名称	光明工厂			纳税人登记号		14010262010202026	
	地址、电话	新建路38号			开户银行及账号		工行广办 3867926	
货物名称		计量单位	数量	单价	金额 百十万千百十元角分	税率（%）	税额 百十万千百十元角分	
圆钢φ25mm		公斤	1 000	2	2 0 0 0 0 0 0	17	3 4 0 0 0 0	
合计（大写）		佰　拾贰万叁仟肆佰零拾零元零角零分			¥23400			
销货单位	名称	新华工厂			纳税人登记号		987654321	
	地址、电话	江城市武昌街1号			开户银行及账号		工行武昌办 123456	

收款人：　　　　　　　　　　　　开票单位（未盖章无效）

图5-1　增值税专用发票

中国工商银行进账单（收账通知）
20××年2月5日

收款人	全称	新华工厂		付款人	全称	光明工厂	
	账号	123456			账号	3867926	
	开户银行	工行武昌办			开户银行	工行广办	
人民币（大写）		贰万叁仟肆佰元整			千百十万千百十元角分		
					2 3 4 0 0 0 0		
票据种类	转账支票						
票据张数	1张			收款人开户行盖章			
单位主管 会计 复核 记账							

此联是收账通知，收款人开户行交给收款人的，不作为提货依据

图5-2 银行进账单

本例中，该公司将取得和填制原始单据或凭证。第一种是从企业取得的发票，第二种从银行取得的银行结算凭证。另外，公司财会部门将在审核上述凭证后填制记账的凭证。所有这些原始凭证和记账的凭证就是会计凭证。

问题：
1. 本案例中涉及了哪些凭证？什么是原始凭证，什么是记账凭证？
2. 你知道的会计凭证有哪些？原始凭证有哪些类别？

任务1　认识会计凭证

"案例导入"发生的销售事项，正是一般公司（会计主体）的日常经济活动一种，作为一名会计，就需要将这些交易或事项（会计对象）进行确认、计量、记录和报告（即核算）。那么，如何能够有条理地、专业化地进行核算，来帮助公司进行管理呢？我们首先需要认识这些凭证。

5.1.1　会计凭证的作用

会计凭证是记录经济业务事项发生或完成情况的书面证明，也是登记账簿的依据。合法地取得、正确地填制和审核会计凭证，是会计核算的基本方法之一，也是会计核算工作的起点。会计凭证的作用是：（1）记录经济业务，提供记账依据。（2）明确经济责任，强化内部控制。（3）监督经济活动，控制经济运行。一切会计凭证都必须经过有关人员的审核，只有经过审核无误的会计凭证才能作为登记账簿的依据。

5.1.2 会计凭证的分类

会计凭证按照编制的程序和用途不同,分为原始凭证和记账凭证。

一、原始凭证

原始凭证是在经济业务发生时取得或填制的,用以证明经济业务的发生或者完成情况,并作为记账原始依据的会计凭证。原始凭证按其取得的来源不同,可以分为自制原始凭证和外来原始凭证两类。

1. 自制原始凭证

自制原始凭证,是指由本单位内部经办业务的部门或人员,在完成某项经济业务时自行填制的凭证。自制原始凭证按其填制手续不同,又可分为一次凭证、累计凭证、汇总原始凭证和记账编制凭证四种。

(1) 一次凭证。一次凭证是指只反映一项经济业务,或者同时反映若干项同类性质的经济业务,其填制手续是一次完成的会计凭证。如"收料单"、"领料单"、"报销凭单"等。

(2) 累计凭证。累计凭证是指在一定时期内连续记载若干项同类经济业务的会计凭证。这类凭证的填制手续是随着经济业务发生而分次进行的。如"限额领料单"。

(3) 汇总原始凭证。汇总原始凭证亦称原始凭证汇总表,是指在会计核算工作中,为简化记账凭证的编制工作,将一定时期内若干份记录同类经济业务的原始凭证汇总编制一张汇总凭证,用以集中反映某项经济业务总括发生情况的会计凭证。如"发料凭证汇总表"、"收料凭证汇总表"、"现金收入汇总表"等。汇总原始凭证只能将同类内容的经济业务汇总填列在一张汇总凭证中。在一张汇总凭证中不能将两类或两类以上的经济业务汇总填列。

(4) 记账编制凭证。记账编制凭证是根据账簿记录,把某一项经济业务加以归类、整理而重新编制的一种会计凭证。如"制造费用分配表"。

2. 外来原始凭证

外来原始凭证,是指在同外单位发生经济往来关系时,从外单位取得的凭证。外来原始凭证都是一次凭证。如企业购买材料、商品时,从供货单位取得的发货票。

二、记账凭证

记账凭证是会计人员根据审核无误的原始凭证或汇总原始凭证,用来确定经济业务应借、应贷的会计科目和金额而填制的,作为登记账簿直接依据的会计凭证。在登记账簿之前,应按实际发生经济业务的内容编制会计分录,然后据以登记账簿,在实际工作中,会计分录是通过填制记账凭证来完成的。记账凭证按其适用的经济业务,分为专用记账凭证和通用记账凭证两类。另外还有其他分类方法。

1. 专用记账凭证

专用记账凭证,是用来专门记录某一类经济业务的记账凭证。专用凭证按其所记录的经济业务是否与现金和银行存款的收付有无关系,又分为收款凭证、付款凭证和转账凭证三种。

（1）收款凭证。收款凭证是用来记录现金和银行存款等货币资金收款业务的凭证，它是根据现金和银行存款收款业务的原始凭证填制的。

（2）付款凭证。付款凭证是用来记录现金和银行存款等货币资金付款业务的凭证，它是根据现金和银行存款付款业务的原始凭证填制的。

（3）转账凭证。转账凭证是用来记录与现金、银行存款等货币资金收付款业务无关的转账业务（即在经济业务发生时不需要收付现金和银行存款的各项业务）的凭证，它是根据有关转账业务的原始凭证填制的。

2. 通用记账凭证

通用记账凭证的格式，不再分为收款凭证、付款凭证和转账凭证，而是以一种格式记录全部经济业务。

3. 复式记账凭证和单式记账凭证

记账凭证按其包括的会计科目是否单一，分为复式记账凭证和单式记账凭证两类。

（1）复式记账凭证。复式凭证又叫做多科目记账凭证，要求将某项经济业务所涉及的全部会计科目集中填列在一张记账凭证上。收款凭证、付款凭证和转账凭证的格式都是复式记账凭证的格式。

（2）单式记账凭证。单式记账凭证又叫做单科目记账凭证，要求将某项经济业务所涉及的每个会计科目，分别填制记账凭证，每张记账凭证只填列一个会计科目，其对方科目只供参考，不凭以记账。也就是把某一项经济业务的会计分录，按其所涉及的会计科目，分别填到两张或两张以上的记账凭证上。

4. 汇总记账凭证和非汇总记账凭证

记账凭证按其是否经过汇总，可以分为汇总记账凭证和非汇总记账凭证两种。

（1）汇总记账凭证。汇总记账凭证是根据非汇总记账凭证按一定的方法汇总填制的记账凭证。汇总记账按汇总方法不同，可分为分类汇总和全部汇总两种。

① 分类汇总凭证。分类汇总记账凭证是根据一定期间的记账凭证按其种类分别汇总填制的。如"现金汇总收款凭证"和"银行存款汇总收款凭证"；"现金汇总付款凭证"和"银行存款汇总付款凭证"；"汇总转账凭证"都是分类汇总凭证。

② 全部汇总凭证。全部汇总凭证是根据一定期间的记账凭证全部汇总填制的，如"科目汇总表"就是全部汇总凭证。

（2）非汇总记账凭证。非汇总记账凭证，是没有经过汇总的记账凭证。收款凭证、付款凭证和转账凭证以及通用记账凭证都是非汇总记账凭证。

会计凭证的分类见图5-3。

☞ 小思考

1. 哪种分类你最熟悉？
2. 哪种凭证的大小是比较一致的，是原始凭证还是记账凭证，为什么？

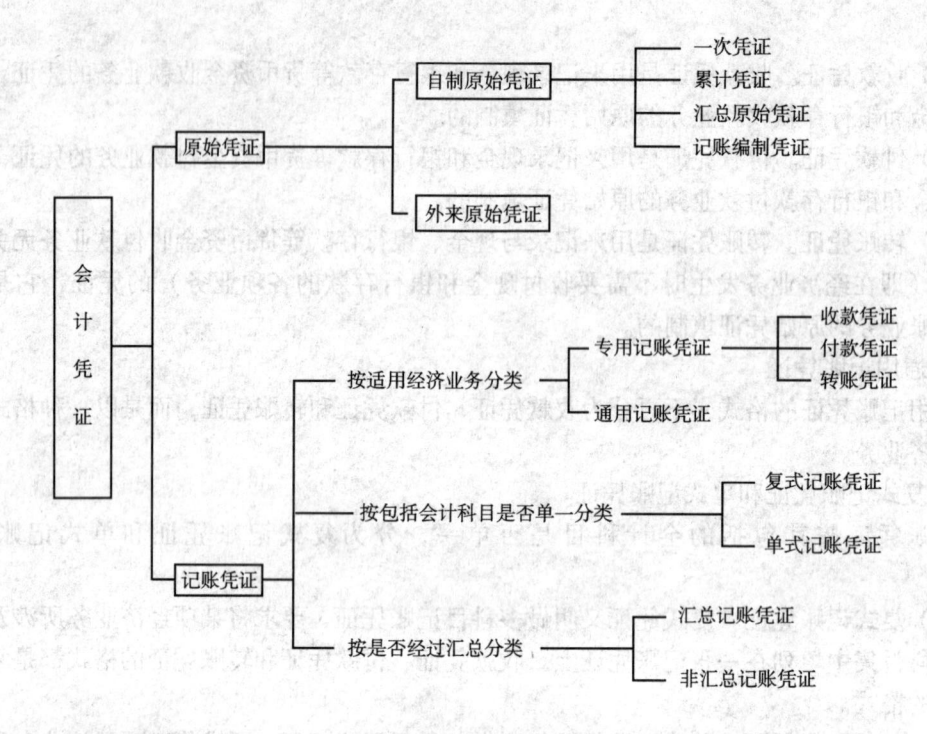

```
                                        ┌── 一次凭证
                            ┌─ 自制原始凭证 ├── 累计凭证
                            │              ├── 汇总原始凭证
                   ┌─ 原始凭证 ┤              └── 记账编制凭证
                   │        │
                   │        └─ 外来原始凭证
          会
          计
          凭       │                          ┌── 收款凭证
          证       │        ┌─ 按适用经济业务分类 ┬─ 专用记账凭证 ├── 付款凭证
                   │        │                │             └── 转账凭证
                   │        │                └─ 通用记账凭证
                   │        │
                   └─ 记账凭证─┤                          ┌── 复式记账凭证
                            ├─ 按包括会计科目是否单一分类 ┤
                            │                          └── 单式记账凭证
                            │
                            │                          ┌── 汇总记账凭证
                            └─ 按是否经过汇总分类 ─────────┤
                                                       └── 非汇总记账凭证
```

图 5-3 会计凭证的分类

任务 2 填制和审核原始凭证

【案例资料】

西门公司是一家从事五金、电器、电子类产品生产的企业，公司采购部每月都到财务部来报销，拿来一大堆单据，有飞机票、火车票、住宿发票等。增值税专用发票，普通发票，销售部会交来货运单、差旅费保险单、支票。仓库会产生领料单、收料单，公司各个部门都会产生里里外外的单据，财务部门也产生工资单、银行结算凭证、完税凭证等单据。

这些单据如何去认识，怎样填写审核单据，财务是如何处理这些单据呢？

5.2.1 认识原始凭证

1. 原始凭证的概念

原始凭证又称单据，是在经济业务发生或完成时取得或填制的，用以记录或证明经济业务的发生或完成情况的文字凭据，经济业务的最初证明。

2. 原始凭证的基本内容

各种原始凭证都应具备以下基本内容：

(1) 原始凭证名称。
(2) 填制原始凭证的日期。
(3) 凭证的编号。
(4) 接受原始凭证的单位名称（抬头人）。
(5) 经济业务内容（含数量、单价、金额等）。
(6) 填制单位签章。
(7) 有关人员（部门负责人、经办人员）签章。
(8) 填制凭证单位名称或者填制人姓名。
(9) 凭证附件。

商业企业统一发票样式见图5-4。

商业企业统一发票

No.002589

客户名称：ABC公司　　　　　　2007年6月20日

货号	品名及规格	单位	数量	单价	金额 万千百十元角分
	装订机	个	2	120	2 4 0 0 0
	小写金额合计				¥ 2 4 0 0 0

第二联 报销凭证

（大写）万×仟贰佰肆拾零元零角零分

开票单位盖章　　　　收款人　　　　开票人：许跃

图5-4 发票

3. 原始凭证的种类

（1）原始凭证按照来源不同，可以分为外来原始凭证和自制原始凭证两类。

① 外来原始凭证。外来原始凭证指在经济业务发生或完成时，从其他单位或个人直接取得的原始凭证。包括：飞机票、火车票、住宿发票等，增值税专用发票，普通发票，收款收、进账单等（见图5-5至图5-9）。

② 自制原始凭证。自制原始凭证指由本单位内部经办业务的部门和人员，在执行或完成某项经济业务时填制的，仅供本单位内部使用的原始凭证。如收料单、领料单、限额领料单、产品入库单、产品出库单、借款单、折旧计算表、制造费用分配表等。领料单、借款单见图5-10、图5-11。

江苏省增值税专用发票

3220025114140　　　　　　　　　记账联　　　　　　　　　　　No. 0522458

开票日期：2006 年 01 月 22 日

购货单位	名　　称	海城市电子商城	密码区	4-6996291+6+/　加密版本号：01 3-7+98>608-67+3220025114140 1096-50>82+44/0　　0>22458 6070/>222+45>7
	纳税人识别号	3220044411841		
	地址、电话	海城市中心道18号 8336699		
	开户行及账号	市工行城中分理处 00578806		

货物或应税劳务名称	规格型号	单位	数量	单价	金额	税率	税额
A 产品		台	200	500.00	100 000.00	17%	17 000.00
B 产品		台	200	400.00	80 000.00	17%	13 600.00
合计					¥180 000.00		¥30 600.00

价税合计（大写）	⊗ 贰拾壹万零陆佰元整	（小写）¥210 600.00

销货单位	名　　称	海城市恒易机电设备有限公司	备注	
	纳税人识别号	320087020512		
	地址、电话	海城市建军路80号 8221100		
	开户行及账号	市工行城东分理处 124380098		

收款人：　　　　　复核：　　　　　开票人：尹香茗

图 5-5　增值税专用发票

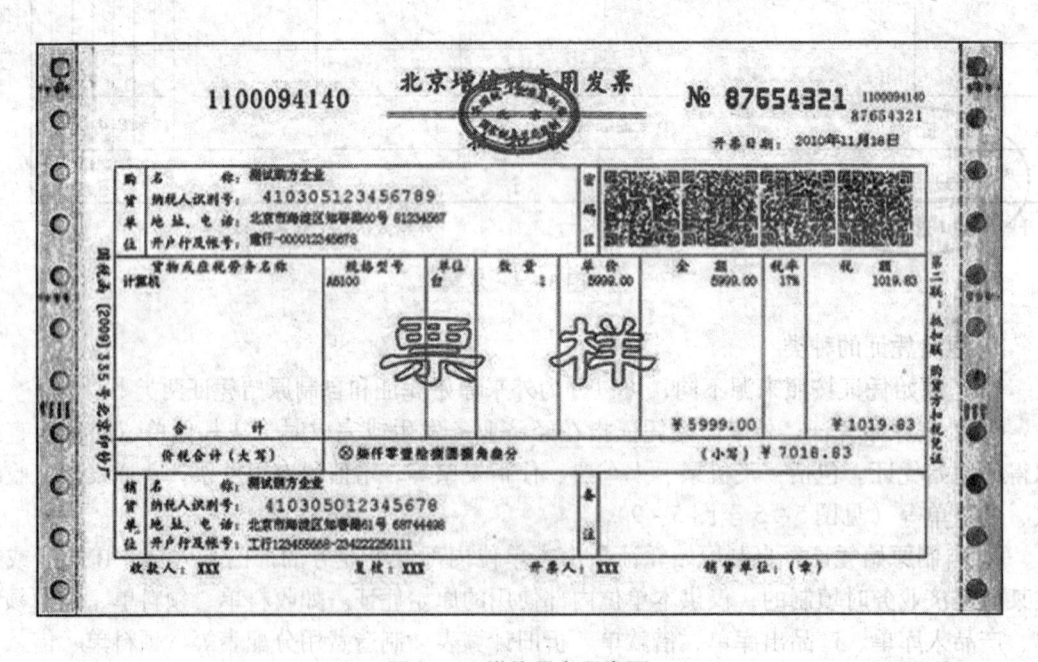

图 5-6　增值税专用发票

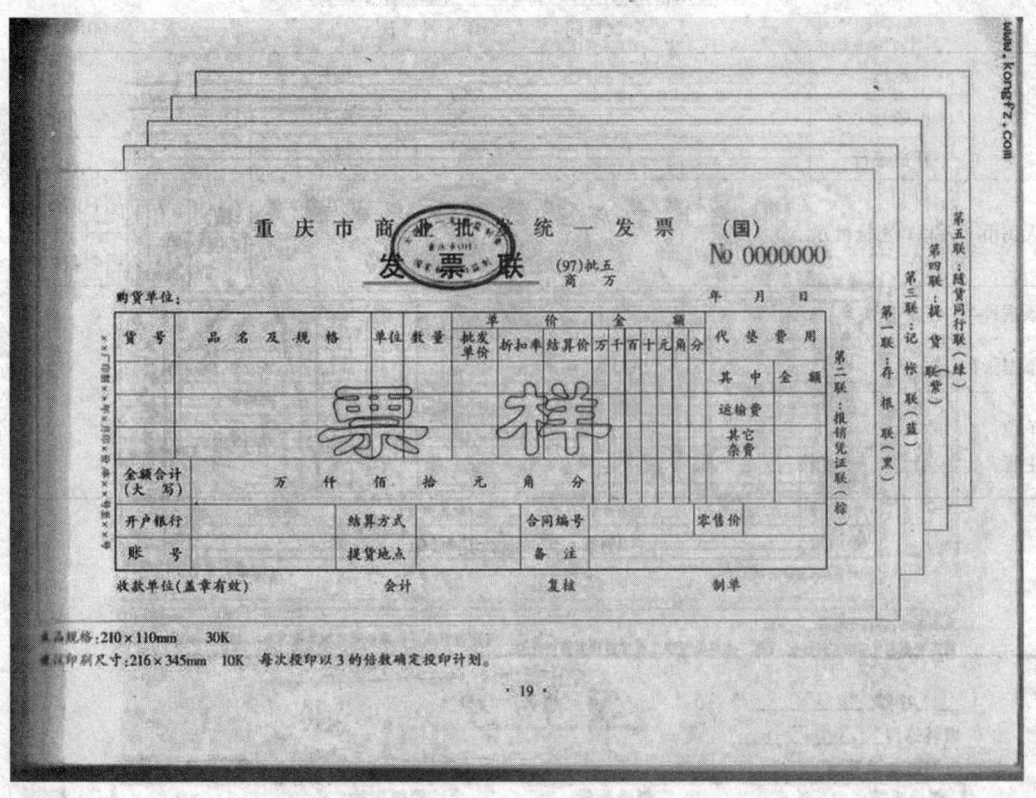

图 5-7 统一发票

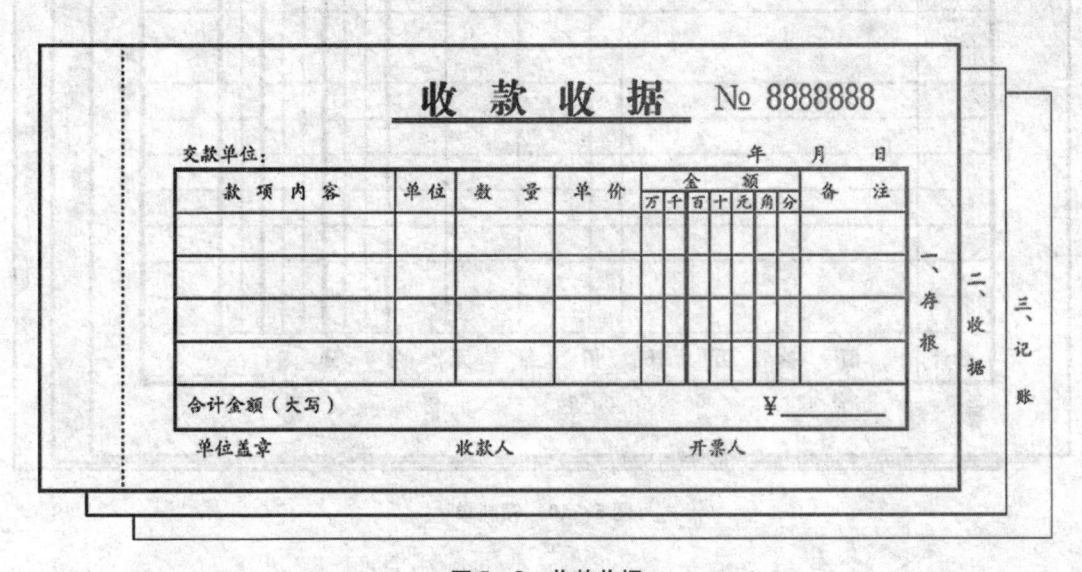

图 5-8 收款收据

工商银行北京市分行进账单（回单或收账通知）

交款日期　　年　月　日　　　　　　　　　　第 001 号

付款人	全称		收款人	全称		此联是收款人开户银行交给收款人的回单或收账通知
	账号			账号		
	开户银行			开户银行		

人民币（大写）壹拾捌万元整	亿千百十万千百十元角分
	1 8 0 0 0 0 0 0

票据种类　　转账支票

票据张数　　1

单位
主管　　会计　　复核　　记账

收款人开户银行盖章（中国工商银行北京市）

图 5-9　银行进账单

领　料　单

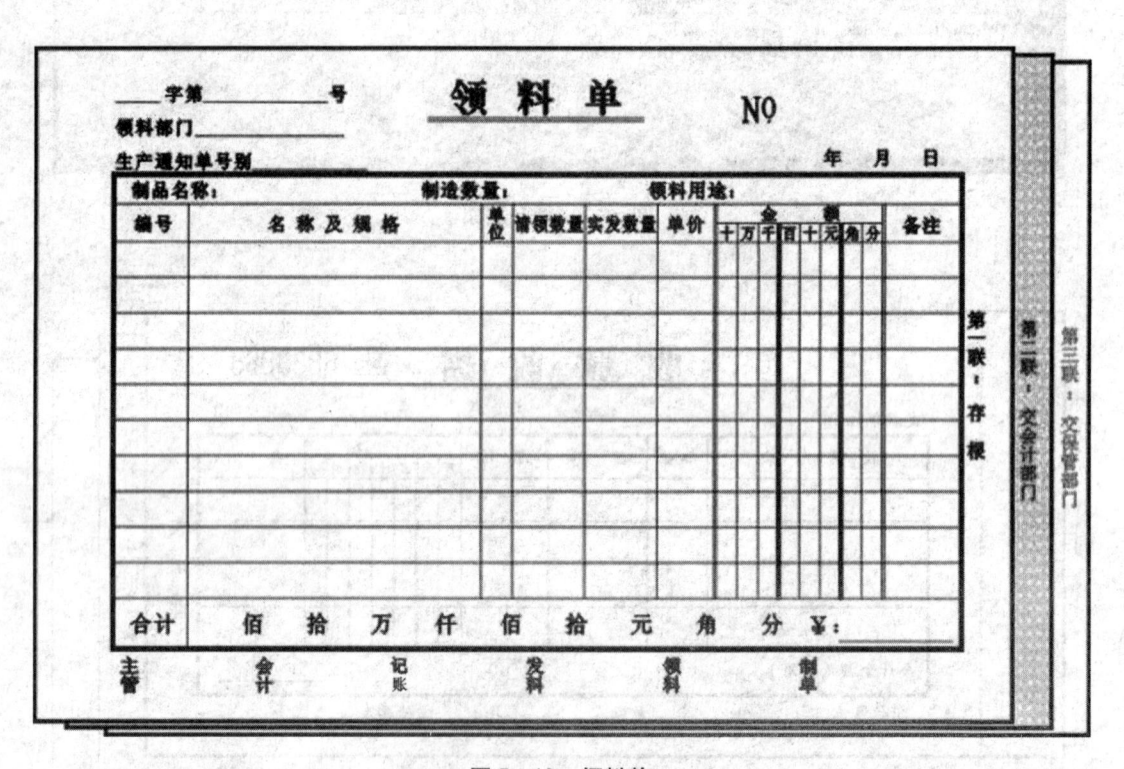

＿＿字第＿＿＿号　　　　　　　　　　　　　　NO

领料部门＿＿＿＿＿

生产通知单号别　　　　　　　　　　　　　　年　月　日

制品名称：		制造数量：		领料用途：			
编号	名称及规格	单位	请领数量	实发数量	单价	金额 十万千百十元角分	备注
合计	佰　拾　万　仟　佰　拾　元　角　分						

主管　　会计　　记账　　发　　领料　　制单

第一联：存根　　第二联：交会计部门　　第三联：交保管部门

图 5-10　领料单

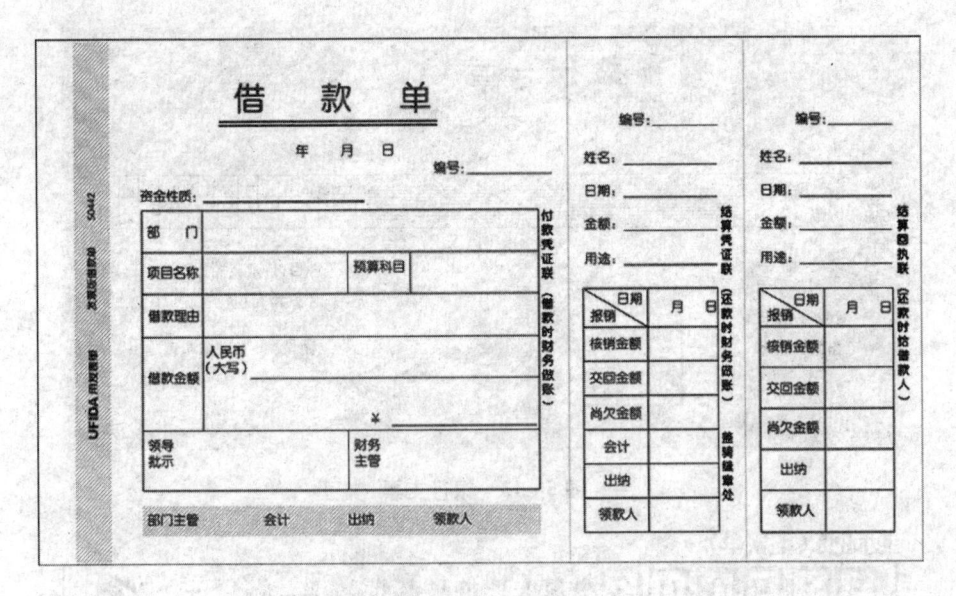

图 5-11 借款单

(2) 原始凭证按照填制手续及内容不同,可分为一次凭证、累计凭证和汇总凭证。

① 一次凭证。一次凭证指一次填制完成、只记录一笔经济业务的原始凭证。如:收据、领料单、收料单、银行结算凭证、差旅费保险单等。一次凭证是一次有效的凭证,其填制手续是一次完成的。银行承兑汇票、支票、汇款单、电汇凭证如图 5-12 至图 5-15 所示。

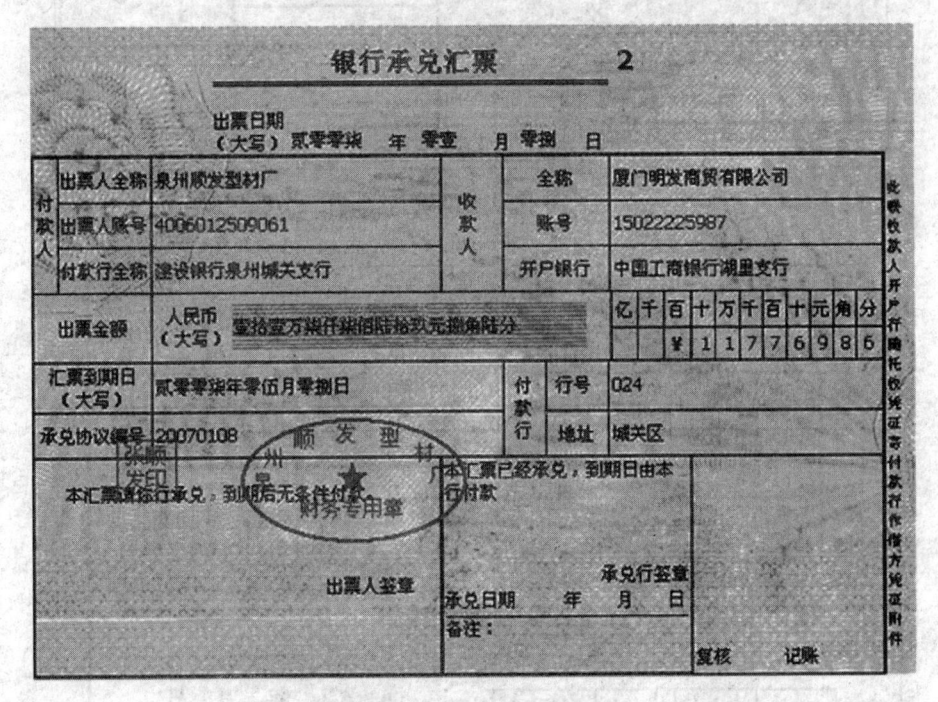

图 5-12 银行承兑汇票

图 5-13 银行支票

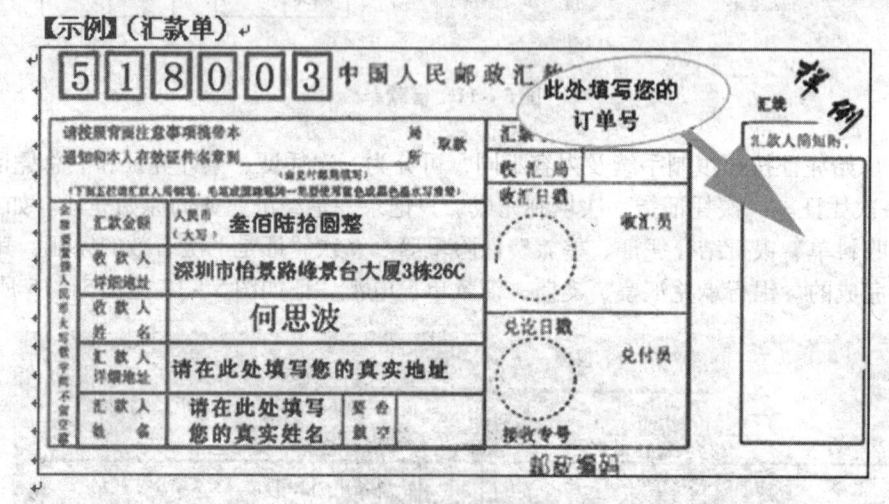

【示例】(汇款单)

图 5-14 汇款单

图 5-15 银行电汇凭证

② 累计凭证。累计凭证指在一定时期内多次记录发生的同类型经济业务的原始凭证。其特点是在一张凭证内可以连续登记相同性质的经济业务，随时结出累计数及结余数，并按照费用限额进行费用控制，期末按实际发生额记账。累计凭证是多次有效的原始凭证。限额领料单样式见图5-16。

（企业名称）
限额领料单
2003年10月　　　编号：2345

领料单位：一车间　　　用途：B产品　　　计划产量：5 000台
材料编号：102045　　　名称规格：16m/m圆钢　　　计量单位：公斤
单价：4.00元　　　消耗定量：0.2公斤/台　　　领用限额：1 000

××年		请领		实发					
月	日	数量	领料单位负责人	数量	累计	发料人	领料人	限额结余
10	5	200	张勇	200	200	李志	王心	800
10	10	100	张勇	100	300	李志	王心	700
10	15	300	张勇	300	600	李志	王心	400
10	20	100	张勇	100	700	李志	王心	300
10	25	150	张勇	150	850	李志	王心	150
10	31	100	张勇	100	950	李志	王心	50

累计实发金额（大写）叁仟捌佰元整　　　￥3 800

供应生产部门负责人（签章）生产计划部门负责人（签章）仓库负责人（签章）

图5-16　限额领料单

③ 汇总凭证。汇总凭证指对一定时期内反映经济业务内容相同的若干张原始凭证，按照一定标准综合填制的原始凭证。如：收料凭证汇总表、工资结算汇总表、发料凭证汇总表。汇总凭证既可以提供总量指标，又可以简化核算手续。发料凭证汇总表样式见图5-17。

发料凭证汇总表
年　月

应借科目 \ 应贷科目		基本生产车间		制造费用		辅助生产成本		管理费用	合计
		中点	西点	中点	西点	馅料	机修		
原材料	原材及主要材料								
	辅助材料								
	修理用备件								
	燃料								
	计划成本小计								
	成本差异率%								
	实际成本小计								
低值易耗品									
包装物									
合计									

制表：　　　　　　　　　　　审核：

图5-17　发料凭证汇总表

117

所有外来原始凭证均为一次凭证，累计凭证和汇总凭证一般为自制凭证。

（3）按照格式不同，可以分为通用凭证和专用凭证。

① 通用凭证。通用凭证指由有关部门统一印制、在一定范围内使用的具有统一格式和使用方法的原始凭证。如税务部门统一制定的增值税发票、由中国人民银行统一制定的支票、商业汇票等结算凭证等。

② 专用凭证。专用凭证指由单位自行印制、仅在本单位内部使用的原始凭证。

5.2.2 填制原始凭证

原始凭证，亦称单据，是在经济业务发生时取得或填制的会计凭证，是记录和证明经济业务发生或完成情况的原始依据，是会计核算的重要原始资料。

一、原始凭证的填制要求

1. 原始凭证填制的基本要求

（1）真实可靠。指经济业务的内容真实，不得弄虚作假，不涂改、挖补。

（2）内容完整。指按照凭证基本要素逐项填写清楚，不得简化，不可缺漏。

（3）填制及时。指每当一项经济业务发生或完成，都要立即填制原始凭证，做到不积压、不误时、不事后补制。

（4）书写清楚。指字迹端正，符合会计上对数字书写的要求。

（5）顺序使用。指收付款项或实物的凭证要按编号顺序使用。

2. 原始凭证填制的附加要求

（1）从外单位取得的原始凭证，必须盖有填制单位的公章；从个人取得的原始凭证，必须有填制人员的签名或者盖章；自制原始凭证必须有经办部门负责人或其指定的人员的签名或者盖章；对外开出的原始凭证，必须加盖本单位的公章。

（2）凡填有大写和小写金额的原始凭证，大写与小写金额必须相符。

（3）购买实物的原始凭证，必须有验收证明，以明确经济责任。

（4）支付款项的原始凭证必须有收款单位和收款人的收款证明，不能仅以支付款项的有关凭证如银行汇款凭证等代替，以防止舞弊行为的发生。

（5）多联原始凭证，应当注明各联的用途，只能以一联作为报销凭证。

（6）发生退货及退货款时，必须同时有退货发票、退货验收证明、收款收据。

（7）职工出差借款借据，经有关领导批准，报销时收回借款余款，另开收据，不得退还原借据。

（8）原始凭证如有错误，应退回重开或按规定进行更正，并加盖印章。

二、常用原始凭证的填制示例

1. 收料单

收料单通常是一料一单，一式三联，一联留仓库，据以登记材料卡片和材料明细账，一联送财务部门，一联交采购人员留存。采购业务的收料单见图 5-18。

收 料 单

供货单位：××公司　　　　　　　　　　　　　　　　　　凭证编号：
发票编号：　　　　　　　2010年6月10日　　　　　　　　收料仓库：×号仓库

材料类型	材料编号	材料名称	材料规格	计量单位	数量		金额（元）		
					应收	实收	单价	买价	运费	合计
		圆钢	40#55	吨	5 000	5 000	500	2 500 000	1 800	2 501 800
备注										

主管：×××　　　　会计：×××　　　　审核×××　　　　记账：×××　　　　收料：×××

图 5-18　收料单

2. 领料单

领料单一般是一料一单，一种用途填写一张。领料单分为一次填制的和多次填制的限额领料单两种。

（1）一次填制的领料单。该领料单由领料经办人填写，经该单位主管领导批准后到仓库领料。仓库保管人员审核其用途后发料，并在领料单上签章。领料单一式三联，一联留领料部门备查，一联交仓库，据以登记材料卡片和材料明细账，一联转送财务部门或月末经汇总后转送财务部门登记总分类账。领料单的填制见图 5-19。

领 料 单

领料部门：一车间　　　　　　2010年6月10日　　　　　　　　　　凭证编号：

日期		材料名称	数量（千克）	单价（元/千克）	金额（元）	材料用途
月	日					
6	10	A材料	1 000	20	20 000	生产甲产品
合计			1 000		20 000	

财务部门：×××　　　　记账：×××　　　　仓库：×××　　　　领料：×××

图 5-19　领料单

（2）限额领料单。限额领料单是由生产计划部门根据下达的生产任务和材料消耗定额按各种材料分别开出的，一式两联，一联交仓库据以发料，一联交领料部门据以领料（见图 5-20）。

限额领料单

领料部门：一车间
用途：生产A产品
2010年6月
No 23696

材料类别	材料名称	规格	计量单位	单价	领用限额	全月实领 数量	全月实领 金额
原料	A材料	10mm	公斤	100元	3 000	2 800	280 000

日期	请领 数量	请领 领料单位负责人签章	请领 领料人签章	实发 数量	实发 发料人签章	限额结余
6月2日	1 000	王红	刘东	1 000	陈洋	2 000
6月10日	800	王红	刘东	800	陈洋	1 200
6月15日	1 000	王红	刘东	600	陈洋	600
6月25日	400	王红	刘东	400	陈洋	200
合计	3 200			2 800		

图 5-20 限额领料单

3. 增值税专用发票

增值税专用发票是一般纳税人于销售货物时开具的销货发票，一式四联，销货单位和购货单位各两联。交购货单位的两联，一联作购货单位结算凭证，一联作税款抵扣凭证。增值税专用发票在填写时，按照下列规定开具：

（1）项目填写齐全，用双面复写纸一次套写，各联的内容和余额一致。

（2）字迹清楚，不得涂改。

（3）发票联和抵扣联加盖财务专用章或发票专用章，用红色印泥盖在专用发票的左下角或右下角的"开票单位"栏。

（4）用蓝色印泥在"销货单位"栏加盖销售单位戳记，不得用手工填写。

（5）在"金额"、"税额"栏合计（小写）数前用"￥"符号封顶，在"价税合计（大写）"栏合计数前用"⊗"符号封顶。

（6）购销双方单位名称必须填写全称，可在"名称"栏分上下两行填写，必要时可出该栏的上下横线。

增值税专用发票的填写见图 5-21。

4. 借款单

职工因公借款必须填写正式的借款单。

【例5-1】2010年6月10日，供应科采购员李立到上海采购材料借差旅费6000元。其借款单见图 5-22。

5. 收据

收到外单位和职工的各种赔款、罚款、预付款、包装物押金和职工归还借款等款项，应填写正式的收据。

【例5-2】2010年6月15日，供应科采购员李利回公司后共报销差旅费5 580元，余款退回（出差前借款6 000元）（见图 5-23）。

增值税专用发票联

开发票日期：2010年6月16日

购货单位	名称	新华公司	纳税人登记号	87659054
	地址	海口市新华南路	开户银行及账号	工行新华分理处 345267

商品或应税劳务名称	计量单位	数量	单价	金额 万千百十元角分	税率（%）	税额 万千百十元角分
40#圆钢	吨	5	1 300	6 5 0 0 0 0	17	1 1 0 5 0 0
合计				6 5 0 0 0 0		1 1 0 5 0 0
税价合计（大写）柒仟陆佰零伍元整						¥7 605.00

销货单位	名称：	南沙钢铁厂	纳税人登记号	45327890
	地址：	海口市南沙路	开户银行及账号	工行南沙分理处

收款人：王期　　　　　　　开票单位

图5-21　增值税专用发票

借款单

2010年6月10日

借款人	李利	部门	供应科	职务	采购员
借款事由	到上海采购原材料				
借款金额	人民币（大写）陆仟元整　　　¥6 000.00				
出纳	××		经手	××	

图5-22　借款单

收　据

2010年6月15日

今收到　李利

交来　出差报销退回余款

人民币（大写）肆佰贰拾元整　　　　　　　　　　　　　　　¥420.00

收款单位　　　　　　　　　　　　　　　　　　　　　　收款人

（公章）　　　　　　　　　　　　　　　　　　　　　　（签字）××

图5-23　收据

6. 差旅费报销单

差旅费报销单的格式不统一，应根据本单位经济业务的需要自行设计。主要内容有：报销日期、报销单位、报销人姓名、职务、出差事由、出差天数、往返日期及时间、起程及到达地名、交通费金额、住宿费金额、借款金额、报销金额、退款或补款数额、其他费用等项目。其样式见图 5－24。

差旅费报销单
2010 年 6 月 25 日

单位名称	供应科	姓名	李利	职别	采购员
出差事由	采购材料			出差日期	自2010年6月8日至2010年6月17日共10天
到达地点	上海				

项目	交通工具				其他	旅馆费	伙食补助	
	火车	汽车	飞机	轮船	出租车	旅馆费	在途 天	住勤 天
			3 200.00		580.00	第*等房间共9天	/	/

总计金额人民币（大写）伍仟伍佰捌拾元整　　　　　¥5 580.00

			月	日	顺序号	明细科目编号或名称
主管 ××		领款人 李利				

主管：×××　　　　　　　　　　　　　　　　出纳员：×××

图 5－24　差旅费报销单

7. 工资费用分配表

生产工人只生产一种产品，其工资费用直接计入该产品的生产成本；生产工人生产多种产品，其工资费用则按生产工时比例分配计入各种产品生产成本。其他部门人员工资直接计入有关费用账户。

【例 5－3】 2010 年 6 月，某公司全月应付工资 78 492.98 元。其中：生产一车间工人工资 21 491.23 元，车间管理人员工资 3 000 元；生产二车间生产工人工资 30 701.75 元，车间管理人员工资 3 500 元；修理车间人员工资 5 000 元；行政管理人员工资 8 000 元；销售部门人员工资 6 800 元。工资费用分配情况如表 5－1 所示。

8. 制造费用分配表

月末，财务人员应将本月的制造费用总额，按照一定的方法分配计入各种产品的生产成本，编制制造费用分配表。参考格式如表 5－2 所示。

9. 支票

支票是付款人签发，委托银行将款项支付给收款人或持票人的一种票据。支票填制的参考格式见图 5－25、图 5－26。

例：从银行提取现金 5 000 元，备用。

表 5-1　　　　　　　　　　　　　　　工资及福利费汇总表
2010 年 6 月 30 日　　　　　　　　　　　　　　　　　　　　单位：元

部门		应付工资	代扣款项	实发工资	职工福利费	合计
一车间	工人	21 491.23	290	21 201.23	3 008.77	24 500
	管理	3 000	321	2 679	420	3 420
	合计	24 491.23	611	23 880.23	3 428.77	27 920
二车间	工人	30 701.75	310	30 391.75	4 298.25	35 000
	管理	3 500	433	3 067	490	3 900
	合计	34 201.75	743	33 458.75	4 788.25	38 990
修理部门		5 000	585.26	4 414.74	700	5 700
管理部门		8 000	956	7 044	1 120	9 120
销售部门		6 800	597.72	6 202.28	952	7 752
合计		78 492.98	3 492.98	75 000	10 989.02	89 482

表 5-2　　　　　　　　　　　　　　　制造费用分配表
2010 年 5 月

项目		定额生产工时			分配率（元/工时）	金额（元）
		产量	定额	定额工时		
铸造车间	A1	30	12（工时/件）	360		14 557.25
	B1	20	20（工时/件）	400		16 174.70
	合计	50（件）	—	760（工时）	40.4368	30 731.95
装备车间	A2	30	12（工时/台）	360		14 627.02
	B2	25	15（工时/台）	375		15 236.49
	合计	55（台）	—	735（工时）	40.6306	29 863.51

会计主管：×××　　　　　　　审核：×××　　　　　　　制表：×××

中国工商银行
现金支票存根
Ⅳ V03335689

科　　目　现　　金
对方科目　银行存款
签发日期　2010年5月6日

收款人　新华公司
金　额　￥5 000.00
用　途　备用金
备注

单位主管　　会计张丽

中国工商银行　现金支票　　Ⅳ V03335689

出票日期（大写）　贰零壹零年零伍月零陆日　　开户行名称　××
收款人：新华公司　　　　　　　　　　　　　　签发人账号　××

人民币　　　　　　　　　　　　　　千百十万千百十元角分
（大写）　伍仟元整　　　　　　　　　　￥5 0 0 0 0 0

本支票付款期十天

用途　备用金　　　　　　科目（借）_____
上列款项请从　　　　　　对方科目（贷）
我账户内支付　　　　　　付讫日期　年　月　日
签发人签章　　　　　　　出纳　　记账　　复核

图 5-25　现金支票

中国工商银行 转账支票存根 Ⅵ Ⅱ03335689 科　目______ 对方科目______ 签发日期 2010 年 5 月 6 日 收款人 大同公司 金　额 ¥ 60 000.00 用　途 货　款 备注 单位主管　会计张丽	本支票付款期十天	中国工商银行　现金支票　Ⅵ Ⅱ03335689 出票日期（大写）贰零壹零年伍月零陆日　开户行名称 ×× 收款人：大同公司　签发人账号 ×× 人民币（大写）陆万元整　千百十万千百十元角分 ¥ 6 0 0 0 0 0 0 用途 货　款　科目（借）______ 上列款项请从　对方科目（贷） 我账户内支付　付讫日期　年　月　日 签发人签章　出纳　记账　复核

图 5－26　转账支票

10. 进账单

进账单是存款人向开户银行存入从外单位取得的转账支票等需委托银行收款时填制的单证，一般一式三联。填好后连同转账支票正本送银行受理或收款后在回单或收款通知联上盖“已受理”或“转讫”（转账收讫）章，退给单位。企业根据收账通知联，作已收款记账依据。参考格式见图 5－27。

中国工商银行进账单

2010 年 5 月 06 日　　　　第 180 号

付款人	全　称	海南省海达公司	收款人	全　称	海南新华公司
	账　号	81652163		账　号	83556676
	开户银行	中国工商银行海口市支行		开户银行	中国工商银行新华办事处
人民币（大写）	陆万元整			千百十万千百十元角分 ¥ 6 0 0 0 0 0 0	
票据种类	转账支票			中国工商银行 海口市新华办事处 2010.5.6 收款人开户行盖章	
票据张数	1张				
单位主管　会计　复核　记账					

图 5－27　银行进账单

三、会计手工书写规范

1. 基本规范

会计手工书写的基本规范是：正确、规范、清晰、整洁。

2. 书写规范示例

（1）数码字书写规范示例。

786 950 007　应书写为：

| 786 950 007 |

6 774 590　应书写为：

| 6 774 590 |

465 488 279　应书写为：

| 465 488 279 |

（2）文字书写规范——大写金额写法规范。

人民币 105 846 元，应写成：人民币壹拾万零伍仟捌佰肆拾陆元整。

人民币 1 000 846 元，应写成：人民币壹佰万零捌佰肆拾陆元整。

人民币 1 860.96 元，可以写成：人民币壹仟捌佰陆拾元零玖角陆分；也可以写成：人民币壹仟捌佰陆拾元玖角陆分。

人民币 86 000.80 元，可以写成：人民币捌万陆仟元零捌角整，也可以写成：人民币捌万陆仟捌角整。

5.2.3　审核原始凭证

一、原始凭证审核的内容

只有经过审核无误的凭证，才能作为记账的依据，为了保证原始凭证内容的真实性和合理性，一切原始凭证填制或取得后，都应按规定的程序及时送交会计部门，由会计主管或具体处理该事项的会计人员进行审核。原始凭证的审核主要从以下四个方面进行。

1. 合法性

审核凭证是否符合国家的法律法规、方针政策及财会制度的规定，有无虚报冒领、伪造凭证等违法乱纪行为。

2. 合理性

审核凭证有关费用的开支是否合理，是否符合经济节约原则，有无营私舞弊行为。

3. 完整性

审核凭证内容是否完整，手续办理是否完备。如凭证各项目填写是否齐全，有关单位和经办人员是否已签名盖章等。

4. 准确性

审核凭证文字和数字填写是否清楚，金额等数字计算是否正确。

二、原始凭证审核的结果处理

根据《会计法》的规定，原始凭证审核后应根据不同的情况进行处理。

（1）对于审核无误的原始凭证，应及时办理会计手续，据以编制记账凭证入账。

（2）对于真实、合法、合理但记载不够完整、准确的原始凭证，应暂缓办理会计手续，退回给有关经办人员，由其负责将有关凭证补充完整、更正错误或重开后，再办理会计手续。

(3) 对于不真实、不合法、不合理的原始凭证，会计机构、会计人员有权不予接受，并向单位负责人报告。

任务3 填制和审核记账凭证

【案例资料】

天河高科电脑有限公司是一家生产组装电脑产品的公司，2010年12月4日销售A产品一批，增值税专用发票上注明商品价款20 000元，增值税销项税款3 400元。收到购货单位开出的金额23 400元的转账支票一张。2010年12月12日以现金购买会计账簿等办公用品120.80元，2010年12月31日计提当月折旧12 000元，其中生产车间8 000元，行政管理部门4 000元。

新聘的会计小刘买回记账凭证，有收款凭证、付款凭证、转账凭证，还有记账凭证。到底这些业务应填在哪种凭证上？

收 款 凭 证

借方科目：　　　　　　　　　　　年　月　日　　　　　　　　　　　字第　号

摘　要	贷方总账科目	明细科目	√	金额 亿千百十万千百十元角分	
					附单据
					张
合　计					

财务主管　　　　　记账　　　　　出纳　　　　　审核　　　　　制单

付 款 凭 证

贷方科目：　　　　　　　　　　　年　月　日　　　　　　　　　　　字第　号

摘　要	借方总账科目	明细科目	√	金额 亿千百十万千百十元角分	
					附单据
					张
合　计					

财务主管　　　　　记账　　　　　出纳　　　　　审核　　　　　制单

转 账 凭 证

年　月　日　　　　　　　　　　　　　　　　　转字第　号

摘　要	会计科目	明细科目	√	借方金额 千百十万千百十元角分	√	贷方金额 千百十万千百十元角分	
							附单据
							张
合　计							

财务主管　　　　记账　　　　出纳　　　　审核　　　　制单

记 账 凭 证

年　月　日　　　　　　　　　　　　　　　　　字第　号

摘　要	会计科目	明细科目	√	借方金额 千百十万千百十元角分	√	贷方金额 千百十万千百十元角分	
							附单据
							张
合　计							

财务主管　　　　记账　　　　出纳　　　　审核　　　　制单

5.3.1 填制记账凭证

记账凭证是会计人员根据审核无误后的原始凭证或汇总原始凭证，应用复式记账法和会计科目，按照经济业务的内容加以分类，并据以确定会计分录而填制的，作为登记账簿依据的凭证。在实际工作中，编制会计分录是通过填制记账凭证来完成的。因此，正确填制记账凭证，对于保证账簿记录的正确性有重要意义。

一、记账凭证的填制要求

1. 记账凭证填制的基本要求

（1）审核无误。指在对原始凭证审核无误的基础上填制记账凭证。

（2）内容完整。指记账凭证该包括的内容都应填写齐全。

（3）分类正确。指根据经济业务的内容，正确区别不同类型的原始凭证，正确应用会计科目。

（4）连续编号。指记账凭证应当按会计事项处理先后顺序连续编号。

2. 填制记账凭证的具体要求

（1）记账凭证必须附有原始凭证并注明张数（结账更正错误除外）。原始凭证的张数一般以自然张数为准。差旅费等零散票券，可贴在一张纸上，作为一张原始凭证。一张原始凭证涉及几张记账凭证的，可将原始凭证附在一张主要记账凭证后面，在其他记账凭证上注明主要记账凭证的编号。

（2）一张原始凭证所列支出需要由两个以上单位共同负担时，由保存该原始凭证的单位开出原始凭证分割单，交另一单位做凭证。

（3）记账凭证的编号。无论采用哪种编号方法，都应该按月顺序编号，即每月都从1号编起，顺序编至月末。一笔业务编制两张以上记账凭证的可采用分数编号，如、11/3、12/3、13/3。

（4）记账凭证发生错误，应当重新填制。如已登记入账，可以用红字注销法进行更正。

（5）记账凭证填制完毕如有空行，应当划线注销。

（6）会计分录应保证借贷平衡。

（7）摘要应与原始凭证内容一致，表述要简短精练。

（8）实行会计电算化的单位，其机制记账凭证应当符合对记账凭证的要求。

二、记账凭证填制示例

1. 专用记账凭证的填制

（1）收款凭证的填制。

收款凭证是根据现金、银行存款增加的经济业务填制的。填制收款凭证的要求是：

① 由出纳人员根据审核无误的原始凭证填制，必须是先收款，后填凭证。

② 在凭证左上方的"借方科目"处填写"现金"或"银行存款"。

③ 填写日期（实际收款的日期）和凭证编号。

④ 在凭证内填写经济业务的摘要。

⑤ 在凭证内"贷方科目"栏填写与"现金"或"银行存款"对应的贷方科目。

⑥ 在"金额"栏填写金额。

⑦ 在凭证的右侧填写所附原始凭证的张数。

⑧ 在凭证的下方由相关责任人签字、盖章。

【例5-4】2010年10月2日，收到金达公司上月所欠货款30 000万元，已存入银行。填制收款凭证如下。

（2）付款凭证的填制。

付款凭证是根据现金、银行存款减少的经济业务填制的。填制付款凭证的要求是：

① 由出纳人员根据审核无误的原始凭证填制，程序是先付款，后填凭证。

② 在凭证左上方的"贷方科目"处填写"现金"或"银行存款"。

③ 填写日期（实际付款的日期）和凭证编号。

④ 在凭证内填写经济业务的摘要。

⑤ 在凭证内"借方科目"栏填写与"现金"或"银行存款"对应的借方科目。

⑥ 在"金额"栏填写金额。

⑦ 在凭证的右侧填写所附原始凭证的张数。

⑧ 在凭证的下方由相关责任人签字、盖章。

收 款 凭 证

借方科目：银行存款　　　　　2010年10月02日　　　　　　银收字第1号

摘　要	贷方总账科目	明细科目	借或贷	金　额 千百十万千百十元角分
收到金达公司前欠货款	应收账款	金达公司		3 0 0 0 0 0 0
合　计				¥ 3 0 0 0 0 0 0

附单据1张

财务主管：×××　　记账：×××　　出纳：×××　　审核：×××　　制单：×××

【例5-5】 10月15日，应发本月工资39 600元。其中：生产工人工资35 000元，车间管理人员工资2 600元，企业管理人员工资2 000元。开出现金支票，从银行提取现金，当即发放。

填制付款凭证如下。

付 款 凭 证

贷方科目：银行存款　　　　　2010年10月15日　　　　　　银付字第01号

摘　要	借方总账科目	明细科目	借或贷	金　额 千百十万千百十元角分
提取现金备工资	现金			3 9 6 0 0 0 0
合　计				¥ 3 9 6 0 0 0 0

附单据1张

财务主管：×××　　记账：×××　　出纳：×××　　审核：×××　　制单：×××

付 款 凭 证

贷方科目：现金　　　　　　　2010年10月15日　　　　　　现付字第01号

摘　要	借方总账科目	明细科目	借或贷	金　额 千百十万千百十元角分
发放工资	应付工资			3 9 6 0 0 0 0
合　计				¥ 3 9 6 0 0 0 0

附单据1张

财务主管：×××　　记账：×××　　出纳：×××　　审核：×××　　制单：×××

(3) 转账凭证的填制。

转账凭证是根据与现金、银行存款无关的经济业务填制的。填制转账凭证的要求是：

① 由会计人员根据审核无误的原始凭证填制。

② 填写日期（一般情况下按收到原始凭证的日期填写；如果某类原始凭证有几份，涉及不同日期，可以按填制转账凭证的日期填写）和凭证编号。

③ 在凭证内填写经济业务的摘要。

④ 在凭证内填写经济业务涉及的全部会计科目，顺序是先借后贷。

⑤ 在"金额"栏填写金额。

⑥ 在凭证的右侧填写所附原始凭证的张数。

⑦ 在凭证的下方由相关责任人签字、盖章。

【例5-6】10月30日，摊销待摊费用。本月份生产车间应分摊报刊费200元，企业管理部门应分摊报刊费320元，填制转账凭证如下。

转 账 凭 证

2010年10月30日　　　　　　　　　　　　　　　　转字第1号

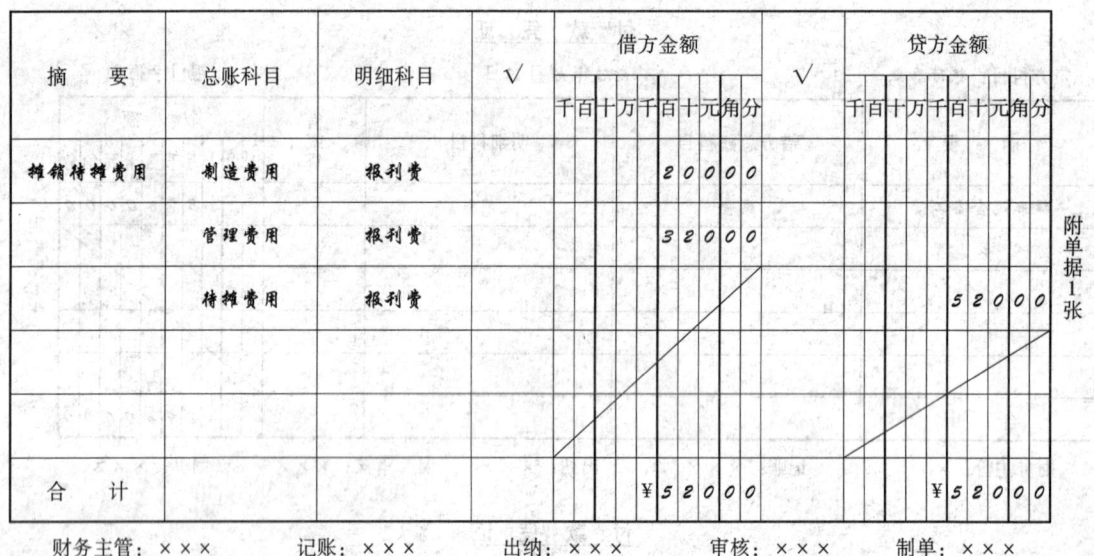

摘要	总账科目	明细科目	√	借方金额 千百十万千百十元角分	√	贷方金额 千百十万千百十元角分	
摊销待摊费用	制造费用	报刊费		2 0 0 0 0			附单据1张
	管理费用	报刊费		3 2 0 0 0			
	待摊费用	报刊费				5 2 0 0 0	
合　　计				¥ 5 2 0 0 0		¥ 5 2 0 0 0	

财务主管：×××　　记账：×××　　出纳：×××　　审核：×××　　制单：×××

2. 通用记账凭证的填制

通用记账凭证的名称为"记账凭证"。它集收款、付款和转账凭证于一身，通用于收款、付款和转账等各种类型的经济业务。其填制方法与转账凭证相同。

【例5-7】10月30日，分配本月工资总额（对生产工人工资按实用工时分配，甲产品实用工时20 000小时，乙产品实用工时30 000小时）。

填制通用记账凭证如下。

记 账 凭 证

2010年10月30日　　　　　　　　　　　　　　　　　记字第4号

摘要	总账科目	明细科目	借方金额 千百十万千百十元角分	记账√	贷方金额 千百十万千百十元角分	记账√
分配工资	生产成本	甲商品	1 4 0 0 0 0			
		乙商品	2 1 0 0 0 0			
	制造费用		2 6 0 0 0 0			
	管理费用		2 0 0 0 0			
	应付工资				3 9 6 0 0 0	
结算方式		合计金额	¥ 3 9 6 0 0 0		¥ 3 9 6 0 0 0	

附单据4张

财务主管：×××　　　记账：×××　　　出纳：×××　　　审核：×××　　　制单：×××

5.3.2 审核记账凭证

为了保证会计信息的质量，在记账之前应由有关稽核人员对记账凭证进行严格的审核。审核的主要内容有：

（1）内容是否真实。审核记账凭证是否有原始凭证为依据，所附原始凭证的内容与记账凭证的内容是否一致。

（2）项目是否齐全。审核记账凭证各项目的填写是否齐全，有关人员签章是否齐全。

（3）科目是否正确。审核记账凭证的应借、应贷科目是否正确，是否有明确的账户对应关系，所使用的会计科目是否符合有关会计制度的规定。

（4）金额是否正确。记账凭证汇总表的金额与记账凭证的金额合计是否相符。

（5）书写是否正确。审核记账凭证中的记录是否文字工整、数字清晰，是否按规定使用蓝黑墨水，是否按规定进行更正等。

出纳人员在办理收款或付款业务后，应在凭证上加盖"收讫"或"付讫"的戳记，以避免重收重付。

只有经过审核无误的记账凭证，才能据以登记账簿。如果发现尚未入账的错误记账凭证，应当重新填制。

☞ **小思考**

一张凭证应该注意哪些项目，哪些项目会经常填错？哪些业务可以填写通用记账凭证？

知识链接　原始凭证与记账凭证的区别

（1）填制人员不同：原始凭证大多是由经办人员填制，记账凭证一律由本单位的会计人员填制。

（2）填制依据不同：原始凭证是根据已经发生或完成的经济业务填制，记账凭证是根据审核后的原始凭证填制。

（3）填制方式不同：原始凭证只是经济业务发生时的原始证明，记账凭证时要依据会计科目对已经发生的经济业务进行归类。

（4）发挥作用不同：原始凭证时填制记账凭证的依据，记账凭证时登记会计账簿的依据。（原始凭证——记账凭证——账簿）

☞ 小思考

1. 什么是记账凭证？为什么要编制记账凭证，可否直接用原始凭证登记账簿？
2. 填制原始凭证是否加大了会计的工作量？

任务 4　会计凭证的管理

【案例资料】

东莞长龙高密电子因电子产品的消费扩大，业务量增大，企业规模迅速增大，原来员工230多人，增加到580多人，供销旺盛。财务部人手不足，从事会计才不到一年的小张，每到月末，见到一大堆的凭证就脑袋发麻。每次都花好长时间都整理不好。请教过老会计才突然明白。

请问老会计给了他那些建议，会计凭证如何管理才能妥善保管，法规有哪些规定？

5.4.1　会计凭证传递

会计凭证的传递是指从会计凭证的取得或填制时起至归档保管过程中，在单位内部有关部门和人员之间的传送程序。

会计凭证的传递具体是指会计凭证的取得——审核——记账——装订——存档一系列环节的流转过程。其间包括：传递程序、传递时间和传递中的衔接手续。

（1）传递程序——各单位应根据各自业务特点，机构设置，人员分工情况设计凭证的联数和流转路线，合理组织传递程序。

（2）传递时间——明确规定凭证在各个环节上的停留时间，一般要求凭证的传递和处理在报告期内完成，不能跨期。

（3）传递手续——凭证传递中的收发、交接等手续必须完备严密，环环衔接。

5.4.2　会计凭证的保管

一、会计凭证的保管工作

会计凭证的保管是指会计凭证记账后的整理、装订、归档和存查工作。

（1）各种记账定期装订（包括所附原始凭证和原始凭证汇总表）成册后要加盖封面、封底，注明单位名称，凭证种类及起讫日期，对于数量多、性质相同且需要随时查阅的原始凭证，可以单独装订，注明日期、种类，并在所属记账凭证上注明"附件另订"字样（会计凭证的封面一般样式如图 5-28 所示）。

(2) 其他经济凭证如各种经济合同，涉外文件等也应编造目录，单独登记保管。

(3) 会计凭证装订成册后，由专人负责保管，年终登记存档，按年度分目顺序排列。

(4) 会计凭证的保管期限、查询、调用、复制及销毁手续应按"会计档案管理办法"进行管理。

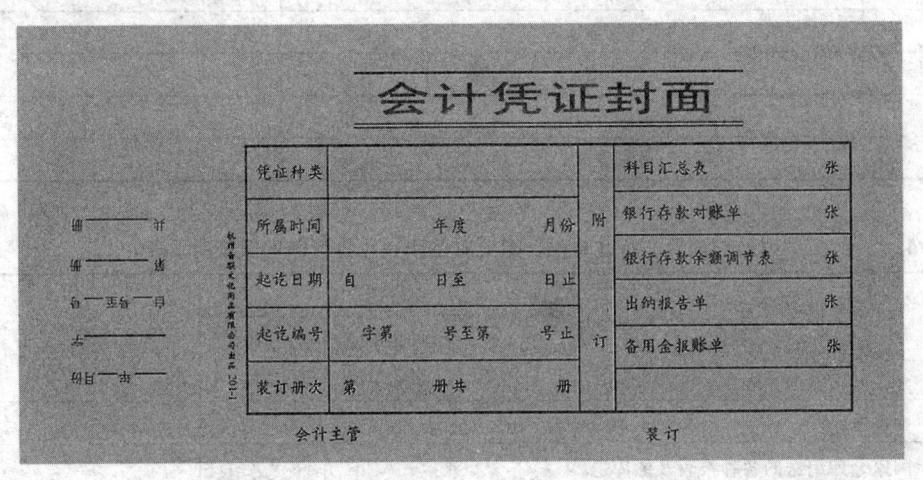

图 5-28　会计凭证封面

二、会计凭证的保管期限

会计档案的保管期限分为永久、定期两类。定期保管期限分为 3 年、5 年、10 年、15 年、25 年 5 类。会计档案的保管期限，从会计年度终了后的第一天算起（见表 5-3、表 5-4）。

表 5-3　　　　　　　　企业和其他组织会计档案保管期限表

序　号	档案名称	保管期限	备　　注
一	会计凭证类		
1	原始凭证	15 年	
2	记账凭证	15 年	
3	汇总凭证	15 年	
二	会计账簿类		
4	总账	15 年	包括日记总账
5	明细账	15 年	
6	日记账	15 年	现金和银行存款日记账保管 25 年
7	固定资产卡片		固定资产报废清理后保管 5 年
8	辅助账簿	15 年	
三	财务报告类		包括各级主管部门汇总财务报告
9	月、季度财务报告	3 年	包括文字分析
10	年度财务报告（决算）	永久	包括文字分析

续表

序 号	档案名称	保管期限	备 注
四	其他类		
11	会计移交清册	15年	
12	会计档案保管清册	永久	
13	会计档案销毁清册	永久	
14	银行余额调节表	5年	
15	银行对账单	5年	

表5-4　财政总预算、行政单位、事业单位和税收会计档案保管期限表

序号	档案名称	保管期限 财政总预算	保管期限 行政单位 事业单位	保管期限 税收会计	备 注
一	会计凭证类				
1	国家金库编送的各种报表及缴库退库凭证	10年		10年	
2	各收入机关编送的报表	10年			
3	行政单位和事业单位的各种会计凭证		15年		包括：原始凭证、记账凭证和传票汇总表
4	各种完税凭证和缴、退库凭证			15年	缴款书存根联在销号后保管2年
5	财政总预算拨款凭证及其他会计凭证	15年			包括：拨款凭证和其他会计凭证
6	农牧业税结算凭证			15年	
二	会计账簿类				
7	日记账		15年	15年	
8	总账	15年	15年	15年	
9	税收日记账（总账）和税收票证分类出纳账			25年	
10	明细分类、分户账或登记簿	15年	15年	15年	
11	现金出纳账、银行存款账		25年	25年	
12	行政单位和事业单位固定资产明细账（卡片）				行政单位和事业单位固定资产报废清理后保管5年
三	财务报告类				
13	财政总预算	永久			
14	行政单位和事业单位决算	10年	永久		
15	税收年报（决算）	10年		永久	
16	国家金库年报（决算）	10年			

续表

序号	档案名称	保管期限 财政总预算	保管期限 行政单位事业单位	保管期限 税收会计	备注
17	基本建设拨、贷款年报（决算）	10年			
18	财政总预算会计旬报	3年			所属单位报送的保管2年
19	财政总预算会计月、季度报表	5年			所属单位报送的保管2年
20	行政单位和事业单位会计月、季度报表		5年		所属单位报送的保管2年
21	税收财务报表（包括票证报表）			10	电报保管1年，所属税务机关报送的保管3年
四	其他类				
22	会计移交清册	15年	15年	15年	
23	会计档案保管清册	永久	永久	永久	
24	会计档案销毁清册	永久	永久	永久	

注：税务机关的税务经费会计档案保管期限，按行政单位会计档案保管期限规定办理。

☞ 小思考

1. 什么是会计凭证？填制和审核会计凭证有何意义？
2. 阐述原始凭证和记账凭证的区别和联系。
3. 以发放材料为例，分析一次凭证、累计凭证和汇总原始凭证的区别。
4. 原始凭证应具备哪些基本内容？如何审核原始凭证？
5. 记账凭证应具备哪些基本内容？如何填制和审核记账凭证？
6. 组织会计凭证的传递应考虑哪些方面？

【课后训练】

一、单项选择题

1. 原始凭证是由（　　）取得或填制的。
   A. 总账会计　　　　　　　　B. 业务经办单位或人员
   C. 会计主管　　　　　　　　D. 出纳人员
2. 下列原原始凭证属于外来原始凭证的是（　　）。
   A. 入库单　　　　　　　　　B. 出库单
   C. 银行收账通知单　　　　　D. 领料汇总表
3. 销售产品收到商业汇票一张，应该填制（　　）。
   A. 银收字记账凭证　　　　　B. 现付字记账凭证

  C. 转账凭证   D. 单式凭证

4. 下列不能作为会计核算的原始凭证的是（   ）。
  A. 发货票   B. 合同书
  C. 入库单   D. 领料单

5. 货币资金之间的划转业务只编制（   ）。
  A. 付款凭证   B. 收款凭证
  C. 转账凭证   D. 记账凭证

6. 记账凭证是由（   ）编制的。
  A. 出纳人员   B. 经办人员
  C. 会计人员   D. 经办单位

7. 在使用收款凭证、付款凭证、转账凭证的单位，与货币资金无关的业务，填制的凭证是（   ）。
  A. 收款凭证   B. 付款凭证
  C. 通用记账凭证   D. 转账凭证

8. 在一定时期内连续记录若干同类经济业务的会计凭证是（   ）。
  A. 原始凭证   B. 记账凭证
  C. 累计凭证   D. 一次凭证

9. 在一定时期内连续记录若干同类经济业务的会计凭证是（   ）。
  A. 原始凭证   B. 记账凭证
  C. 累计凭证   D. 一次凭证

10. 下列经济业务，应该填制现金收款凭证的是（   ）。
  A. 从银行提取现金
  B. 以现金发放职工工资
  C. 出售报废的固定资产收到现金
  D. 销售积压材料收到一张转账支票

二、多项选择题

1. 会计凭证按其填制的程序和用途的不同，可分为（   ）。
  A. 原始凭证   B. 记账凭证
  C. 一次凭证   D. 积累凭证

2. 记账凭证按其反映经济业务内容的不同，可分为（   ）。
  A. 一次凭证   B. 付款凭证
  C. 收款凭证   D. 转账凭证

3. "限额领料单"是（   ）。
  A. 外来原始凭证   B. 自制原始凭证
  C. 一次凭证   D. 累计凭证

4. 原始凭证应具备的基本内容有（   ）。
  A. 原始凭证的名称和填制日期   B. 接受凭证单位名称
  C. 经济业务的内容   D. 数量、单价和大小写金额

5. 记账凭证必须具备的基本内容有（   ）。

A. 记账凭证的名称 B. 填制日期和编号
C. 经济业务的简要说明 D. 会计分录

6. 对记账凭证审核的要求有（　　）。
   A. 内容是否真实 B. 书写是否正确
   C. 科目是否正确 D. 金额是否正确

7. 下列说法正确的是（　　）。
   A. 原始凭证必须记录真实，内容完整
   B. 一般原始凭证发生错误，必须按规定办法更正
   C. 有关现金和银行存款的收支凭证，如果填写错误，必须作废
   D. 购买实物的原始凭证，必须有验收证明

8. 收款凭证中"借方科目"可能涉及的账户有（　　）。
   A. 现金 B. 银行存款
   C. 应付账款 D. 应收账款

9. 转账凭证属于（　　）。
   A. 记账凭证 B. 专用记账凭证
   C. 复式记账凭证 D. 通用记账凭证

10. 收款凭证和付款凭证是（　　）。
    A. 登记现金、银行存款日记账的依据
    B. 编制报表的直接依据
    C. 成本计算的依据
    D. 出纳人员办理收、付款项的依据

三、判断题

1. 记账凭证的编制依据是审核无误的原始凭证。（　　）
2. 将现金存入银行应同时编制银行存款收款凭证和现金付款凭证。（　　）
3. 有关现金、银行存款收支业务的凭证，如果填写错误，不能在凭证上更改，应加盖作废戳记，重新填写，以免错收错付。（　　）
4. 每年装订成册的会计凭证，在年度终了时可暂由单位会计机构保管一年，期满后应当移交本单位档案机构统一保管。（　　）
5. 会计部门应于记账之后，定期对各种会计凭证进行分类整理，并将各种记账凭证按编号顺序排列，连同所附的原始凭证一起加具封面，装订成册。（　　）

四、实务题

（一）目的：练习收款凭证、付款凭证、转账凭证的填制。

（二）资料：建兴公司2010年8月1日共发生下列三项经济业务：

1. 向银行借入期限为3个月的贷款100 000元，当日收到后存入银行备用。
2. 以现金购买办公用品200元。
3. 甲材料验收入库，金额5 000元。

收 款 凭 证

借方科目：　　　　　　　　　　　　年　月　日　　　　　　　　　　　　字第　号

摘　要	贷方科目		金　额	记账符号
	总账科目	明细科目	千百十万千百十元角分	
合　计				

附件　　张

会计主管　　　　　　出纳　　　　　　审核　　　　　　制单

付 款 凭 证

贷方科目：　　　　　　　　　　　　年　月　日　　　　　　　　　　　　字第　号

摘　要	借方科目		金　额	记账符号
	总账科目	明细科目	千百十万千百十元角分	
合　计				

附件　　张

会计主管　　　　　　出纳　　　　　　审核　　　　　　制证

转 账 凭 证

　　　　　　　　　　　　　　　　　年　月　日　　　　　　　　　　　　字第　号

摘　要	会计科目		借方金额	贷方金额	记账符号
	总账科目	明细科目	千百十万千百十元角分	千百十万千百十元角分	
合　计					

附件　　张

会计主管：　　　　　　出纳：　　　　　　审核　　　　　　制单

（三）要求：根据以上经济业务填制收款凭证、付款凭证和转账凭证。

项目六

设置和登记会计账簿

技能目标

1. 能熟练掌握现金日记账、银行存款日记账、总账、明细账的登记方法和记账要求。
2. 能运用错账更正方法更正错账。

知识目标

1. 明确会计账簿的种类。
2. 了解会计账簿的设置规则。
3. 熟悉不同会计账簿的账页格式。
4. 掌握会计账簿的登记方法。
5. 熟练运用错账更正的方法。

【案例导入】

唐某、郑某系某国有企业经理与副经理,两人为掩盖公司"小金库"的开支内容,指使会计刘某、出纳沈某,四人共同将"小金库"的会计账簿用废纸粉碎机予以销毁。后经司法鉴定,被销毁的"小金库"会计账簿,涉及收入金额35万余元,支出金额33万余元,累计金额69万余元。

问题:

1. 本案例中涉及了哪些违法事件?
2. 销毁会计账簿面临哪些刑事处罚?

任务1 认知会计账簿

【案例资料】

根据我国法律规定,要求设立规范的公司、企业会计账目,并依法予以保存的目的在于准确反映公司、企业的经营状况，以备随时查核，并依法予以监督。但是，本案例中"小金库"的设立隐匿了公司、企业的部分经营项目与资金往来，以此规避国家对其进行正常审核与监督，因此是一种违法行为。但"小金库"会计账簿等资料与公司、企业其他应当依法保存的会计资料一样，记载了公司、企业特定时期的部分经营、活动情况，都是应当依法保存的。销毁这些会计账簿，就是销毁企业这部分经营活动情况的书面记载，从而规避有关部门对此依法进行的监督检查。

按照《中华人民共和国刑法》第二百零一条：纳税人采取伪造、变造、隐匿、擅自销毁账簿、记账凭证，在账簿上多列支出或者不列、少列收入，经税务机关通知申报而拒不申报或者进行虚假的纳税申报的手段，不缴或者少缴应纳税款，偷税数额占应纳税额10%以上不满30%并且偷税数额在一万元以上不满10万元的，或者因偷税被税务机关给予二次行政处罚又偷税的，处以3年以下有期徒刑或者拘役，并处偷税数额1倍以上5倍以下罚金；偷税数额占应纳税额30%以上并且偷税数额在10万元以上的，处以3年以上7年以下有期徒刑，并处偷税数额1倍以上5倍以下罚金。

那么，如何能够有效地设置和启用会计账簿来更好的规范企业的财务核算呢？我们首先需要认识会计账簿。

☞ **知识点**

会计账簿是指由一定格式账页组成的，以经过审核的会计凭证为依据，全面、系统、连续地记录各项经济业务的簿籍。各单位应当按照国家统一的会计制度的规定和会计业务的需要设置会计账簿。设置和登记账簿是编制财务报表的基础，是连接会计凭证与财务报表的中间环节，在会计核算中具有重要意义。

填制会计凭证后之所以还要设置和登记账簿，是由于二者虽然都是用来记录经济业务，但二者具有的作用不同。在会计核算中，对每一项经济业务，都必须取得和填制会计凭证，因而会计凭证数量很多，又很分散，而且每张凭证只能记载个别经济业务的内容，所提供的资料是零星的，不能全面、连续、系统地反映和监督一个经济单位在一定时期内某一类和全部经济业务活动情况，且不便于日后查阅。因此，为了给经济管理提供系统的会计核算资料，各单位都必须在凭证的基础上设置和运用登记账簿的方法，把分散在会计凭证上的大量核算资料，加以集中和归类整理，生成有用的会计信息，从而为编制财务报表、进行会计分析以及审计提供主要依据。

☞ **小思考**

1. 为什么要设置会计账簿？
2. 会计账簿与账户有什么关系？

6.1.1 会计账簿的种类

由于会计核算对象的复杂性和不同的会计信息使用者对会计信息需要的多重性，导致了反映会计信息的载体——账簿的多样化。不同的会计账簿可以提供不同的信息，满足不同的需要。为了更好地了解和使用会计账簿，就需要对账簿进行分类。会计账簿按照不同的标志可以划分为不同的类别。

一、按用途分类

会计账簿按其用途不同可以分为序时账簿、分类账簿和备查账簿。

1. 序时会计账簿

序时会计账簿又称日记账，是对经济业务按其发生和完成时间的先后顺序，逐日逐笔详细登记的会计账簿。序时会计账簿可以分为普通日记账和特种日记账两种。特种日记账是为记录某一类经济业务专门设置的日记账。目前常用的特种日记账有现金日记账和银行存款日记账两种。由于普通日记账要序时地记录全部的经济业务，其记账工作量比较庞大，因而在会计发展的早期使用的较多，目前，在实际工作中应用比较广泛的是特种日记账，如"现金日记账"、"银行存款日记账"等。

（1）普通日记账。

普通日记账是用来序时的登记全部经济业务发生情况的，即把全部经济业务的各项会计分录都按照时间顺序记录在账中，因而也称分录簿。普通日记账适用于规模较小、经济业务不多且又比较简单的企业，此种日记账逐日逐项反映全部经济业务的发生情况，但不能反映各项经济业务的发生情况，记账工作繁重，不便于分工记账，因此不适合大规模的企业使用。其结构一般包括：日期栏、摘要栏、对应账户栏、过账备查栏、借贷方金额栏。这种账簿不结余额（见表6-1）。

表6-1   普通日记账

201×年		摘 要	对应账户	分类账页数	借方金额	贷方金额
月	日					

（2）特种日记账。

企业特种日记账是为记录某一类经济业务专门设置的日记账。目前常用的特种日记账有现金日记账和银行存款日记账两种。

① 现金日记账的格式及登记方法。现金日记账是用来核算和监督现金日常收、付、结存情况的序时账簿，通过现金日记账可以全面、连续地了解和掌握企业单位每日现金的收支动态和库存余额，为日常分析、检查企业单位的现金收支活动提供资料。

银行存款日记账由出纳员根据银行存款的收款凭证、付款凭证以及现金的付款凭证（从银行提取现金业务）序时登记的。

现金日记账的格式一般采用三栏式，且必须使用订本账。三栏式现金日记账，通常设置收入、付出、结余或借方、贷方、余额三个主要栏目，用来登记现金的增减变动及其结果。三栏式现金日记账是由现金出纳员根据现金收款凭证、现金付款凭证以及银行存款的付款凭证（反映从银行提取现金业务），按照现金收、付款业务和银行存款付款业务发生时间的先后顺序逐日、逐笔登记。其一般格式见表6-2。

表6-2　　　　　　　　　　　　　　现金日记账　　　　　　　　　　　　　　第　页

201×年		凭证号		摘要	对方科目	收入	付出	结余
月	日	收款	付款					

现金日记账的登记方法如下：

• 将发生经济业务的日期记入"日期"栏，年度记入该栏的上端，月、日分两小栏登记。以后只有在年度、月份变动或填写新账页时，才再填写年度和月份。

• 在"凭证号数"栏，登记该项经济业务所填制的记账凭证的种类和编号，以表示登记会计账簿的依据。对于现金存入银行或从银行提现业务，由于只填制付款凭证，所以提现的凭证号数也是"银付×号"。

• 在"摘要"栏内，简明地记入经济业务的内容。

• 根据记账凭证上的会计分录，在"对方账户"栏填上对应账户的名称，表明该项业务的来龙去脉。

• 根据现金收款凭证上应借账户金额登记到"收入"栏，根据现金付款凭证上应贷账户金额登记到"支出"栏。

• 根据"上日余额+本日收入－本日支出＝本日余额"的计算公式计算出"本日余额"登记到"余额"栏。

② 银行存款日记账的格式及登记方法。银行存款收、付业务的结算方式有多种，为了反映具体的结算方式以及相关的单位，需要在三栏式现金日记账的基础上，通过增设栏目设置银行存款日记账，即在银行存款日记账中增设采用的结算方式和对方单位名称等具体的栏目。三栏式银行存款日记账的具体格式见表6-3。

表6-3　　　　　　　　　　　　　　银行存款日记账　　　　　　　　　　　　　第　页

201×年		凭证		结算方式					对方单位	摘要	对应账户	收入	付出	核对号	结余
月	日	种类	号数	支票号码	汇票	委收	托收	其他							

银行存款日记账由出纳员根据银行存款的收款凭证、付款凭证以及现金的付款凭证（从银行提取现金业务）序时登记的。总体来说，银行存款日记账的登记方法与现金日记账的登记方法基本相同，但有以下几点需要注意：

- 出纳员在办理银行存款收、付款业务时，应对收款凭证和付款凭证进行全面的审查复核，保证记账凭证与所附的原始凭证的内容一致，方可依据正确的记账凭证在银行存款日记账中记明：日期（收、付款凭证编制日期）、凭证种类（银收、银付或现收）、凭证号数（记账凭证的编号）、采用的结算方式（支票、本票或汇票等等）、对方单位（对收款或付款单位名称）、摘要（概括说明经济业务内容）、对应账户名称、金额（收入、付出或结余）等项内容；

- 银行存款日记账应按照经济业务发生时间的顺序逐笔分行记录，当日的业务当日记录，不得将记账凭证汇总登记，每日业务记录完毕应结出余额，做到日清月结，月末应分别结出本月借方、贷方发生额及期末余额和累计发生额，年末应结出全年累计发生额和年末余额，并办理结转下年手续，有关发生额和余额（包括日、月、年）计算出来之后，应在账页中的相应位置予以标明；再次，银行存款日记账必须按行次、页次顺序登记，不得跳行、隔页，不得以任何借口随意更换账簿，记账过程中一旦发生错误应采用正确的方法进行更正，会计期末，按规定结账。

序时账簿的分类见图 6-1。

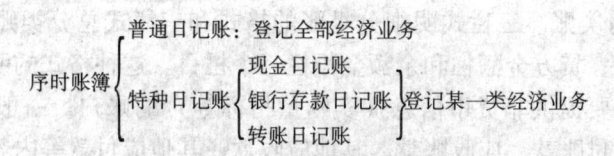

```
           ┌ 普通日记账：登记全部经济业务
序时账簿 ┤         ┌ 现金日记账      ┐
           └ 特种日记账 ┤ 银行存款日记账 ├ 登记某一类经济业务
                      └ 转账日记账     ┘
```

图 6-1 序时账簿的分类

2. 分类账簿

分类账簿是指对全部经济业务按照总分类账户和明细分类账户进行分类登记的账簿。分类账簿按其反映经济业务详细程度的不同，又可以分为总分类账簿（即按照总分类账户分类登记的账簿）和明细分类账簿（即按照明细分类账户分类登记的账簿）。

（1）总分类账簿。

总分类账（也称总账），是按照一级会计科目的编号顺序分类开设并登记全部经济业务的账簿。总分类账的格式有三栏式（即借方、贷方、余额三个主要栏目）和多栏式两种，其中三栏式又区分为不反映对应科目的三栏式和反映对应科目的三栏式。总分类账的登记依据和方法，主要取决于所采用的会计核算组织程序。它可以直接根据记账凭证逐笔登记，也可以把记账凭证先汇总，编制成汇总记账凭证或科目汇总表，再根据汇总的记账凭证定期登记。三栏式（不反映对应科目）总账的格式见表 6-4。

表 6-4　　　　　　　　　　总　账

会计科目：

| 201×年 || 凭证 || 摘要 | 借方 | 贷方 | 核对号 | 借或贷 | 余额 |
月	日	种类	编号						

不管哪种格式的总分类账，每月都应将本月已完成的经济业务全部登记入账，并于月末结出总账中各总分类账户的本期发生额和期末余额，与其他有关账簿核对相符之后，作为编制财务报表的主要依据。

(2) 明细分类账。

明细分类账是根据二级会计科目或明细科目设置账户，并根据审核无误后的会计凭证登记某一具体经济业务的账簿。各种明细分类账可根据实际需要，分别按照二级会计科目和明细科目开设账户，进行明细分类核算，以便提供资产、负债、所有者权益、收入、费用和利润等的详细信息。这些信息，也是进一步加工成财务报表信息的依据。因此，各企业单位在设置总分类账的基础上，还应按照总账科目下设若干必要的明细分类账，作为总分类账的必要补充说明。这样，既能根据总分类账了解该类经济业务的总括情况，又能根据明细分类账进一步了解该类经济业务的具体和详细情况。明细分类账一般采用活页式账簿，也可以采用卡片式账簿（如固定资产明细账）和订本式账簿等。

根据管理上的要求和各种明细分类账所记录经济业务的特点，明细分类账的格式主要有以下三种。

① 三栏式明细分类账。三栏式明细分类账的格式和三栏式总分类账的格式相同，即账页只设有借方金额栏、贷方金额栏和余额金额栏三个栏目。这种格式的明细账适用于只要求提供货币信息而不需要提供非货币信息（实物量指标等）的账户。一般适用于记载债权债务类经济业务，如应付账款、应收账款、其他应收款、其他应付款等内容。其账页格式与总账账页格式相同。

② 数量金额式明细账。数量金额式明细账要求在账页上对借方、贷方、余额栏下分别设置数量栏和金额栏，以便同时提供货币信息和实物量信息。这一类的明细账适用于既要进行金额核算又要进行实物量核算的财产物资类科目，如原材料、库存商品等科目的明细账。数量金额式明细账的格式见表6-5。

表6-5　　　　　　　　　　　　　数量金额式明细账

类　　别：　　　　　　　　　　账簿名称　　　　　　　　　　编　　号：
品　　名：　　　　　　　　　　　　　　　　　　　　　　　　存放地点：
储备定额：　　　　　　　　　　　　　　　　　　　　　　　　计量单位：

年		凭证		摘要	借方（收入）			贷方（发出）			余额（结存）		
月	日	类别	编号		数量	单价	金额	数量	单价	金额	数量	单价	金额

③ 多栏式明细账。多栏式明细分类账是根据经济业务的特点和经营管理的需要，在一张账页内按有关明细科目或项目分设若干专栏的账簿。按照登记经济业务内容的不同又分为"借方多栏式"，如"物资采购明细账"、"生产成本明细账"、"制造费用明细账"等；"贷方多栏式"，如"主营业务收入明细账"等；"借方、贷方多栏式"，如"本年利润明细账"、"应交增值税明细账"等。这里仅例举借方多栏式明细账（生产成本）的格式见表6-6。

表 6-6　　　　　　　　　　　生产成本明细账

产品名称：

年		凭证号数	摘要	借方发生额					贷方	余额
月	日			直接材料	直接工资	其他直接支出	制造费用	合计		

对于借方多栏式明细账，由于只在借方设多栏，平时在借方登记费用、成本的发生额，贷方登记月末将借方发生额一次转出的数额，所以平时如发生贷方发生额（无法在贷方登记），应该用红字在借方多栏中登记。贷方多栏式明细账也存在同样问题。

分类账簿的种类见图 6-2。

分类账簿 { 总分类账簿（总账）：控制和统驭
　　　　　 明细分类账簿（明细账）：补充和具体化

图 6-2　分类账簿的种类

☞ **知识点**
——总分类账和明细分类账的平行登记

1. 总分类账和明细分类账的统驭和从属关系

总分类账户与明细分类账户二者所反映的经济业务内容相同，登记账簿的原始依据相同。但二者之间反映经济内容的详细程度不一样，作用也不相同。总分类账户和明细分类账户都是用以提供核算指标的，但从其提供指标之间的关系考虑，总分类账户对其所属的明细分类账户起着统驭和控制作用，可称之为统驭账户。明细分类账户对其所属的总分类账户起着补充和说明的作用，可称之为从属账户。

2. 总分类账和明细分类账的平行登记

平行登记是指计入总分类账户和明细分类账户的资料，都以会计凭证为依据，而且根据会计凭证汇总分类账户和明细分类账户中记录经济业务，必须独立的互不依赖的进行。通过平行登记，并相互核对，才能保证总分类账户的记录和明细分类账户的记录形成统驭和被统驭的关系，才能及时检查错误和更正错误。平行登记的要点是：

（1）登记的会计期间一致。对于每项经济业务，一方面要在有关总分类账户中进行总括登记；另一方面要在同一会计期间在有关明细账户中进行明细登记。

（2）登记的方向相同。如果在总分类账户中登记借方，在所属明细分类账中也应登记借方；如果在总分类账户中登记贷方，在所属明细分类账中也应登记贷方。

（3）登记的金额相等。计入总分类账户中的金额必须与计入各个有关明细分类账的金额之和相等。平行登记的结果应显示：总分类账户期初余额必须等于所属明细分类账户的期初余额之和；总分类账户本期借方发生额必须等于所属明细分类账户的借方发生额之和；总分类账户本期贷方发生额必须等于所属明细分类账户的贷方发生额之和；总分类账户期末余额必须等于所属明细分类账户的期末余额之和。

3. 备查账簿

备查账簿也称辅助账簿，是指对某些在序时账和分类账中未能记载或记载不全的事项进行补充登记的账簿。亦被称为补充登记簿。备查账簿只是对其他账簿记录的一种补充，与其他账簿之间不存在严密的依存和勾稽关系。例如为反映所有权不属于企业，由企业租入的固定资产而开设的"租入固定资产备查簿"、反映票据内容的"应付（收）票据备查簿"等。备查账簿只是其他账簿的一种补充，与其他账簿之间不存在严密的依存和勾稽关系。

二、按外表形式分类

会计账簿按其外表形式的不同可以分为订本式账簿、活页式账簿和卡片式账簿。

1. 订本式账簿

订本式账簿是在启用之前就已把顺序编号的账页装订成册的账簿。这种账簿能够防止账页散失和被非法抽换，但账页固定后，不便于分工和计算机记账。对于那些比较重要的内容一般采用订本式账簿，实际工作中，适用于"总分类账"、"现金日记账"、"银行存款日记账"。

2. 活页式账簿

活页式账簿是在启用时账页不固定装订成册而将零散的账页放置在活页夹内，随时可以取放的账簿。活页账的优点是可以根据需要增添或重新排列账页，并可以组织分工记账，缺点是账页容易丢失和被抽换。采用活页账，平时应按账页顺序编号，并在期末装订成册。一般"明细分类账"可根据需要采用活页式账簿。

3. 卡片式账簿

卡片式账簿是由许多具有一定格式的硬制卡片组成，存放在卡片箱内，根据需要随时取放的账簿。卡片账具有一般活页账的优缺点外，它不需每年更换，可以跨年度使用。卡片账主要用于不经常变动的内容的登记，如"固定资产明细账"等。

企业在设置账簿体系时，应将那些比较重要、容易丢失的项目，采用订本式账簿，对那些次要的或不容易丢失的项目，可以采用活页式或卡片式账簿。

会计账簿的分类见图6-3。

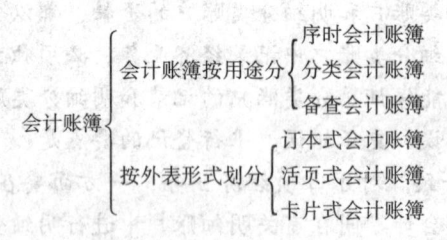

会计账簿
- 会计账簿按用途分
  - 序时会计账簿
  - 分类会计账簿
  - 备查会计账簿
- 按外表形式划分
  - 订本式会计账簿
  - 活页式会计账簿
  - 卡片式会计账簿

图6-3 会计账簿的分类

6.1.2 会计账簿设置规则

各单位的账簿设置，要在符合国家统一会计制度规定的前提下，根据本单位经济业务特点和管理的需要，遵照以下原则进行。

第一，科学性。会计账簿组织要科学，既要避免重复设账，又要避免设账过简；账簿之间既要有明确分工，又要有有机联系，注意各种账簿之间的分工和相互联系，使有关账簿之间保持统驭关系或平等制约关系。只有这样，才能有利于全面。系统、正确、及时地提供会计信息，满足日常管理和经营决策的需要，防止重复记账或漏记，防止可能发生的漏洞。

第二，实用性。会计账簿的设置要从企业、单位实际出发，根据规模、业务量大小和管理水平的高低，会计机构的会计人员的配备等多方面综合考虑。力求简明实用，既要防止过于繁琐，又要避免过于简单。

第三，合法性。各单位必须依据会计有关法规设置会计账簿，我国《会计法》对依法设账也作出了明确规定。当前有些单位存在不设账、账外设账、私设小金库、造假账等现象，既损害了国家和社会公众的利益，又干扰了正常的经济秩序。

第四，简便性。账簿的格式要简要明了，账册不要过多，账页不要过大，要便于账簿日常使用，不要为了简便，搞以单代账，以表代账。

6.1.3 会计账簿设置流程

一、购买账簿

根据企业实际经济业务的特点和管理需要，可适当选择购买如下账簿：总分类账，库存现金日记账、银行存款日记账、三栏式明细分类账、数量金额式账簿、多栏式账簿、应交增值税明细账、固定资产明细账等。

二、启用账簿

1. 填写账簿启用表

每本账簿的扉页均附有"账簿启用表"，如表6-7所示。

表6-7

账簿启用表							
单位名称							
账簿编号	字 第 号 第 册 共 册					单位公章	
账簿页数	本账簿共计 页 号						
启用日期	年 月 日						
经管人员	接管		移交		会计负责人		粘贴印花处
姓名 盖章	年 月 日		年 月 日		姓名 盖章	备注	

启用账簿时，应填写表内有关内容，并在单位名称处加盖公章，经管人员姓名后加盖私章。当账簿的经管人员变动时，应办理交接手续，填写该表中的账簿交接内容，并由交接双方及会计负责人签名盖章。

2. 购买并粘贴印花税票

根据税法相关规定，企业会计账簿中的资金账簿，即记录企业实收资本和资本公积增减变化的账簿，按一下方法贴花：企业初次设置账簿时，按照实收资本和资本公积金额的0.05%贴花；次年度实收资本与资本公积未增加的，不再计算贴花，实收资本与资本公积增加的，就其增加部分按0.05%税率补贴印花。其他会计账簿，每本应粘贴5元面值的印花税票。

印花税票粘贴在账簿扉页的右上角"印花粘贴处"框内，在每枚税票的骑缝处盖戳注销或者画销。若企业使用缴款书代替贴花或按期汇总缴纳印花税，应在账簿扉页的"印花粘贴处"框内注明"印花税已缴"以及缴款金额。

三、设置账户

1. 设置总分类账账户

总账中的账户是按总账科目（一级科目）开设的。总分类账可以全面、系统、综合地反映企业所有的经济业务活动情况和财务收支情况，可以为编制财务报表提供所需资料。每一企业都必须设置总分类账。

总分类账是订本式账簿，只要本单位会计核算可能涉及的账户，不论期初是否有余额，均需在总账中设置出相应账户，在相应账页的"会计科目及编号"栏处填写指定登记账户的名称及编码，并根据实际需要预留账页。同时为便于查找，一般应按会计科目表中的编码顺序排列。

2. 设置日记账账户

日记账是订本式账簿，包括库存现金日记账与银行存款日记账。因外币现金和外币银行存款需采用包含原币信息的复币账页，本位币与外币现金、银行存款应分别开设账簿。

库存现金日记账按现金的币种分别开设账户，银行存款日记账应按单位在银行开立的账户分别开设账户，每一账户要预留账页。

3. 设置明细分类账账户

明细分类账反映某一类经济业务的明细核算资料，对总分类账起补充说明作用，它提供的资料也是编制财务报表的依据。

明细分类账一般采用活页式账簿，有三栏式、数量金额式及多栏式三种账页格式。由于活页账启用后可以随时增减账页，因此可以现在相应格式的账簿中设置有期初余额及确定本期将有发生额的明细账户，其他账户可暂时不设，待实际发生相关经济业务时再行设置。库存现金、银行存款由于已设置了日记账，不必再设明细账，日记账实质上也是一种明细分类账。

四、登记期初余额

有期初余额的账户，在该账户账页（包括总账账页与明细分类账账页）的第一行日期栏中填入期初的日期，在摘要栏填入"期初余额"（年初更换新账簿时填入"上年结转"），在借贷方向栏内表明金额的方向，在余额栏内填入账户的期初余额，数量金额式明细账户还需同时填上期初结存的数量。

没有起初余额的账户，不需作任何标识。

五、填写账户目录或粘贴账户标签

由于订本式账簿的账页中都预先印有连续编号，为方便查找，可在所有总账账户及日记账账户设置完后，分别在账簿启用页后的"账户目录表"（见表6-8）中填入各账户的科目编号、名称及起始页码。

表6-8　　　　　　　　　账户目录表

目 录								
编号	科目	起讫页数	编号	科目	起讫页数	编号	科目	起讫页数

由于活页账簿中账页数量和位置的可变性，明细分类账簿的"账户目录表"一般在年度末整理账簿并编写了所有账页的总页码后才能填写。为便于在日常登记账簿中查找，启用后可在每个账户首页加贴口取纸标签，不同账户的标签相互错开排列。

☞ 小思考

1. 从账簿的用途来看，租入固定资产登记簿属于？
2. 哪些账簿可以采用三栏式？
3. 为什么企业设置了总分类账户后还要设置相关的明细分类账户？

任务2　启用和登记会计账簿

6.2.1　会计账簿启用规则

一、账簿启用规则

在启用新账簿时，应在账簿的有关位置记录相关信息：

（1）设置账簿的封面与封底。除订本账不另设封面以外，各种活页账都应设置封面和封底，并登记单位名称、账簿名称和所属会计年度。

（2）在启用新会计账簿时，应首先填写在扉页上印制的"账簿启用及交接表"中的启用说明，其中包括单位名称、账簿名称、账簿编号、起止日期、单位负责人、主管会计、审核人员和记账人员等项目，并加盖单位公章。在会计人员工作发生变更时，应办理交接手续并填写"账簿启用及交接表"中的有关交接栏目。

（3）填写账户目录，总账应按照会计科目顺序填写科目名称及启用页号。在启用活页式明细分类账时，应按照所属会计科目填写科目名称和页码，在年度结账后，撤去空白账页，填写使用页码。

（4）粘贴印花税票，应粘贴在账簿的右上角，并且划线注销；在使用缴款书缴纳印花税时，应在右上角注明"印花税已缴"及缴款金额。

二、账簿基本内容

账簿的种类、形式和格式是多种多样的，但一般应具备下列的基本内容：

1. 封面

每本账簿都应在它的封面上标明账簿名称，如总账、材料明细账、库存商品明细账、现金日记账等。

2. 扉页

为了保证账簿记录的合理性，明确经济责任，应在账簿的扉页（首页）设置"账簿启用表"，在表内载明单位名称、账簿启用日期、账簿册数、账簿页数（如为活页账应在装订成册后记明页数）、会计主管和经管人员姓名和印鉴、账户目录等。如果经管账簿的会计人员离职或工作调动，需要调换记账人员时，应办理交接监交手续，在"经管账簿人员一览表"上注明交接日期和接办人员姓名，并由接办人员签章。

3. 账页

账页是构成账簿的主要组成部分，用来具体记录经济业务，其格式因记录的经济业务内容不同而有所不同，但一般都包括以下六方面的内容：

（1）账户名称（或会计科目）。
（2）登账日期栏。
（3）凭证种类和号数栏。
（4）摘要栏。
（5）金额栏（借方贷方的金额和余额）。
（6）账页号数（总页次和分户页次）。

三、账簿的更换与保管

1. 账簿的更换

为了保证账簿资料的连续性，在年度内订本式账簿记满时，应将旧账的借贷方发生额和余额转入新账有关栏次，在旧账摘要栏内注明"转入××账簿第×册"，同时在新账的第一页第一行内注明"从××账簿第×册转来"，便于日后查考。

在年终办理决算后，总分类账、日记账和大部分明细分类账均应更换账簿。只有变动较小的一小部分明细账，如固定资产明细卡片可继续使用，不必办理新年更换账簿手续，各种账簿在年度终了结账时，应在旧账账户最后一行数额下面注明"结转下年"，在新账有关账户第一行摘要栏内注明"上年结转"字样，并在余额栏登记上年结转的余额，新旧账有关账户之间的转记余额，无须编制记账凭证，但应核对相符。

2. 账簿的保管

会计账簿是重要的会计资料，并且有些是需要保密的，因此，必须建立严格的账簿保管制度，妥善保管会计账簿。对会计账簿的管理包括以下几方面的内容。

(1) 各种会计账簿要分工明确,指定专人管理,账簿经管人员既要负责记账、对账、结账等工作,又要负责保管会计账簿,使其安全、完整。

(2) 会计账簿未经领导和会计机构负责人或者有关人员批准,非经管人员不得随意翻阅查看、摘抄和复制等。

(3) 会计账簿除需要与外单位核对时,一般不得携带外出,对需要携带外出的账簿,通常由经管人员负责或会计主管人员指定专人负责。

(4) 会计账簿不得随意交给其他人员管理,以保证账簿的安全,防止任意涂改、毁坏账簿等行为的发生。

(5) 会计账簿的保管期限规定如下:

总账(包括日记总账):15年。

明细账:15年。

日记账:15年(库存现金及银行存款日记账25年)。

固定资产卡片在固定资产报废清理后:5年。

辅助账簿(备查账):15年。

(6) 会计账簿保管期满,可以按照下列程序销毁:

① 由本单位档案机构会同会计机构提出销毁意见,编制账簿档案销毁清册,列明销毁档案的名称、卷号、册数、起止年度和档案编号、应保管期限、已保管期限、销毁时间等内容。

② 单位负责有在会计账簿销毁清册上签署意见。

③ 销毁会计账簿时,应当由档案机构和会计机构共同派员监销。国家机关销毁会计账簿时,应当由同级财政部门、审计部门派员参加监销。财政部门销毁会计账簿时应当由同级审计部门派员参加监销。

④ 监销人员在销毁会计账簿前应当按照会计账簿销毁清册所列内容清点核对所销毁的会计账簿;销毁后,应当在会计账簿销毁册上签名盖章,并将监销情况报告本单位负责人。

6.2.2 会计账簿登记规则

一、会计账簿登记规则

依据《会计基础工作规范》第六十条规定(以下简称《规范》),登记会计账簿的基本要求有以下几个方面。

(1) 准确完整。"登记会计账簿时,应当将会计凭证日期、编号、业务内容摘要、金额和其他有关资料逐项记入账内,做到数字准确、摘要清楚、登记及时、字迹工整。"每一项会计事项,一方面要记入有关的总账,另一方面要记入该总账所属的明细账。账簿记录中的日期,应该填写记账凭证上的日期;以自制的原始凭证,如收料单、领料单等,作为记账依据的,账簿记录中的日期应按有关自制凭证上的日期填列。

(2) 注明记账符号。"登记完毕后,要在记账凭证上签名或者盖章,并注明已经登账的符号,表示已经记账。"在记账凭证上设有专门的栏目供注明记账的符号,以免发生重记或漏记。

（3）文字和数字必须整洁清晰，准确无误。在登记书写时，不要滥造简化字，不得使用同音异义字，不得写怪字体；摘要文字紧靠左线；数字要写在金额栏内，不得越格错位、参差不齐；文字、数字字体大小适中，紧靠下线书写，上面要留有适当空距，一般应占格宽的1/2，以备按规定的方法改错。记录金额时，如为没有角分的整数，应分别在角分栏内写上"0"，不得省略不写，或以"—"号代替。阿拉伯数字一般可自左向右适当倾斜，以使账簿记录整齐、清晰。为防止字迹模糊，墨迹未干时不要翻动账页；夏天记账时，可在手臂下垫一块软质布或纸板等书写，以防汗浸。

（4）正常记账使用蓝黑墨水。"登记账簿要用蓝黑墨水或者碳素墨水书写，不得使用圆珠笔（银行的复写账簿除外）或者铅笔书写。"在会计的记账书写中，数字的颜色是重要的语素之一，它同数字和文字一起传达出会计信息。如同数字和文字错误会表达错误的信息，书写墨水的颜色用错了，其导致的概念混乱也不亚于数字和文字错误。

（5）特殊记账使用红墨水。"下列情况，可以用红色墨水记账：①按照红字冲账的记账凭证，冲销错误记录；②在不设借贷等栏的多栏式账页中，登记减少数；③在三栏式账户的余额栏前，如未印明余额方向的，在余额栏内登记负数余额；④根据国家统一会计制度的规定可以用红字登记的其他会计记录。"

在这几种情况下使用红色墨水记账是会计工作中的惯例。如"应交税金——应交增值税"的红色墨水使用方法：在"进项税额"专栏中用红字登记退回所购货物应冲销的进项税额；在"已交税金"专栏中用红字登记退回多交的增值税额；在"销项税额"专栏中用红字登记退回销售货物应冲销的销项税额，以及在"出口退税"专栏中用红字登记出口货物办理退税后发生退货或者退关而补交已退的税款。

（6）顺序连续登记。"各种账簿按页次顺序连续登记，不得跳行、隔页。如果发生跳行、隔页，更不得随便更换账页和撤出账页，作废的账页也要留在账簿中，如果发生跳行、隔页，应当将空行、空页划线注销，或者注明'此行空白'、'此页空白'字样，并由记账人员签名或者盖章。"这对堵塞在账簿登记中可能出现的漏洞，是十分必要的防范措施。

（7）结出余额。"凡需要结出余额的账户，结出余额后，应当在'借或贷'等栏内写明'借'或者'贷'等字样。没有余额的账户，应当在'借或贷'等栏内写'平'字，并在余额栏内用'0'表示。现金日记账和银行存款日记账必须逐日结出余额。"一般说来，对于没有余额的账户，在余额栏内标注的"0"应当放在"元"位。

（8）过次承前。"每一账页登记完毕结转下页时，应当结出本页合计数及余额，写在本页最后一行和下页第一行有关栏内，并在摘要栏内注明'过次页'和'承前页'字样；也可以将本页合计数及金额只写在下页第一行有关栏内，并在摘要栏内注明'承前页'字样。"也就是说，"过次页"和"承前页"的方法有两种：一是在本页最后一行内结出发生额合计数及余额，然后过次页并在次页第一行承前页；二是只在次页第一行承前页写出发生额合计数及余额，不在上页最后一行结出发生额合计数及余额后过次页。

（9）登记发生错误时，必须按规定方法更正，严禁刮、擦、挖、补，或使用化学药物清除字迹。发现差错必须根据差错的具体情况采用划线更正、红字更正、补充登记等方法进行错账更正。

（10）定期打印。《规范》第六十一条对实行会计电算化的单位提出了打印上的要求：

"实行会计电算化的单位，总账和明细账应当定期打印"；"发生收款和付款业务的，在输入收款凭证和付款凭证的当天必须打印出现金日记账和银行存款日记账，并与库存现金核对无误。"这是因为在以机器或其他磁性介质储存的状态下，各种资料或数据的直观性不强，而且信息处理的过程不明，不便于进行某些会计操作和进行内部或外部审计，对会计信息的安全和完整也不利。

二、对账与结账

1. 对账

在会计工作中，由于人为原因或自然原因难免会发生记账差错或账实不符情况。如因登账时金额抄错、方向写错、多记、少记、重记、漏记导致账簿发生额和余额不符，因保管不善使财产物资损失导致实存与账簿记录不符等。为了保证账簿记录的正确无误，如实反映企业的经济活动情况，有必要对账簿记录进行核对。之所以可以采取对账的方法来检查账簿记录是否正确，这要归功于复式记账原理，归功于会计核算方法，使账簿数字之间存在很多平衡关系，对账工作正是利用这些平衡关系来进行的。

（1）对账的意义。

对账是指通过核对账簿记录，用来检查账簿记录是否正确的一项工作。各企业应当定期将账簿记录、账簿记录与库存实物、货币资金、往来单位或者个人等进行核对，保证账证相符、账账相符、账实相符。

（2）对账的内容。

对账工作的主要内容包括账证核对、账账核对、账实核对。

① 账证核对。账证核对是指将会计账簿记录与记账凭证及其所附原始凭证进行核对，核对时间、凭证字号、内容、金额等是否一致，记账方向是否相符。这种核对主要是在日常编制凭证和记账过程中通过复核来进行的。会计期末结账之前如发现账账不符时，还需要再次进行账证核对，确保账证相符。

② 账账核对。账账核对是指各种会计账簿之间的有关数字的核对，主要内容包括以下几个方面：

• 总分类账户中全部账户的本期借方发生额合计数与贷方发生额合计数核对相符，全部账户的期末借方余额合计与期末贷方余额合计核对相符。

• 库存现金和银行存款总账的期末余额分别与库存现金和银行存款日记账的期末余额核对相符。

• 总分类账户的期末余额与所属的各明细分类账的期末余额之和核对相符。

• 会计部门的各种财产物资明细分类账的期末余额与财产物资保管和使用部门的有关财产物资明细分类账的期末余额核对相符。

③ 账实核对。账实核对是指各种财产物资的账面余额与其实存数额进行核对。主要内容包括：

• 库存现金日记账账面余额与库存现金实际库存数相核对。

• 银行存款日记账账面余额定期与银行对账单相互核对。

• 各种财产物资明细账账面余额与财产物资实存数额相互核对。

• 各种应收、应付款明细账账面余额与有关债务、债权单位或者个人核对。

2. 结账

每个单位的经济活动是连续不断进行的，为了总结每个时期的经济活动情况，考核经营成果，编制财务报表，需要在会计期末（如月末、季末、半年末、年末）进行结账。

（1）结账的意义。结账是指在将本期所发生的经济业务全部登记入账的基础上，结算出各账户的本期发生额合计和期末余额，并将其余额结转下期或转入新账。

通过结账结束本期记账工作，通过结账提供完整的会计账簿，因此结账前必须完成各科目的摊提结转工作，本期编制的记账凭证必须保证全部已登账。不能为赶编财务报表提前结账，也不能先编报表后结账。

（2）结账的程序。

① 将本期发生的经济业务事项全部登记入账。

② 根据权责发生制的要求，调整有关账项，合理确定本期应计的收入和应计的费用。

③ 将损益类科目转入"本年利润"科目，结平所有损益类科目。

④ 结算出资产、负债和所有者权益的本期发生额与余额，并结转下期。

（3）结账的方法。

计算登记各种账簿本期发生额和期末余额的工作，一般按月进行，称为月结；有的账目还应按季结算，称为季结；年度终了，还应进行年终结账，称为年结。期末结账主要采用划线结账法。也就是期末结出各账户的本期发生额和期末余额后，加以划线标记，将期末余额结转下期。结账时，不同的账户记录应分别采用不同的方法。

① 月结。月度结账，应在各账户本月末最后一笔业务发生额下面划一通栏红线，在红线下行结算出本月发生额合计数和月末余额，并在摘要栏内注明"某月发生额及余额"或"本月合计"字样，然后在合计数下面再划一条通栏红线。

对于需要结出本年累计发生额的账簿，应在"本月合计"行下结出自年初起至本月末止的累计发生额。在摘要栏内注明"本年累计发生额"或"本年累计"字样，并在下面划一条通栏红线，12月末的"本年累计"就是全年累计发生额，全年累计发生额下划通栏双红线。

对不需要按月结计本期发生额的账户，如各项应收应付款明细账和各项财产物资明细账等，每次记账以后，都要随时结出余额，每月最后一笔余额即为月末余额。也就是说，月末余额就是本月最后一笔经济业务记录的同一行内的余额。月末结账时，只需要在最后一笔经济业务记录之下通栏划单红线，不需要再结计一次余额。划线的目的，是为了突出有关数字，表示本期的会计记录已经截止或者结束，并将本期与下期的记录明显分开。

② 季结。季末，结算出本季度三个月的发生额合计数，写在本季最后一个月的月结数的下一行内，在摘要栏内注明"本季合计"字样，并在季结下面划一条通栏红线。

③ 年结。年度结账，应在12月份月结下面（有季结的，应在第4季度的季结下面）划一条通栏红线，在红线下一行结算出全年12个月的发生额合计数和年末余额，并在摘要栏内注明"本年合计"字样，并在合计数下面划通栏双红线，表示封账。

年度终了结账时，有余额的账户，要将其余额结转下年。结转的方法是，将有余额的账户的余额直接记入新账余额栏内，旧账有余额的账户摘要写"结转下年"，新账摘要写"上年结转"。不需要编制记账凭证，也不必将余额再记入本年账户的借方或者贷方，使本年有余额的账户的余额变为零。因为，既然年末是有余额的账户，其余额应当如实地在账户中加以反映,否则,容易混淆有余额的账户和没有余额账户的区别。对于新的会计年度建账问题,一般来说,总账、日记账和多数明细账应每年更换一次。但有些财产物资明细账和债权、债务明细账,由于材料品种、规格和往来单位较多,更换新账,重抄一遍工作量较大,因此,可以跨年度使用,不必每年度更换一次。

注意:

总账账户平时只需结出月末余额。年终结账时,为了总括反映本年全年的财务状况和经营成果的全貌,核对账目,要将所有总账账户结出全年发生额和年末余额,在摘要栏内注明"本年合计"字样,并在合计数下通栏划红双线。

☞ 小思考

1. 账簿在启用时须遵循哪些规章制度?
2. 账簿为什么要进行结账与对账?

任务3 错账的查找与更正

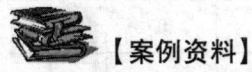

【案例资料】

A公司购入行政管理部门用办公用品2 700元,货款用银行存款支付。在填制记账凭证时,贷方科目误记入"库存现金",并已据以登记入账,请问如何更正已登记的错账呢?

6.3.1 错账的查找方法

一、会计账簿错弊表现方面

会计账簿错弊主要表现在以下方面:账簿启用、账簿设置、账簿登记、结账。

二、查找错账的方法

1. 基本法

基本法包括正查法和逆查法两种。

2. 技术法

(1)差额法。差额法是根据错账差额查找漏记账目的方法。即查找账簿中的全部金额有无与错账的差额相同的数字,检查其是否漏记或重记。

(2)除2法。除2法是用正确与错误金额之差除以2后得出的商数来判明、查找错账的一种方法。它用来查找记错方向而产生的记账错误。如果某一数字记反了方向,就会使一方发生额增大,另一方发生额减少,差错数一定是记反方向数字的二倍,所以将其差错数除以2之后,如能整除,其商数即可能是记反方向的数字,再据此数字进行查找具体的记反方向的错账。

(3)除9法。除9法是用正确与错误金额之差除以9后得出的商数来判断、查找错账的一种方法。它是用来查找数字错位（如 100 记为 1000 或 1000 记为 100 等）或位数颠倒（如 58 记为 85 或 85 记为 58 等）而产生的记账错误。

6.3.2 错账的更正方法

一、划线更正法

在结账以前，如果发现账簿记录有错误，而记账凭证没有错误，仅属于记账时文字或数字上的笔误，应采用划线更正法。更正的方法是：先将错误的文字或数字用一条红色横线划去，表示注销；再在划线的上方用蓝色字迹写上正确的文字或数字，并在划线处加盖更正人图章，以明确责任。但要注意划掉错误数字时，应将整笔数字划掉，不能只划掉其中一个或几个写错的数字，并保持被划去的字迹仍可清晰辨认。

【例 6-1】记账凭证中金额为 4 300 元，记账会计张蓝在账簿中误记为 430 元，其更正方法如表 6-9 所示。

表 6-9　　　　　　　　　　　　划线更正法

千	百	十	万	千	百	十	元	角	分
				4	3	0	0	0	0
					4	3 张蓝 0	0	0	0

二、红字更正法

红字更正法是指由于记账凭证错误而使账簿记录发生错误，而用红字冲销原记账凭证，以更正账簿记录的一种方法。红字更正法适用于以下两种情况。

（1）记账以后，如果发现账簿记录的错误，是因记账凭证中的应借、应贷会计科目或记账方向有错误而引起的，应用红字更正法进行更正。更正的方法是：先用红字金额填写一张会计科目与原错误记账凭证完全相同的记账凭证，在"摘要"栏中写明"冲销错账"以及错误凭证的号数和日期，并据以用红字登记入账，以冲销原来错误的账簿记录；然后，再用蓝字或黑字填写一张正确的记账凭证，在"摘要"栏中写明"更正错账"以及冲账凭证的号数和日期，并据以用蓝字或黑字登记入账。

【例 6-2】A 公司购入行政管理部门用办公用品 2 700 元，货款用银行存款支付。在填制记账凭证时，贷方科目误记入"库存现金"，并已据以登记入账，其错误记账凭证所反映的会计分录是：

　　借：管理费用　　　　　　　　　　　　　　　　　　　　　　　2 700.00
　　　　贷：库存现金　　　　　　　　　　　　　　　　　　　　　2 700.00

该项业务的会计分录应贷记"银行存款"科目。在更正时，应用红字金额填制一张记账凭证冲销原会计分录，并据以登记入账，冲销原错误的账簿记录。更正方法如下：

　　借：管理费用　　　　　　　　　　　　　　　　　　　　　　　2 700.00

贷：库存现金　　　　　　　　　　　　　　　　　　　　　　　2 700.00
　　然后再用蓝字或黑字填制一张正确的记账凭证，并据以登记入账。
　　借：管理费用　　　　　　　　　　　　　　　　　　　　　　　　2 700
　　　贷：银行存款　　　　　　　　　　　　　　　　　　　　　　　　2 700
　　（2）记账以后，如果发现记账凭证和账簿记录的金额有错误（所记金额大于应记的正确金额），而应借、应贷的会计科目没有错误，应用红字更正法进行更正。更正的方法是：将多记的金额用红字填制一张记账凭证，而应借、应贷会计科目与原错误记账凭证相同，在"摘要"栏写明"冲销多记金额"以及原错误记账凭证的号数和日期，并据以登记入账，以冲销多记的金额。

　　【例6-3】B企业的生产车间为生产产品领用原材料，价值900元。在填制记账凭证时，误记金额为9 000元，但会计科目、借贷方向均没有错误，并已据以登记入账。其错误记账凭证所反映的会计分录是：
　　借：生产成本　　　　　　　　　　　　　　　　　　　　　　　　9 000
　　　贷：原材料　　　　　　　　　　　　　　　　　　　　　　　　　9 000
　　更正时，应将多记的金额8 100元用红字编制如下的记账凭证，并登记入账。
　　借：生产成本　　　　　　　　　　　　　　　　　　　　　　　8 100.00
　　　贷：原材料　　　　　　　　　　　　　　　　　　　　　　　　8 100.00

三、补充登记法

　　记账以后，如果发现记账凭证和账簿记录的金额有错误（所记金额小于应记的正确金额），而应借、应贷的会计科目没有错误，应用补充登记法进行更正。更正的方法是：将少记的金额用蓝字或黑字填制一张应借、应贷会计科目与原错误记账凭证相同的记账凭证，在"摘要"栏中写明"补充第X号凭证少记金额"以及原错误记账凭证的号数和日期，并据以登记入账，以补充登记少额。

　　【例6-4】C企业的管理部门领用一般消耗用材料，价值6 200元。在填制记账凭证时，误记金额为620元，但会计科目、借贷方向均没有错误，并已据以登记入账。其错误记账凭证所反映的会计分录是：
　　借：管理费用　　　　　　　　　　　　　　　　　　　　　　　　620.00
　　　贷：原材料　　　　　　　　　　　　　　　　　　　　　　　　　620.00
　　更正时，应将少计的金额5 580元用蓝字编制如下的会计凭证，并登记入账。
　　借：管理费用　　　　　　　　　　　　　　　　　　　　　　　5 580.00
　　　贷：原材料　　　　　　　　　　　　　　　　　　　　　　　　5 580.00

☞ **小思考**
　　1. 错账更正有什么方法？
　　2. 试举例说明错账查找方法。

【课后训练】

一、单项选择题

1. 特种日记账是（　　）。
   A. 序时登记群补经济业务和多种经济业务的日记账
   B. 专门用来登记货币资金的日记账
   C. 专门用来登记某一类经济业务的日记账
   D. 对常见的经济业务分设专栏登记

2. 银行存款日记账的收入方除了根据银行存款收款凭证登记外，有时还要根据下列哪种凭证登记（　　）。
   A. 银行存款付款凭证　　　　　　B. 现金收款凭证
   C. 现金付款凭证　　　　　　　　D. 转账凭证

3. 多栏式明细分类账适用于（　　）。
   A. 应收账款明细账　　　　　　　B. 产成品明细账
   C. 原材料明细账　　　　　　　　D. 材料采购明细账

4. 总分类账的外表形式适用于采用（　　）。
   A. 订本式　　　　　　　　　　　B. 活页式
   C. 多栏式　　　　　　　　　　　D. 数量金额式

5. 不可以采用三栏式账页的是（　　）。
   A. 总账　　　　　　　　　　　　B. 应付账款明细账
   C. 库存现金日记账　　　　　　　D. 原材料明细账

6. 可以采用数量金额是账页的是（　　）。
   A. 生产成本明细账　　　　　　　B. 产成品明细账
   C. 材料采购明细账　　　　　　　D. 产品销售成本明细账

7. 应在存货分类账簿中登记的事项是（　　）。
   A. 购入一台机器设备　　　　　　B. 采购原材料一批
   C. 租入一台机器设备　　　　　　D. 接受一批委托加工材料

8. 记账后，如果发现记账错误是由于记账凭证所列会计科目或金额有错误引起的，可采用的更正错账方法是（　　）。
   A. 红字更正法　　　　　　　　　B. 划线更正法
   C. 补充登记法　　　　　　　　　D. A C 均可

9. 必须逐日逐笔登记的账簿是（　　）。
   A. 明细账　　　　　　　　　　　B. 总账
   C. 日记账　　　　　　　　　　　D. 备查账

10. 记账凭证上记账栏中的"√"记号表示（　　）。
    A. 已经登记入账　　　　　　　　B. 不需登记入账
    C. 此凭证作废　　　　　　　　　D. 此凭证编制正确

11. "生产成本"明细账应该采用的格式是（　　）。

A. 三栏式 B. 多栏式
C. 数量金额式 D. 任意格式

12. "应交税费——应交增值税"明细账应该采用的格式是（　　）。
A. 借方多栏式 B. 贷方多栏式
C. 借贷方多栏式 D. 三栏式

13. "营业外收入"明细账应该采用的格式是（　　）。
A. 三栏式 B. 多栏式
C. 数量金额式 D. 任意格式

14. 总分类账与特种日记账的外表形式应该采用（　　）。
A. 活页式 B. 卡片式
C. 订本式 D. 任意外表形式

15. 期末根据账簿记录，计算并记录出各账户的本期发生额和期末余额，在会计上称为（　　）。
A. 对账 B. 结账
C. 调账 D. 查账

二、多项选择题

1. 企业到银行提取现金500元，此项业务应登记（　　）。
A. 库存现金日记账 B. 银行存款日记账
C. 总分类账 D. 明细分类账
E. 查账

2. 可以作为库存现金日记账记账依据的有（　　）。
A. 现金收款凭证 B. 现金付款凭证
C. 银行存款收款凭证 D. 银行存款付款凭证
E. 转账凭证

3. 红字更正法的方法要点是（　　）。
A. 用红字金额填写一张与错误记账凭证完全相同的记账凭证并用红字记账
B. 用红字金额填写一张与错误原始凭证完全相同的记账凭证并用红字记账
C. 用蓝字金额填写一张与错误原始凭证完全相同的记账凭证并用蓝字记账
D. 再用红字重填一张正确的记账凭证，登记入账
E. 再用蓝字重填一张正确的记账凭证，登记入账

4. 登记账簿的要求是（　　）。
A. 账簿书写的文字和数字上面要留适当空距，一般应占格长1/2
B. 登记账簿要用圆珠笔、蓝黑或黑色墨水书写
C. 不得用铅笔
D. 各种账簿按页次顺持续连续登记，不得跳行、隔页
E. 登记后，要在记账凭证上签名或盖章，并注明已登账的符号，表示已记账

5. 采用划线更正法，其要点是（　　）。
A. 在错误的文字或数字（单个数字）上划一条红线注销
B. 在错误的文字或数字（整个数字）上划一条红线注销

C. 在错误的文字或数字上划一条蓝线注销
D. 将正确的文字或数字用蓝字写在划线的上端
E. 更正人在划线处盖章

6. 可使用补充登记法更正差错的情况有（　　）。
   A. 在记账后
   B. 所填金额大于应填金额
   C. 发现记账凭证中应借、应贷科目有错
   D. 发现记账凭证中应借、应贷科目无错
   E. 所填金额小于应填金额

7. 会计工作中红色墨水可用于（　　）。
   A. 记账
   B. 结账
   C. 对账
   D. 冲账
   E. 算账

8. 会计上允许使用的更正错误的方法有（　　）。
   A. 划线更正法
   B. 红字更正法
   C. 补充登记法
   D. 用涂改液修正
   E. 刮擦挖补

9. 账簿按用途不同可分为（　　）。
   A. 序时账簿
   B. 分类账簿
   C. 联合账簿
   D. 备查账簿
   E. 活页式账簿

10. 总账和明细账之间的登记应该做到（　　）。
    A. 登记的原始依据相同
    B. 登记的方向相同
    C. 登记的金额相同
    D. 登记的人员相同
    E. 登记的时点相同

11. 对账的内容包括（　　）。
    A. 账证核对
    B. 账表核对
    C. 表表核对
    D. 账账核对
    E. 账实核对

12. 银行存款日记账的登记依据可以是（　　）。
    A. 银行存款收款凭证
    B. 银行存款付款凭证
    C. 转账凭证
    D. 现金付款凭证
    E. 现金收款凭证

13. 多栏式明细账适用于（　　）。
    A. 物资采购明细分类核算
    B. 应收账款明细分类核算
    C. 营业外支出明细分类核算
    D. 生产成本明细分类核算
    E. 主营业务收入明细分类核算

14. 登记会计账簿时应该做到（　　）。
    A. 一律使用蓝黑墨水钢笔书写

B. 不得使用铅笔或圆珠笔书写
C. 在某些特定条件下可以使用铅笔
D. 在规定范围内可以使用红色墨水笔
E. 未结账数字可以使用红色墨水笔书写

15. 下列内容可以采用三栏式明细账的有（   ）。
    A. 其他应收款　　　　　　　　B. 待摊费用
    C. 应收账款　　　　　　　　　D. 短期借款
    E. 原材料

三、判断题

1. 登记账簿的目的在于为企业提供各种总括的核算资料。（   ）
2. 现金日记账和银行存款日记账，必须采用订本式。（   ）
3. 为了实行钱账分管原则，通常由出纳人员填制收款凭证和付款凭证，由会计人员登记现金日记账和银行存款日记账。（   ）
4. 多栏式总分类账是指把所有的总账科目并在一张账页上。（   ）
5. 对于"原材料"账户的明细分类账，应采用多栏式账簿。（   ）
6. 结账就是结算，登记每个账户期末余额的工作。（   ）
7. 总分类账及其明细账必须在同一会计期间内登记。（   ）
8. 账簿是重要的经济档案和历史资料必须长期保存，不得销毁。（   ）

四、实务题

1. 目的：练习总分类账与明细分类账的平行登记。
资料：本月发生下列经济业务：
用银行存款支付行政管理部门的办公费300元。
经批准，将盘盈材料450元，冲减管理费用。
用现金支付离休人员的工资900元。
计提本月行政管理部门使用的固定资产折旧320元。
月末，结账本月发生的管理费用。
要求：根据上述业务编制记账凭证，并登记管理费用总账和明细账。

2. 目的：练习上述业务编制记账凭证，并登记管理费用总账和明细账。
资料：某企业将账簿与记账凭证进行核对，发现下列经济业务的凭证内容或账簿记录有错误：
开出转账支票一张200元，支付管理部门零星开支。原记账凭证为：
借：管理费用　　　　　　　　　　　　　　　　　　200
　　贷：库存现金　　　　　　　　　　　　　　　　　　200
签发转账支票4 000元，预付后三季度的报刊订阅费、原记账凭证为：
借：预付账款　　　　　　　　　　　　　　　　　　400
　　贷：银行存款　　　　　　　　　　　　　　　　　　400
签发转账支票6 000元，预付后三季度房租。原记账凭证为：
借：预付账款　　　　　　　　　　　　　　　　　　9 000
　　贷：银行存款　　　　　　　　　　　　　　　　　　9 000

用现金支付管理部门零星购置费78元。原记账凭证为：

借：管理费用　　　　　　　　　　　　　　　　　　　　　78
　　贷：库存现在　　　　　　　　　　　　　　　　　　　　78

记账时现金付出栏记录为87元。

要求：判断上列各经济业务处理是否有误，如有错误采用适当方法加以更正。

3. 目的：练习现金日记账的登记。

资料：某工厂200×年7月1日现金日记账的期初余额为960元，该厂7月份发生下列有关经济业务：

(1) 1日，车间技术员李英借支差旅费300元，以现金支付。

(2) 1日，厂长江海预借差旅费600元，以现金支付。

(3) 2日，开出现金支票，从银行提前现金650元备用。

(4) 2日，以现金购买财务科办公用品100元。

(5) 3日，以现金支付工厂行政管理部门设备修理费170元。

(6) 10日，以现金支付法律咨询费160元。

(7) 11日，开出现金支票，从银行提取现金29 000元，备发职工薪酬。

(8) 12日，以现金29 000元发放薪酬。

(9) 18日，以现金60元购买车间办公用品。

(10) 19日，职工江英缴来工具赔偿费120元。

(11) 23日，用现金支付采购材料运杂费80元。

(12) 27日，外单位职工以现金支付借打长途电话费6元。

(13) 30日，车间技术员李英报销差旅费260元，其余40元以现金退付。

(14) 30日，厂长江海报销差旅费660元，多余部分以现金补付。

要求：

(1) 设置三栏式现金日记账，将7月1日期初余额记入现金日记账。

(2) 根据以上业务登记现金日记账，并结出余额。

项目七

会计循环与会计账务处理程序

技能目标

1. 能在不同的账务处理程序下合理设置有关的凭证和账簿。
2. 能熟练编制记账凭证，并登记总分类账。
3. 能用记账凭证账务处理程序处理经济业务。
4. 能区分汇总记账凭证和科目汇总表账务处理程序的不同。

知识目标

1. 了解会计循环的意义和基本步骤。
2. 了解账务处理程序的意义和种类。
3. 理解各种账务处理程序的特点、核算步骤、优缺点及适用范围。
4. 明确各种账务处理程序的异同。
5. 掌握科目汇总表账务处理程序。

【案例导入】

赵小洋是一名高职高专生，他决定利用勤工俭学来维持大学三年的生活费，开办一家经营日常用品推销、图书等业务的服务公司。9月1日，赵小洋成立了同园服务公司，利用自己的积蓄租了一间租赁期为一年的店铺，每月租金100元，先预付200（其中：100元为押金）元，同时，借来现金1 000元。

该服务公司发生以下业务：

（1）支付广告费50元。
（2）现款购入各种图书和日常用品，共计700元。
（3）支付各种杂费50元。
（4）推销日常用品和图书取得现金收入2 200元。
（5）赵小洋个人支出现金300元。

(6) 月末盘点库存图书和日常用品，共计 30 元。

(7) 结转本月收入、费用。

根据上述资料，请你帮赵小洋选择一个合理的会计账务处理程序，完整地记录同园服务公司的全部经济业务，并计算确定赵小洋的经营是否成功。

任务1　认识会计循环

会计循环是指在一个持续经营的会计主体中，就某一个会计期间而言，从经济业务事项发生起直至财务报表编制完成止的一系列会计处理程序，即完成一个会计期间会计核算工作的过程。该程序始于期初，终于期末，并循环往复、周而复始地进行。

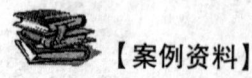

【案例资料】

在"案例导入"中赵小洋同园服务公司的资料里，可以制定出以下会计循环步骤：

(1) 对同园公司所发生的经济业务进行初步的确认和记录，即填制和审核原始凭证；

分析经济交易事项和商业文书（包括：销售发票、支票存根和其他交易记录凭证等），商业文书（支付广告费50元取得发票）是确认交易发生和确认交易记录金额的凭证。会计人员必须采用最适当的方法处理每一笔交易，判断每笔业务对会计平衡的经济影响，支付广告费用，期间费用（即：销售费用）增加了，资产（即：银行存款或库存现金）减少了，会计恒等式：资产＋费用＝负债＋所有者权益＋收入，这笔业务发生导致会计等式左边同时增减，所以等式仍然平衡。这是会计循环的关键步骤。

(2) 填制记账凭证，根据审核无误的原始凭证，通过编制会计分录填制记账凭证。

根据案例导入业务 (1)：

借：销售费用　　　　　　　　　　　　　　　　　　　　　　　　　50
　　贷：库存现金　　　　　　　　　　　　　　　　　　　　　　　　　　50

根据案例导入业务 (2)：

借：库存商品　　　　　　　　　　　　　　　　　　　　　　　　　700
　　贷：库存现金　　　　　　　　　　　　　　　　　　　　　　　　　　700

……

(3) 根据记账凭证登记账簿，包括日记账、总分类账和明细分类账。

根据资料中的业务，同园公司记账凭证中分录所涉及的科目，设以下"T"字总分类账。

借	库存现金	贷		借	其他应付款	贷
期初：1 100	(1) 50				期初：1 000	
	(2) 700					

借	销售费用	贷		借	库存商品	贷
(1) 50				(2) 700		

……

(4) 编制调整分录,其目的是为了将收付实现制转换为权责发生制。

(5) 结账,即将有关账户结算出本期总的发生额和期末余额。

(6) 对账,包括账证核对、账账核对和账实核对。

(7) 试算平衡,即根据借贷记账法的基本原理进行全部总分类账户的借方与贷方总额的试算平衡。

(8) 编制同园服务公司的财务报表。

7.1.1 会计循环内涵

企业在一个会计期间内,对经济业务从发生时起,到编制财务报表止,按照一定的程序和步骤完成一系列会计处理工作,就称为一个会计循环。随着经济业务的连续发生,会计循环也依次继起,周而复始,不断循环。

会计循环对于会计工作的意义表现在以下几个方面。

第一,有利于建立正常的会计工作秩序。在企业生产经营活动中,不断发生经济业务,不仅数量繁多,而且内容复杂、具体。对这些各种各样的经济业务,会计应进行确认、计量、记录。因此,对经济业务的处理如不正确确定会计工作步骤,就不可能建立正常的会计工作秩序,使之有条不紊地进行下去。

第二,有利于确保会计信息的质量。会计目标是为了满足企业自身管理和向外界人士提供所需的会计信息。质量高的会计信息,有助于使用者作出正确的决策,反之,质量低的会计信息将会导致使用者作出错误的决策,从而给使用者带来损失。而会计信息质量有赖于会计数据的收集、整理、加工过程是否按照正确的步骤进行。一旦会计数据收集、整理、加工的步骤混乱,就不可能加工出符合要求的会计信息。

第三,有利于提高会计工作效率,节约核算费用。会计工作步骤确定合理,不仅保证了正常的会计工作秩序和会计信息质量,而且还可以避免多余环节,减少重复劳动,从而提高会计工作效率,节约会计核算工作中的人力、物力和财力的耗费。

7.1.2 会计循环程序

会计循环程序一般可分为以下步骤和内容。

一、分析经济业务,编制会计分录

企业在日常经营中,发生的每一项经济业务都要填制或取得足以说明该业务内容和金额的原始凭证,如销货的发票、账单、现金收据等。对填制或取得的原始凭证首先根据有关政策法令等标准,审查业务的合法性及合理性和手续完备性的基础上再对经济业务作如下分析:

（1）根据原始凭证记录的经济业务内容，分析经济业务的发生引起了哪些会计要素具体项目的变化，并据以确定应记入的账户。账户有两种：一是总分类账户，二是明细分类账户。因此确定经济业务应记入的账户，也就包括总分类账户和明细分类账户两个层次。

（2）根据借贷记账法下账户结构，进一步判断这些数据应记入账户的方向，即借方还是贷方。

（3）根据以上分析判断，将每项经济业务编制成会计分录。

会计分录的编制是在记账凭证上完成的。当然，记账凭证上除了列示会计分录外，还要填写日期、业务摘要说明等内容。

【例7-1】向甲公司购入A材料30千克，每千克200元，B材料300件，每件20元，材料价款合计为12 000元，材料均已验收入库，货款未付。编制会计分录如下：

借：原材料——A材料　　　　　　　　　　　　　　　　　　6 000
　　　　——B材料　　　　　　　　　　　　　　　　　　　6 000
　　贷：应付账款——甲公司　　　　　　　　　　　　　　　12 000

【例7-2】向乙公司购入B材料800件，每件20元，货款16 000元，材料已验收入库，货款已通过银行存款支付。编制会计分录如下：

借：原材料——B材料　　　　　　　　　　　　　　　　　16 000
　　贷：银行存款　　　　　　　　　　　　　　　　　　　　16 000

【例7-3】企业用银行存款偿还原欠三A公司货款28 000元。编制会计分录如下：

借：应付账款——三A公司　　　　　　　　　　　　　　　28 000
　　贷：银行存款　　　　　　　　　　　　　　　　　　　　28 000

【例7-4】企业生产701批产品领用A材料300公斤，每公斤200元，共60 000元，B材料400件，每件20元，共8 000元；生产702批产品领用B材料600件，每件20元，共12 000元。编制会计分录如下：

借：生产成本——701批　　　　　　　　　　　　　　　　68 000
　　　　——702批　　　　　　　　　　　　　　　　　　12 000
　　贷：原材料——A材料　　　　　　　　　　　　　　　　60 000
　　　　　　——B材料　　　　　　　　　　　　　　　　20 000

☞ 小思考

完成"案例导入"同园服务公司业务（3）至业务（7）的会计分录。

（3）支付各种杂费50元；

（4）推销日常用品和图书取得现金收入2 200元；

（5）赵小洋个人支出现金300元；

（6）月末盘点库存图书和日常用品，共计30元。

（7）结转本月收入、费用。

二、记账

1. 记账的内容

将记账凭证中列示的会计分录记入分类账有关账户中去，这一转记工作称为记账。前已说明分类账户有两种，一是总分类账户，二是明细分类账户。因此，应根据会计分录既要过入总分类账户，又过入明细分类账户。

2. 记账方法

记账的方法是由总分类账户及其所属明细分类账户之间的关系所决定的。

总分类账户是根据各个会计要素的具体内容按照总分类科目开设的，提供各种总括分类核算指标的账户，简称总分类账户。在总分类账户中，只用货币单位登记经济业务。明细分类账户是根据总分类账户核算指标的账户，简称明细账户。在明细分类账户中，既可用货币计量单位，也可使用实物计量单位。总分类账户是所属明细分类账户的总括，对明细分类账户起着统驭控制的作用；明细分类账户是总分类账户的详细记录，对总分类账户起着补充说明的作用。例如，设置了"原材料"总分类账户，可以提供有关全部原材料的总括资料，如期初结存数、在一定时期内增加数和减少数、期末结存数等。根据这些资料，可考察材料资金储备和周转情况，对于节约资金使用，保证生产需要，加强材料管理有着重要的作用。但由于材料种类繁多，如仅从"原材料"总分类账户提供的资料来看，材料储备可能已经超过额度，但某些材料可能性储备不足。为了详细了解各种材料储备的具体情况，除设置总分类账户提供材料的总括资料外，还必须设置原材料明细分类账户。原材料的明细分类账户可根据材料类别、品种、规格等设置。根据上述总分类账户和明细分类账户的关系，在对总分类账户和明细分类账户进行登记时，应采用"平行登记"的方法。

平行登记的要点是：

（1）对每一项经济业务，须在同一会计期间，根据会计分录一方面在有关的总分类账户进行总括登记，另一方面在其所属的有关明细分类账户中进行明细登记（没有明细分类账户除外）。

（2）在登记时，总分类账户和所属的明细分类账户的记录方向必须相同，即同是借方或同是贷方。

（3）记入总分类账的金额等于记入所属明细分类账户的金额之和。

按照平行登记的方法进行总分类账核算和明细分类核算，由于每笔经济业务是以相同依据在总分类账户及其所属明细分类账户中同时期、同方向、同金额记录，因此，平行登记的结果，总分类账户和所属明细分类账户之间必然会出现下两组对应相等关系：

某一总分类账户本期借（贷）方发生额＝所属明细分类账户本期借（贷）方发生额之和

某一总分类账户期初（期末）余额＝所属明细分类账户期初（期末）余额之和

3. 平行登记方法的具体运用

为了掌握平行登记的具体做法，现以"原材料"、"应付账款"账户为例，对平行登记作具体说明。

设企业×月"原材料"和"应付账款"总分类账户及所属明细分类账户的月初余额如下：

原材料：

A 材料　　400 千克　　每千克 200 元　　共 80 000 元

B 材料　　1 000 件　　每件 20 元　　　共 20 000 元

合计　　　　　　　　　　　　　　　　100 000 元

应付账款：

甲公司　　　　　　　　　　　　　　　9 000 元

三 A公司　　　　　　　　　　　　　　　　60 000元
合计　　　　　　　　　　　　　　　　　　69 000元

　　根据上述资料开设"原材料"和"应付账款"总分类账户及所属明细分类账户；根据本节【例7-1】至【例7-4】编制的会计分录在开设的"原材料"和"应付账款"总分类账户及所属明细分类账户平行登记，账户记录如表7-1至表7-6所示。

　　根据表7-1至表7-6的记录，可以看出"原材料"总分类账户的期初余额、本期借方发生额、本期贷方发生额和期末余额分别与其所属明细分类账户的期初余额之和、本期借方发生额之和、本期贷方发生额之和、期末余额之和相等。"应付账款"总分类账户与所属明细分类账户也同样存在这样的相等关系。

表7-1　　　　　　　　　　　　　　　总分类账
账户名称：原材料　　　　　　　　　　　　　　　　　　　　　　　　　金额单位：元

年		凭证		摘要	借方	贷方	借或贷	余额
月	日	字	号					
				期初余额			借	100 000
				【例7-1】购进A、B材料	12 000		借	112 000
				【例7-2】购进B材料	16 000		借	128 000
				【例7-4】生产领用材料		80 000	借	48 000
				本期发生额及余额	28 000	80 000	借	48 000

表7-2　　　　　　　　　　　　　原材料明细分类账　　　　　　　　　　　金额单位：元
账户名称：A材料　　　　　　　　　　　　　　　　　　　　　　　　　计量单位：千克

年		凭证		摘要	收入			发出			结存		
月	日	字	号		数量	单价	金额	数量	单价	金额	数量	单价	金额
				期初余额							400	200	80 000
				【例7-1】购进A材料	30	200	6 000				430	200	86 000
				【例7-4】生产领用A材料				300	200	60 000	130	200	26 000
				本期发生额及余额	30	200	6 000	300	200	60 000	130	200	26 000

表7-3　　　　　　　　　　　　　原材料明细分类账　　　　　　　　　　　金额单位：元
账户名称：B材料　　　　　　　　　　　　　　　　　　　　　　　　　计量单位：件

年		凭证		摘要	收入			发出			结存		
月	日	字	号		数量	单价	金额	数量	单价	金额	数量	单价	金额
				期初余额							1 000	20	20 000
				【例7-1】购进B材料	300	20	6 000				1 300	20	26 000
				【例7-2】购进B材料	800	20	16 000				2 100	20	42 000
				【例7-4】生产领用B材料				1 000	20	20 000	300	20	22 000
				本期发生额及余额	1 100	20	22 000	1 000	20	20 000	300	20	22 000

表7-4 总分类账

账户名称：应付账款　　　　　　　　　　　　　　　　　　　　　　　　金额单位：元

年		凭证		摘　要	借　方	贷　方	借或贷	余　额
月	日	字	号					
				期初余额			贷	69 000
				【例7-1】购货欠甲公司款		12 000	贷	81 000
				【例7-3】偿还三A公司货款	28 000		贷	53 000
				本期发生额及余额	28 000	12 000	贷	53 000

表7-5 应付账款明细分类账

账户名称：甲公司　　　　　　　　　　　　　　　　　　　　　　　　　金额单位：元

年		凭证		摘　要	借　方	贷　方	借或贷	余　额
月	日	字	号					
				期初余额			贷	9 000
				【例7-1】购货欠甲公司款		12 000	贷	21 000
				本期发生额及余额		12 000	贷	21 000

表7-6 应付账款明细分类账

账户名称：三A公司　　　　　　　　　　　　　　　　　　　　　　　　金额单位：元

年		凭证		摘　要	借　方	贷　方	借或贷	余　额
月	日	字	号					
				期初余额			贷	60 000
				【例7-3】偿还欠款	28 000		贷	32 000
				本期发生额及余额	28 000		贷	32 000

三、试算平衡

企业日常发生的全部经济业务通过编制会计分录并据以过入有关总分类账户和明细分类账户后，为了验证日常过账工作是否正确，须对账户记录进行试算平衡。

试算平衡包括日常发生的经济业务过账的试算平衡，即账项调整前的试算平衡；账项调整后的试算平衡；所有会计程序完成后的试算平衡，即结账后的试算平衡。这样可以保证账户记录自始至终正确，并可及时发现和更正记账工作中的错误。

试算平衡工作可通过编制试算表完成。由于账户记录有总分类账户记录和明细分类账户记录，因而试算表也相应分为验算总分类账资料的试算表——总分类账户本期发生额及余额对照表和验算明细分类账户资料的试算表——明细分类账户本期发生额明细表。

下面说明总分类账户本期发生额及余额对照表和明细分类账户本期发生额明细表的编制方法和格式。

1. 总分类账户本期发生额及余额对照表（或称"试算平衡表"）

根据上述资料编制企业×月"试算平衡表"如表7-7所示,同时已知银行存款和生产成本的期初余额分别为:250 000元和50 000元。

表7-7　　　　　　　　　　　企业×月试算平衡表　　　　　　　　　金额单位:元

账户名称	期初余额 借方	期初余额 贷方	本期发生额 借方	本期发生额 贷方	期末余额 借方	期末余额 贷方
……	……	……			……	……
银行存款	250 000			44 000	206 000	
原材料	100 000		28 000	80 000	48 000	
生产成本	50 000		80 000		130 000	
应付账款		69 000	28 000	12 000		53 000
……	……	……			……	……
合计	800 000	800 000	136 000	136 000	936 000	936 000

注:试算平衡表编制方法和说明见项目三任务二的3.2.3运用试算平衡。

2. 明细分类账户本期发生额明细表简称明细表

明细表是根据平行登记原理验算总分类账户资料与明细分类账资料是否相符的一种试算表。该表应分别根据每一总分类账设置,将某总分类账户所属明细分类账户期初余额、本期借方发生额、本期贷方发生额、期末余额逐项填列表中,其各栏合计数应与总分类账户资料一致。如下表7-8、表7-9所示。

表7-8　　　　　　　　原材料明细分类账户本期发生额明细表

20××年×月　　　　　　　　　　　　　　　　　　　　　　　　金额单位:元

明细分类账户	计量单位	单价	期初余额 数量	期初余额 金额	本期发生额 收入 数量	本期发生额 收入 金额	本期发生额 发出 数量	本期发生额 发出 金额	期末余额 数量	期末余额 金额
A材料	公斤	200	400	80 000	30	6 000	300	60 000	130	26 000
B材料	件	20	1 000	20 000	1100	22 000	1 000	20 000	1 100	22 000
合计				100 000		28 000		80 000		48 000

表7-9　　　　　　　　应付账款明细分类账户本期发生额明细表

20××年×月　　　　　　　　　　　　　　　　　　　　　　　　金额单位:元

明细分类账户	期初余额 借方	期初余额 贷方	本期发生额 借方	本期发生额 贷方	期末余额 借方	期末余额 贷方
甲公司		9 000		12 000		21 000
三A公司		60 000	28 000			32 000
合计		69 000	28 000	12 000		53 000

☞ **小思考**

1. 根据业务（3）至业务（7）会计分录应该登记哪些相关总分类账和明细分类账？
2. 请登记相应的总分类账户和明细分类账户。

四、期末账项调整和结转

通过上面一、二步骤后，已将日常发生的经济业务全部记入了有关分类账簿。但是，为了使各账簿记录能真实反映企业在本会计期间经济活动的实际状况，正确计算盈亏，在会计期末进行结账之前，应对账簿日常记录按照权责发生制原则和配比原则要求进行账项调整。期末账项调整的内容很多，也很复杂。详细内容见7.1.3账项调整。

企业在会计期间的日常核算中，发生的各项收入是在有关收入账户中记录的，发生的费用、成本是在有关费用账户和成本账户中记录的。为了正确计算企业在一定会计期间实现的利润（或亏损）总额，应将期末本期的各种收入、费用、成本全部结转到损益账户中去。

五、结账

企业在把一定时期内所发生的经济业务以及调整和结转事项全部登记入账的基础上，为了定期总结总种财务状况和财务成果，并为编制财务报表提供各种会计资料，在会计期末应将各种账户的本期发生额和期末余额结算出来。

六、编制财务报表

会计循环的最后一步就是根据结算出的各种账户记录编制财务报表，以便集中地、总括地反映企业经营成果和财务状况，实现为企业内部和企业外界提供决策有用的财务信息的目标。

至此，一次会计循环也就结束。但是，会计处理工作是依次继起，周而复始的，下一次的会计循环是在此次的基础上继续进行的。

☞ **小思考**

1. 什么是会计循环？有何意义？
2. 会计循环有哪些步骤和内容？
3. 什么是平行登记？其要点有哪些？登记的结果怎样？
4. 根据案例导入经济业务，同园公司本期会计循环应列几个步骤？

7.1.3 账项调整

一、账项调整的意义

在持续经营假设下，为了准确、及时地提供会计信息，需要将持续不断的生产经营活动划分为一定的会计期间，按照权责发生制来划分收入和费用的归属期。由于日常账簿记录仅根据有关原始凭证反映的交易或事项来记录收入和费用，而有些交易事项虽然在本期没有收到或支付款项，没有取得原始凭证，但根据权责发生制应在本期确认收入或费用，应计入相关的账户；有的款项虽然本期收到但却不属于本期的收入，不应计入本期的收入账户；有些款项虽然本期支付但不属于本期的费用，不应计入本期的费用账户。所以需要在期末结账前，按照权责发生制要求对日常的账簿记录进行调整，从而为决策者提供真实、可靠的信息，便于管理者做出正确经营决策。

期末账项调整是会计期末结账前，为比较真实地反映企业的经营成果和财务状况，按照权责发生制要求，对有关会计事项予以调整的会计行为。

会计期末进行账项调整，虽然主要是为了能正确地反映本期的经营成果，但是在对收入和费用的调整过程中，必然也会造成资产或负债的增减变化。因此，合理、正确地进行期末账项调整，不仅关系到利润表能否正确反映，而且也关系到资产负债表能否正确反映。

二、账项调整的内容

期末结账前，应予以调整的账项一般可分为四大类。

1. 本期已经实现但尚未收到款项的收入

本期已经实现但尚未收到款项的收入称为应计收入，是本期收入已经发生且符合收入确认的条件，应入账而未入账的收入。如应入账的主营业务收入、应收出租固定资产、包装物的租金收入、应收银行存款利息收入等。应计收入的调整一方面增加收入，另一方面也增加资产。

【例7-5】企业20××年5月末、6月末、7月末，根据在银行存款的余额和存款利率计算，各月应计利息收入均为5 000元；8月1日银行已将利息15 000元转入企业存款户。编制调整分录如下。

(1) 5月末计提银行存款利息时：
借：应收利息　　　　　　　　　　　　　　　　　　　　　　　5 000
　　贷：财务费用　　　　　　　　　　　　　　　　　　　　　　5 000
(2) 6月末计提银行存款利息时：
借：应收利息　　　　　　　　　　　　　　　　　　　　　　　5 000
　　贷：财务费用　　　　　　　　　　　　　　　　　　　　　　5 000
(3) 7月末计提银行存款利息时：
借：应收利息　　　　　　　　　　　　　　　　　　　　　　　5 000
　　贷：财务费用　　　　　　　　　　　　　　　　　　　　　　5 000
(4) 8月1日收到银行存款利息时：
借：银行存款　　　　　　　　　　　　　　　　　　　　　　　15 000
　　贷：应收利息　　　　　　　　　　　　　　　　　　　　　　15 000

☞ 小提示

银行对企业的存款通常按季结息，但根据权责发生制要求，企业在每个月末应确认利息收入；确认的利息收入应冲减"财务费用"。

【例7-6】企业出租一批闲置未用包装物给某公司，租赁合同规定租金按季度结算，本月应收租金1 800元。编制调整分录如下：
借：其他应收款　　　　　　　　　　　　　　　　　　　　　　1 800
　　贷：其他业务收入　　　　　　　　　　　　　　　　　　　　1 800

2. 本期已经发生但尚未支付款项的费用

本期已经发生但尚未支付款项的费用也成为应计费用，是本期费用已经发生，应入账而未入账的费用。如借款利息、租用的房租等。应计费用的调整一方面确认费用，另一方面增加负债。

【例7-7】企业向某租赁公司租赁办公用的复印机一台并已投入使用，租期为一年，每月租金80元，双方约定租赁期租金一次性付清。编制调整分录如下：

借：管理费用——租赁费　　　　　　　　　　　　　　　　80
　　贷：其他应付款　　　　　　　　　　　　　　　　　　　　80

3. 本期已经收款但不属于本期或部分不属于本期的收入

企业产品市场紧缺的情况下，会得到购买方预付货款。虽然收到货款，但尚未交付产品或提供服务。按照权责发生制，收入的实现不以收到货款为标准，在采用预收货款结算方式下，应在商品发出或劳务提供时，作为营业收入的实现。预收收入不能作为企业已经实现的收入，只能在以后交付产品或提供劳务后，才可以转做收入。因此，每期的会计期末，都要对预收收入账项进行调整，将已经实现的部分转入本期的收入账户，未实现部分递延到以后的会计期间。

预收收入于收到现金时记为负债，如预收货款、预收利息、预收房租等，随着产品的交付、劳务的提供，已经实现的部分从负债账户调整到收入账户。发生预收收入在"预收账款"账户中反映。预先收到现金时，借记"银行存款"科目，贷记"预收账款"科目；等到实际履行义务后，再相应地冲减"预收账款"。

【例7-8】企业按合同售给某公司500件库存商品，分5个月供货，每月供货100件，每件1 000元，同时收到500件的购货款500 000元及应交增值税85 000元。该月的100件商品已发货。编制调整分录如下。

（1）收到购货方预付款时：

借：银行存款　　　　　　　　　　　　　　　　　　　　585 000
　　贷：预收账款　　　　　　　　　　　　　　　　　　　　585 000

（2）本月末发出100件商品时：

借：预收账款　　　　　　　　　　　　　　　　　　　　117 000
　　贷：主营业务收入　　　　　　　　　　　　　　　　　　100 000
　　　　应交税费——应交增值税（销项税）　　　　　　　　17 000

4. 本期已经付款但不属于本期或部分不属于本期的费用

企业在经济活动中，常常发生一些已经支付入账，但受益期限较长，应归属于各个受益的会计期间负担费用的业务。如预付保险费、预付报刊费、预付租金等。这些业务发生的费用应按受益期限承担，因此，期末需进行账项调整。

【例7-9】20××年×月应摊销报刊费1 200元。编制调整分录如下：

借：管理费用　　　　　　　　　　　　　　　　　　　　1 200
　　贷：预付账款　　　　　　　　　　　　　　　　　　　　1 200

三、调整后的试算平衡

在完成了所有的调整分录后，应将它们登记到相应的账户中去，再进行调整后的试算平衡。对调整分录及其记账后的账户余额所进行的试算平衡称为调整后的试算平衡。

其步骤如下：

（1）将所有调整分录登记到相应的账户。

（2）进行发生额的试算平衡。

（3）计算各个账户的调整后的期末余额。

（4）对调整后的余额进行试算平衡。

☞ 小思考

1. 为什么要进行账项调整？

2. 账项调整的内容有哪些？怎样进行账项调整？

任务2　对账和结账

7.2.1　对账的方法

一、对账的意义

对账，简单来说就是核对账目。在会计工作中，记账有时会发生各种差错和账实不符的情况，如填制记账凭证的差错、记账的差错、资产发生盈亏以及数量或金额计算上的差错等。为了保证各种账簿记录的完整和正确，如实地反映和监督经济活动情况，并为加强经营管理和编制财务报表提供真实可靠的资料，有必要对各种账簿记录进行核对，做到账证相符、账账相符、账实相符。为编制财务报表提供真实可靠的数据资料。

二、对账的方法

1. 账证核对

账证核对是指各种账簿记录与记账凭证及所附的原始凭证进行核对。这是保证账账、账实相符的基础。在实际工作中，由于凭证数量太多，要在结账前全部加以核对是不可能的，因此账证的核对一般是在日常编制凭证和记账过程中通过"复核"来进行。结账时，如果分类账计算不平衡，总分类账和所属明细账不符，就应对账簿记录和会计凭证重复核对。

2. 账账核对

账账核对是指账簿与账簿之间的有关数字要进行核对，做到账账相符。账账核对具体内容包括四个方面：

（1）总分类账户的本期借方发生额合计数与本期贷方发生额合计数核对相符。该项一般通过编制"总分类账户本期发生额和余额对照表"来进行核对。

（2）总分类账户的期末借方余额合计数与贷方余额合计数核对相符。该项一般通过编制"总分类账户本期发生额和余额对照表"来进行核对。

（3）总分类账户中各账户的本期借、贷方发生额和期末余额必须与有关明细账的本期借、贷方发生额合计数、期末余额合计数相等。如总分类账中的银行存款本期借、贷方发生额和期末余额一定要与出纳员记的银行存款本期借、贷方发生额和期末余额相等。其他账户也是如此。该项核对一般是通过编制"明细分类账户明细表"与"总分类账户"进行核对。

(4) 会计账与业务账核对。主要包括会计的现金、银行存款总分类账与出纳的现金、银行存款日记账核对；会计的原材料、材料采购与采购人员的业务账核对；会计的原材料、产成品账与仓库保管部门的账进行核对；会计的固定资产账与固定资产管理和使用部门固定资产进行核对。对账方法，一般采用直接核对的方法。

3. 账实核对

账实核对是指账簿记录的财产物资、现金及各种有价证券要与实物的实有数额核对。账实核对工作称为资产清查。账实核对的具体内容和方法将在项目八介绍。

7.2.2 结账的方法

一、结账的意义

为了反映一定时期内的经济活动情况和财务收支情况，在每个会计期末，应对每个账户进行结账。结账就是把会计期间内所发生的会计事项登记入账的基础上，结算出每个账户的本期发生额和期末余额，并将期末余额结转下期的会计处理方法。根据会计分期的不同，结账工作相应的可以在月末、季末、年末进行，但不能为减少本期的工作量而提前结账，也不能将本期的会计业务推迟到下期或编制报表之后再进行结账。对资产、负债和所有者权益等实账户可以在会计期末直接结账，而对那些收入、费用等虚账户，因为它们在结账前应按权责发生制要求先进行调整，所以应在调整之后再结账。权责发生制要求以应收和应付为标准确认本期收入和费用，即凡是属于本期应该赚取或发生的收入和费用，不论款项是否收到或付出，均应作为本期的收入和费用入账；反之，凡是不属于本期的应该赚取或发生的收入和费用即使款项在本期收到或支付，也不应作为本期的收入或费用入账。

通过结账，有利于企业管理者定期总结生产经营情况，对不同会计期间的数据资料进行比较分析，以便发现问题，采取措施及时解决；通过结账，也有利于编制报表，提供报表所需的数据资料，满足与企业有利益关系的投资者、债权人作出正确的投资决策和国家进行宏观调控的要求。另外，企业因撤销、合并而办理账务交接时，也需要办理结账手续。

二、结账的内容

(1) 查明本期发生的经济业务是否全部登记入账，特别是预收、应收、预付和应付等性质的经济业务，是否按照权责发生制原则正确进行了账务处理。如发现有遗漏的账目，应予以登记入账。

(2) 结转本期成本类、损益类账户。将各种收入、成本和费用等账户的余额进行结转，编制种转账分录，结转到利润账户，再编制利润分配的分录。

(3) 结记各个账户本期发生额和期末余额。

(4) 年终将各账户期末余额结转为下一年的期初余额。

三、结账的方法

结账工作分为月结、季结、年结三种，但一般只做月结和年结。

1. 月结

月结时，在账簿算出本月借贷方发生额和月末余额，记在账簿中最后一笔业务记录的下一行。在该行摘要栏中注明"×月发生额及余额"字样或"月结"字样，在"×月发生额及余额"或"月结"行上下各划一条通栏红线，表示账簿记录已经结束。对于本月没有发生额变化的账户，不进行月结。月结时如果没有余额，应在余额栏内写上"平"或在元位写"0"的符号。

2. 季结

指到季度末，结算出本季度三个月的发生额合计数和季末余额，写在月结数的下一栏内，摘要栏内注明"×季度季结"字样或"×季合计"字样，并在该行下面划一条通栏红线，表示季结结束。

3. 年结

年结时需将本年12个月的借贷双方发生额合计记入第12个月的月结下一行，在摘要栏中写明"本年发生额及余额"字样或"年结"字样，并在年结下划一条通栏红线，然后在下一行"摘要"栏注明"结转下年"字样，并以与期末余额相反的方向，以同一数额记入"借方"或"贷方"金额栏，从而结平该账户，并在"结转下年"下面划两条平行红线，表示封账。在会计上，结账时划的单红线称为计算线，划的两条平行红线称为结束线。结账的具体做法如表7-10、表7-11所示。

表7-10　　　　　　　　　　　　　总分类账

账户名称：原材料　　　　　　　　　　　　　　　　　　　　　　金额单位：元

年 月	日	凭证字号	摘要	借方	贷方	借或贷	余额
1	1		上年结转			借	300 000
			略				
1	31		1月份发生额及余额	160 000	150 000	借	310 000
			略				
			略				
12	31		12月份发生额及余额	280 000	380 000	借	180 000
			本年发生额及余额	2 500 000	2 620 000	借	180 000
			结转下年		180 000	平	

表7-11　　　　　　　　　　　　　总分类账

账户名称：原材料　　　　　　　　　　　　　　　　　　　　　　金额单位：元

年 月	日	凭证字号	摘要	借方	贷方	借或贷	余额
1	1		上年结转			借	180 000

☞ 小思考
1. 什么是对账？对账的内容有哪些？
2. 什么是结账？怎么结账？

任务3　会计账务处理程序

7.3.1　认识会计账处理程序

一、会计账务处理程序的概念

在会计工作中，会计凭证、账簿以及财务报表不是彼此孤立、互不联系的，而是按照一定的形式，形成了一个有机结合的整体。

会计账务处理程序，也称会计核算形式，或称会计核算组织形式，它是指在会计循环中，会计主体每个会计期间从取得和填制凭证开始到编制财务报表为止的会计处理步骤和方法。

二、会计账务处理程序的意义

采用科目的账务处理程序是做好会计工作的一个重要条件，它对于保证会计工作顺利进行和工作质量，提高会计工作效率，发挥会计信息系统的作用，都具有重大意义。

由于企业、事业和行政单位的业务性质、规模大小和管理要求不同，所使用的凭证、账簿以及它们的格式和记账的过程也不完全一样。各企业、事业、行政单位必须根据各单位的具体情况和条件来确定合理的账务处理程序。选用适合会计主体经济业务特点和管理要求的会计账务处理程序，对会计核算工作有着重要意义。

第一，有利于规范会计核算组织工作。会计核算工作是需要会计部门和会计人员之间密切配合的，有了科学合理的会计账务处理程序，会计机构和会计人员在进行会计核算的过程中就能够做到有序可循，按照不同的责任分工，有条不紊地处理好各个环节上的会计核算工作。

第二，有利于保证会计核算工作质量。在进行会计核算的过程中，保证会计核算工作的质量是对会计工作的基本要求。建立起科学合理的会计核算组织程序，形成加工和整理会计信息的正常机制，是提高会计核算工作质量的重要保障。

第三，有利于提高会计核算工作效率。会计核算工作效率的高低，直接关系到会计信息提供上的及时性和有用性。按照既定的会计核算组织程序进行会计信息的处理，将会大大提高会计核算工作效率。

第四，有利于节约会计核算工作成本。组织会计核算的过程也是对人力、物力和财力的消耗过程，因此，要求会计核算本身也要讲求经济效益。会计账务处理程序安排得科学合理，选用的会计凭证、会计账簿和财务报表种类适当，格式适用，数量适中，在一定程度上也能够节约会计核算工作成本。

第五，有利于发挥会计核算工作的作用。会计核算工作的重要作用是通过会计核算和监督职能的实现而体现出来的，在规范会计核算组织工作的基础上，保证了会计核算工作质量，提高了会计核算工作效率，就能够在经营管理等方面更好地发挥会计核算工作的作用。

三、会计账务处理程序要求

合理、适用的会计账务处理程序一般应符合以下要求。

第一，在贯彻国家会计制度统一要求的前提下，从本单位实际出发，选择与本单位业务性质、规模大小、会计人员分工、经济业务繁简和管理要求相适应的账务处理程序。

第二，应能正确、全面、及时地提供各种会计信息，以满足本单位经营管理和国家宏观管理的需要。

第三，应在保证会计工作有条不紊和会计信息质量的前提下，力求简化核算手续，节约核算费用，提高会计工作效率。

四、会计账务处理程序的种类

会计账务处理程序按照登记总分类账的依据和程序的不同，主要有以下几种：
(1) 记账凭证账务处理程序。
(2) 汇总记账凭证账务处理程序。
(3) 科目汇总表账务处理程序。
(4) 日记总账账务处理程序。
(5) 多栏式日记账账务处理程序。

各种不同的会计账务处理程序之间，既有其相互联系的共同之处，又有其相互区别的不同之处。共同之处就是每种核算程序都必须以经济业务为依据，顺次经由原始凭证→记账凭证→登记各种账簿→编制财务报表；不同之处就是取得登记总账数据的依据和方法。

7.3.2 记账凭证账处理程序

一、记账凭证账务处理程序的特点

记账凭证账务处理程序是基本的一种账务处理程序，其他几种账务处理程序都是在这种账务处理程序基础上发展和演变而来的。这种账务处理程序的主要特点是直接根据记账凭证逐笔登记总分类账的程序。

二、记账凭证账务处理程序下凭证和账簿种类及格式的设置

1. 凭证格式设置

在记账凭证账务处理程序下，记账凭证一般采用通用记账凭证，也可以采用收、付、转三种格式的专用凭证。记账凭证种类及格式如图7-1所示。

图7-1 记账凭证账务处理程序下记账凭证种类

2. 账簿格式设置

在记账凭证账务处理程序下，会计账簿一般应设置收、付、余三栏式"现金日记账"和"银行存款日记账"。总分类账一般采用三栏式，明细分类账可根据需要采用三栏式、数量金额式和多栏式。各类账簿之间的关系是：日记账、总分类账和明细分类账都应根据记账凭证登记，并定期核对相符。账簿种类及格式如图7-2所示。

图7-2 记账凭证账务处理程序下会计账簿种类

三、记账凭证账务处理程序基本步骤

记账凭证账务处理程序的基本步骤如图7-3所示。

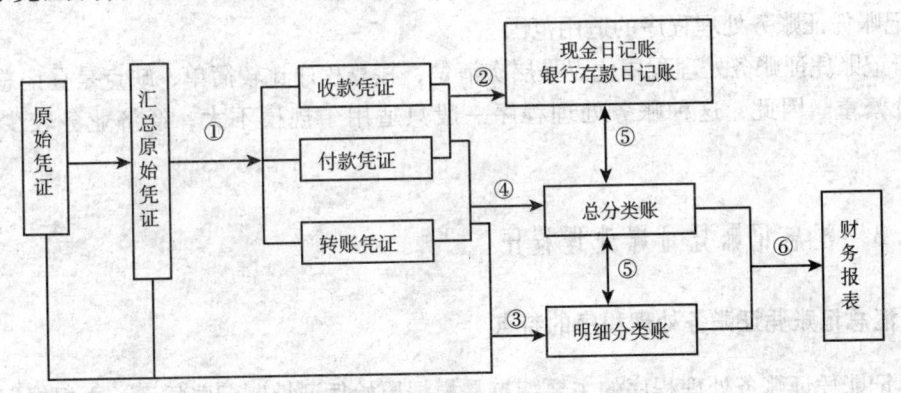

图7-3 记账凭证账务处理程序示意图

记账凭证务处理程序的基本步骤示意图说明：

① 经济业务发生以后，根据有关的原始凭证或原始凭证汇总表填制专用记账凭证（即收款凭证、付款凭证和转账凭证）。

② 根据收款凭证、付款凭证逐笔登记现金日记账和银行存款日记账。

③ 根据记账凭证及所附原始凭证或原始凭证汇总表登记各种明细账。

④ 根据各种记账凭证逐笔登记总分类账。

⑤ 月末，将现金日记账、银行存款日记账和明细账分类账分别与总分类账相互核对。

⑥ 月末根据总分类账和明细分类账的资料编制财务报表。

四、会计记账凭证账务处理程序的优缺点及适用范围

1. 记账凭证账务处理程序的优点

（1）在记账凭证上能够清晰地反映账户之间的对应关系。在记账凭证账务处理程序下，所采用的是专用记账凭证或通用记账凭证，当一笔经济业务发生以后，利用一张记账凭证就

可以编制出该笔经济业务的完整会计分录，涉及几个会计科目就填写几个会计科目。因而，在记账凭证上，账户之间的对应关系一目了然。

（2）总分类账上能够比较详细地反映经济业务的发生情况。在记账凭证账务处理程序下，不仅对各种日记账和明细分类账采取逐笔登记的方法，对于总分类账的登记方法也是如此。因而，在总分类账上能够详细登记所发生的经济业务情况。

（3）总分类账登记方法简单，易于掌握。根据记账凭证直接登记账是最为简单的一种登记方法，这种方法比较容易掌握。

2. 记账凭证账务处理程序的缺点

（1）总分类账登记工作量大。对发生的每一笔经济业务都要根据记账凭证逐笔在总分类账中进行登记，实际上与登记日记账和明细分类账的做法一样，是一种简单的重复登记，势必增大登记总分类账的工作量，特别是在经济业务量比较多的情况下更是如此。

（2）账页耗用多，预留账页多少难以把握。由于总分类账对发生的所有经济业务要重复登记一遍，势必会耗用更多的账页，造成一定的账页浪费。如果是在一个账簿上设置多个账户，由于登记业务的多少很难预先确定，对于每一个账户应预留多少账页很难把握，预留过多会形成浪费，预留过少又会影响账户登记上的连续性。

3. 记账凭证账务处理程序的适用范围

由于记账凭证账务处理程序优点是层次清楚，核算程序比较简单，缺点是登记总账的工作量比较繁重。因此，这种账务处理程序一般只适用于规模不大，经济业务较少的会计主体。

7.3.3 汇总记账凭证账处理程序

一、汇总记账凭证账务处理程序的特点

汇总记账凭证账务处理程序的主要特点是根据原始凭证填制记账凭证，再根据记账凭证编制各种汇总记账凭证，月末根据汇总记账凭证登记总分类账。

汇总记账凭证账务处理程序与记账凭证账务处理程序的主要区别在于以下几个方面：
（1）在凭证组织中增设了汇总收款凭证、汇总付款凭证和汇总转账凭证。
（2）改变了登记总分类账的依据和方法。
（3）增加了编制汇总记账凭证的步骤。

二、汇总记账凭证账务处理程序下凭证和账簿种类及格式的设置

在汇总记账凭证账务处理程序下，除了设置收款凭证、付款凭证和转账凭证外，还应设置汇总收款凭证、汇总付款凭证、汇总转账凭证，作为登记总分类账的依据。使用的会计账簿与记账凭证账务处理程序基本相同，不再重述。汇总记账凭证账务处理程序下会计凭证、会计账簿的种类与格式如图7-4所示。

三、记账凭证账务处理程序基本步骤

汇总记账凭证账务处理程序的基本步骤如图7-5所示。

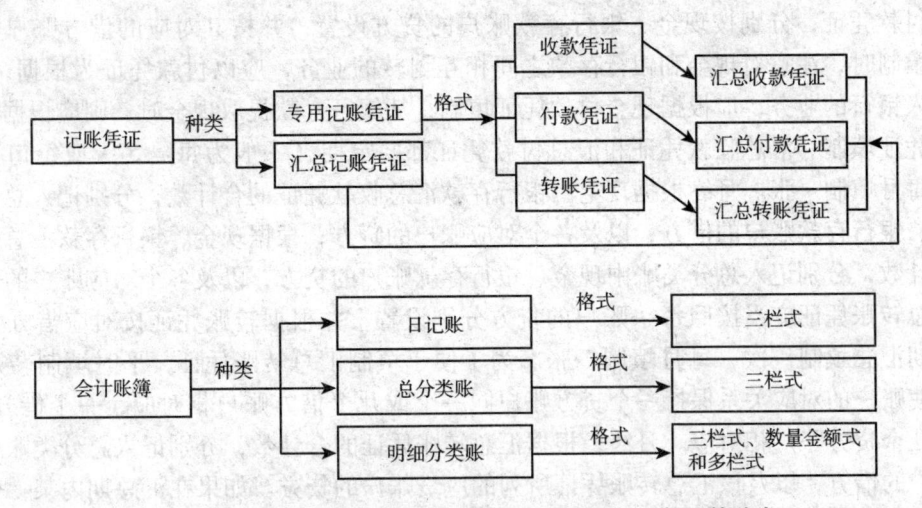

图7-4 汇总记账凭证账务处理程序下采用凭证与账簿种类

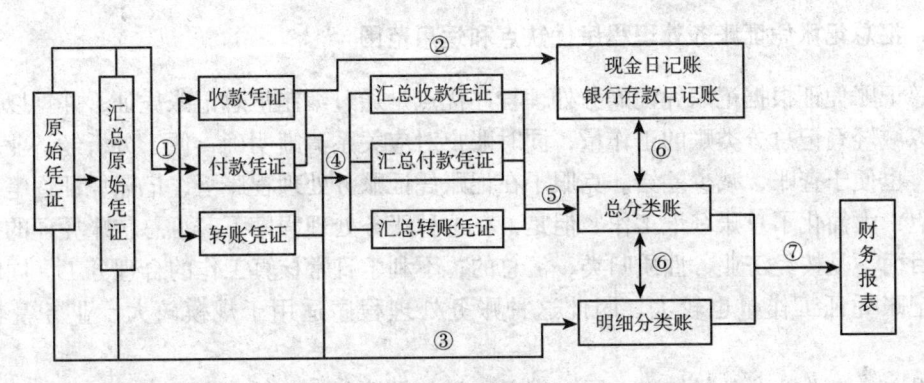

图7-5 汇总记账凭证账务处理程序示意图

汇总记账凭证账务处理程序的基本步骤示意图说明：
① 根据原始凭证或原始凭证汇总表编制收款凭证、付款凭证和转账凭证。
② 根据收款凭证、付款凭证逐笔登记现金日记账和银行存款日记账。
③ 根据收款凭证、付款凭证和转账凭证及所附原始凭证或原始凭证汇总表登记各种明细分类账。
④ 根据收款凭证、付款凭证和转账凭证分别编制汇总收款凭证、汇总付款凭证和汇总转账凭证。
⑤ 根据汇总收款凭证、汇总付款凭证和汇总转账凭证登记总分类账。
⑥ 月末，将现金日记账、银行存款日记账和明细账分类账分别与总分类账进行核对。
⑦ 根据总分类账和明细分类账编制财务报表。

四、汇总记账凭证的编制和登记总分类账的方法

汇总收款凭证和汇总付款凭证应按照现金、银行存款账户分别填制。现金、银行存款的汇总收款凭证，应根据现金、银行存款的收款凭证，分别按现金、银行存款账户的借方设置，并按其对应的贷方账户归类汇总。现金、银行存款的汇总付款凭证，应根据现金、银行

存款的付款凭证，分别按现金、银行存款账户的贷方设置，并按其对应的借方账户归类汇总。在填制时，注意对现金和银行存款之间相互划转的业务，应以付款凭证为根据，例如，现金存入银行的业务，应根据现金付款凭证填制；从银行存款提取现金时，则应根据银行存款付款凭证填制。汇总收款凭证和汇总付款凭证都要定期（一般为每隔5天或每旬）填制一次，每月填制一张。月终根据现金、银行存款汇总收款凭证的合计数，分别记入总分类账中现金、银行存款账户的借方，以及各个对应账户的贷方；根据现金、银行存款汇总付款凭证的合计数，分别记入总分类账中现金、银行存款账户的贷方，以及各个对应账户的借方。

汇总转账凭证应当按照每一账户的贷方分别设置，并根据转账凭证按对应借方账户归类，定期汇总填制一次，每月填制一张。为了便于填制汇总转账凭证，平时填制转账凭证时，应使账户的对应关系保持一个贷方账户同一个或几个借方账户相对应，一个借方账户，不要同几个贷方账户相对应。月终，根据汇总转账凭证的合计数，分别记入总分类账中各个应借账户的借方，以及该汇总转账凭证所列的应贷账户的贷方。如果在汇总期内某一个贷方账户的转账凭证为数不多时，也可不填制汇总转账凭证，直接根据转账凭证记入总分类账。

五、汇总记账凭证账务处理程序优缺点和适用范围

汇总记账凭证根据记账凭证账务处理程序优点是通过编制汇总记账凭证，并据以登记总账，可以减轻登记总分类账的工作量，同时账户对应关系清晰明确，便于分析经济业务的来龙去脉，也便于查账，减少差错。克服了在记账凭证账务处理程序下，记账凭证逐笔登记总账的缺点，大简化了总账登记工作。但是，在这种账务处理程序下，汇总转账凭证的按每一贷方科目而不是按经济业务性质归类、汇总的，不利于日常核算工作的合理分工。同时，编制汇总记账凭证工作量也较大。因此这种账务处理程序适用于规模较大、业务量较多的企业。

如果一个企业的业务量较少，同一贷方科目的转账凭证不多，据以编制汇总转账凭证，不但起不到减少工作量的作用，反而会增加凭证汇总手续。因此，业务量较少的小型企业不适合采用这种程序。

7.3.4 科目汇总表账务处理程序

一、科目汇总表账务处理程序的特点

科目汇总表账务处理程序是指对发生的经济业务根据原始凭证或原始凭证汇总表编制记账凭证，再根据记账凭证定期编制科目汇总表，并据以登记总分类账的一种核算形式。科目汇总表账务处理程序的主要特点是根据记账凭证定期编制科目汇总表，然后再根据科目汇总表登记总账。

科目汇总表账务处理程序与记账凭证账务处理程序的主要区别如下：
（1）在凭证组织中增设了科目汇总表。
（2）改变了登记总分类账的依据和方法。
（3）在账务处理程序中增加了编制科目汇总表这一步骤。

二、科目汇总表账务处理程序下凭证和账簿种类及格式的设置

采用科目汇总表账务处理程序，与记账凭证账务处理程序基本相同。不同的是，应另设置科目汇总表。科目汇总表账务处理程序下会计凭证、会计账簿的种类与格式如图7-6所示。

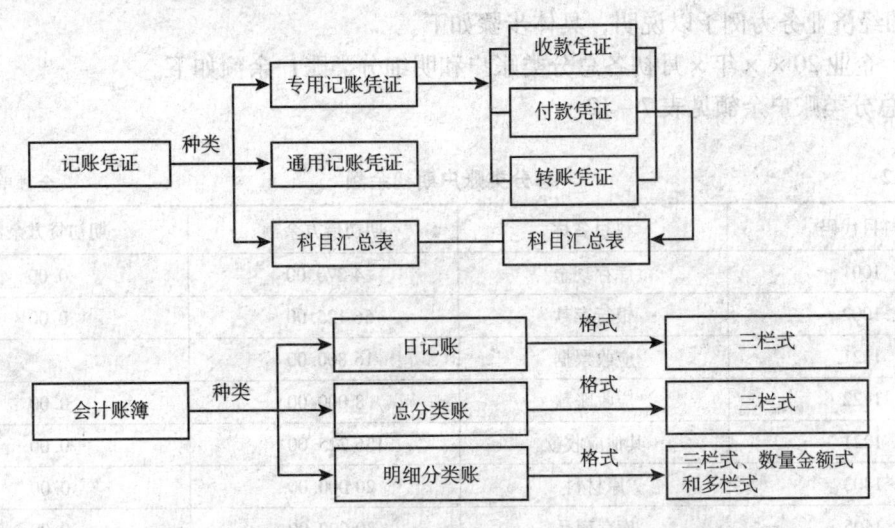

图7-6 科目汇总表账务处理程序下采用凭证与账簿种类

三、科目汇总表账务处理程序一般处理步骤

科目汇总表账务处理程序的基本步骤如图7-7所示。

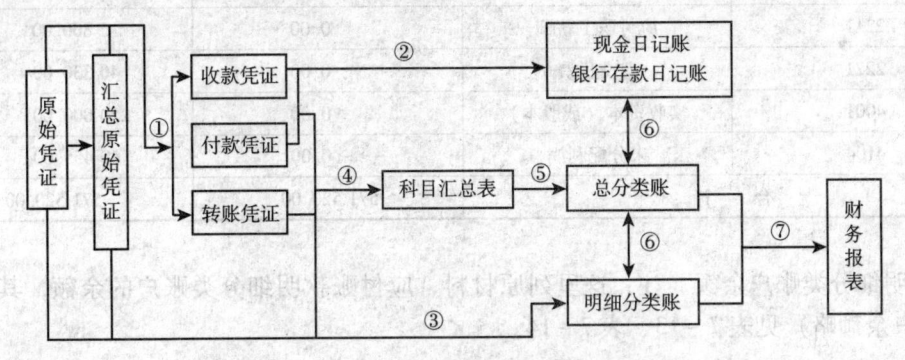

图7-7 科目汇总表账务处理程序示意图

科目汇总表账务处理程序的基本步骤示意图说明：
① 根据原始凭证或汇总原始凭证编制收款凭证、付款凭证和转账凭证。
② 根据收款凭证和付款凭证逐笔登记库存现金日记账和银行存款日记账。
③ 根据原始凭证、汇总原始凭证和记账凭证登记各个明细分类账。
④ 根据一定时期内的全部记账凭证编制科目汇总表。
⑤ 根据科目汇总表登记总分类账。
⑥ 月末，将库存现金日记账、银行存款日记账的余额及各种明细分类账的余额合计数，分别与总分类账中有关账户的余额核对相符。

⑦ 月末，根据核对无误的总分类账和各种明细分类账的记录编制财务报表。

四、科目汇总表账务处理程序举例

【例7-10】为了具体说明科目汇总表账务处理程序的运用，现在以企业20××年×月份发生的经济业务为例予以说明，具体步骤如下。

（1）企业20××年×月初各总分类账户和明细分类账户余额如下。

① 总分类账户余额见表7-12。

表7-12　　　　　　　　　　总分类账户期初余额　　　　　　　　　　金额单位：元

科目代码	科目名称	期初借方余额	期初贷方余额
1001	库存现金	4 370.00	0.00
1002	银行存款	56 125.00	0.00
1121	应收票据	16 800.00	
1122	应收账款	8 000.00	0.00
1221	其他应收款	136 225.00	0.00
1403	原材料	20 000.00	0.00
1405	库存商品	30 000.00	0.00
1601	固定资产	300 000.00	0.00
1602	累计折旧	0.00	30 000.00
2001	短期借款	0.00	120 545.00
2202	应付账款	0.00	78 390.00
2211	应付职工薪酬	0.00	2 800.00
2221	应交税费	0.00	40 330.00
4001	实收资本（或股本）	0.00	250 000.00
4104	未分配利润	0.00	49 455.00
	合计	571 520.00	571 520.00

② 明细分类账户余额（注：这里列原材料、应付账款明细分类账户的余额，其他明细分类账户余额略）见表7-13、表7-14。

表7-13　　　　　　　　原材料明细分类账户期初余额

20××年×月　　　　　　　　　　　　　　金额单位：元

明细分类账户	计量单位	单价	期初余额 数量	期初余额 金额
A材料	公斤	200	60	12 000
B材料	件	20	400	8 000
合计				20 000

表 7-14 　　　　　　　　　应付账款明细分类账户期初余额

20××年×月　　　　　　　　　　　　　　　　　　　金额单位：元

明细分类账户	期初余额 借方	期初余额 贷方
甲公司		18 390
三 A 公司		60 000
合计		78 390

（2）根据企业20××年×月份发生的经济业务，编制记账凭证。为了简化举例起见，以表7-15列示的会计分录代替记账凭证。

表 7-15 　　　　　　　　　企业20××年×月会计凭证　　　　　　　　　　　金额单位：元

×年 月	×年 日	凭证种类、号数	凭证种类、号数	摘要	借方 账户名称	借方 金额	贷方 账户名称	贷方 金额
	1	银收	1	出售产品	银行存款	50 000.00	主营业务收入	50 000.00
	2	银付	1	购进A材料	原材料	3 000.00	银行存款	3 000.00
	3	现付	1	支付A材料款	原材料	50.00	库存现金	50.00
	4	银付	2	偿还甲公司欠款	应付账款	2 500.00	银行存款	2 500.00
	5	银付	3	偿还三A欠款	应付账款	20 000.00	银行存款	20 000.00
	6	转	1	以票据付B材料款	原材料	7 500.00	应收票据	7 500.00
	7	现付	2	王五借差旅费	其他应收款	500.00	库存现金	500.00
	8	银收	2	收到乙单位欠款	银行存款	3 000.00	应收账款	3 000.00
	9	现付	3	李四借差旅费	其他应收款	400.00	库存现金	400.00
	10	转	2	向甲公司购A材料	原材料	6 000.00	应付账款	6 000.00
	11	银付	4	购进B材料	原材料	5 000.00	银行存款	5 000.00
	12	现付	4	支付B材料款	原材料	100.00	库存现金	100.00
	13	转	3	张三报差旅费	管理费用	300.00	其他应收款	300.00
	15	银付	5	提现	库存现金	1 000.00	银行存款	1 000.00
	16	转	4	王五报差旅费	管理费用	480.00	其他应收款	480.00
	18	转	5	李四报差旅费	管理费用	370.00	其他应收款	370.00
	19	转	6	出售产品	应收账款	10 000.00	主营业务收入	10 000.00
	21	银收	3	应收票据贴现	银行存款	9 300.00	应收票据	9 300.00
	22	银付	6	付甲公司欠货款	应付账款	8 000.00	银行存款	8 000.00
	23	现付	5	职工报医疗费	应付职工薪酬	520.00	库存现金	520.00
	24	现收	1	卖边角料的收入	库存现金	1 850.00	其他业务收入	1 850.00
	25	转	7	冲甲公司应付款	应付账款	3 500.00	营业外收入	3 500.00
	26	银付	7	支付捐赠款	营业外支出	10 000.00	银行存款	10 000.00
	27	现收	2	收到罚款	库存现金	500.00	营业外收入	500.00

续表

×年		凭证种	摘要	借 方		贷 方	
月	日	类、号数		账户名称	金额	账户名称	金额
	29	现付 6	支付职工住院费	应付职工薪酬	5 800.00	库存现金	5 800.00
	30	转 8	计提管理员工资	管理费用	5 000.00	应付职工薪酬	5 000.00
	30	转 9	计提福利费	管理费用	700.00	应付职工薪酬	700.00
	30	转 10	转已销产品成本	主营业务成本	25 000.00	库存商品	25 000.00
	30	转 11	结转损益	主营业务收入	60 000.00	本年利润	60 000.00
				其他业务收入	1 850.00	本年利润	1 850.00
				营业外收入	500.00	本年利润	500.00
	30	转 12	结转损益	本年利润	25 000.00	主营业务成本	25 000.00
				本年利润	6 500.00	营业外支出	6 500.00
				本年利润	6 850.00	管理费用	6 850.00
			合 计		281 070.00		281 070.00

(3) 根据收款凭证、付款凭证登记现金日记账和银行存款日记账，分别如表 7–16 和表 7–17 所示。

表 7–16　　　　　　　　　　库存现金日记账　　　　　　　　　　金额单位：元

×年		凭证编号	摘要	对方账户	收入	支出	结存
月	日						
			上年结存				4 370.00
	3	现付 1	支付材料款	原材料		50.00	4 320.00
	7	现付 2	王五借差旅费	其他应收款		500.00	3 820.00
	9	现付 3	李四借差旅费	其他应收款		400.00	3 420.00
	12	现付 4	支付材料款	原材料		100.00	3 320.00
	15	银付 5	提取现金	银行存款	1 000.00		4 320.00
	23	现付 5	职工报医疗费			520.00	3 800.00
	24	现收 1	卖边角料的收入	其他业务收入	1 850.00		5 650.00
	27	现收 2	收到罚款	营业外收入	500.00		6 150.00
	29	现付 6	支付职工住院费			5 800.00	350.00
			本月发生额及余额		3 350.00	7 370.00	350.00

表 7-17　　　　　　　　　　　　　　银行存款日记账　　　　　　　　　　金额单位：元

×年		凭证编号	摘要	对方账户	收入	支出	结存
月	日						
			上年结存				56 125.00
	1	银收1	出售产品	主营业务收入	50 000.00		106 125.00
	2	银付1	购进材料	原材料		3 000.00	103 125.00
	4	银付2	偿还欠款	应付账款		2 500.00	100 625.00
	5	银付3	偿还欠款	应付账款		20 000.00	80 625.00
	8	银收2	收到某单位欠款	应收账款	3 000.00		83 625.00
	11	银付4	购进材料	原材料		5 000.00	78 625.00
	15	银付5	提取现金	库存现金		1 000.00	77 625.00
	21	银收3	应收票据贴现	应收票据	9 300.00		86 925.00
	22	银付6	支付前欠货款	应付账款		8 000.00	78 925.00
	26	银付7	支付捐赠款	营业外支出		10 000.00	68 925.00
			本月发生额及余额		62 300.00	49 500.00	68 925.00

（4）根据记账凭证及所原始凭证或原始凭证汇总表登记各明细分类账户，如表7-18、表7-19、表7-20、表7-21所示。

表 7-18　　　　　　　　　　　　　　原材料明细分类账　　　　　　　　　金额单位：元
账户名称：A材料　　　　　　　　　　　　　　　　　　　　　　　　　　　计量单位：公斤

年		凭证		摘要	收入			发出			结存		
月	日	字	号		数量	单价	金额	数量	单价	金额	数量	单价	金额
				上年结转							60	200	12 000
	2	银付	1	购进A材料15公斤	15	200	3 000				75	200	15 000
	3	现付	1	购A材料0.25公斤	0.25	200	50				75.25	200	15 050
	10	转	2	购进A材料30公斤	30	200	6 000				105.25	200	21 050
				本期发生额及余额	45.25	200	9 050				105.25	200	21 050

表 7-19　　　　　　　　　　　　　　原材料明细分类账　　　　　　　　　金额单位：元
账户名称：B材料　　　　　　　　　　　　　　　　　　　　　　　　　　　计量单位：件

年		凭证		摘要	收入			发出			结存		
月	日	字	号		数量	单价	金额	数量	单价	金额	数量	单价	金额
				上年结转							400	20	8 000
	6	转	1	购进B材料375件	375	20	7 500				775	20	15 500
	11	银付	4	购进B材料250件	250	20	5 000				1025	20	20 500
	12	现付	4	采购B材料5件	5	20	100				1030	20	20 600
				本期发生额及余额	630	20	12 600				1030	20	20 600

表 7-20　　　　　　　　　　　　　　　应付账款明细分类账

账户名称：甲公司　　　　　　　　　　　　　　　　　　　　　　　　　　　　　金额单位：元

年		凭证		摘　要	借　方	贷　方	借或贷	余　额
月	日	字	号					
				上年结转			贷	18 390
	4	银付	2	偿还甲公司欠款	2 500		贷	15 890
	10	转	2	向甲公司购进 A 材料		6 000	贷	21 890
	22	银付	3	支付甲公司前欠货款	8 000		贷	13 890
	25	转	7	冲销甲公司应付款	3 500		贷	10 390
				本期发生额及余额	14 000	6 000	贷	10 390

表 7-21　　　　　　　　　　　　　　　应付账款明细分类账

账户名称：三 A 公司　　　　　　　　　　　　　　　　　　　　　　　　　　　金额单位：元

年		凭证		摘　要	借　方	贷　方	借或贷	余　额
月	日	字	号					
				上年结转			贷	60 000
	5	银付	3	偿还三 A 公司欠款	20 000		贷	40 000
				本期发生额及余额	20 000		贷	40 000

（5）根据记账凭证编制科目汇总表。

科目汇总表是根据收款凭证、付款凭证和转账凭证，按照相同的会计科目进行归类，定期汇总填制每一个会计科目的借方发生额和贷方发生额，并将发生额填入科目汇总表的相应栏目内。对于库存现金和银行存款科目的借、贷方发生额，也可以根据库存现金日记账和银行存款日记账的收支数填列，而不再根据收款凭证和付款凭证归类汇总填列。按会计科目汇总后，应加总借方、贷方发生额，进行发生额的试算平衡，并记入相应总分类账的借方或贷方即可。

科目汇总表的汇总时间应根据业务量的多少而定，可 5 天、10 天、15 天或每月汇总一次，经济业务多，汇总时间间隔要短；经济业务少，汇总时间间隔可适当延长，但不宜过长。

在以上经济业务的记账凭证中，编制的会计分录涉及了很多会计科目。在对这些科目分别按借、贷方发生额进行汇总时，可利用编制"科目汇总表工作底稿"方法进行。也可以利用 Excel 电子表格计算汇总。该企业按每旬末编制科目汇总表，如表 7-22、表 7-23、表 7-24 所示。

表 7-22　　　　　　　　　　　科目汇总表　　　　　　　　金额单位：元
20××年×月1日至10日　　　　　　　　　　科汇字第1号

会计科目	记账	本期发生额 借方	本期发生额 贷方	记账凭证起讫号数
银行存款	√	53 000.00	25 500.00	
库存现金	√	0.00	950.00	(1) 现金收款凭证第0号
其他应收款	√	900.00	0.00	(2) 现金付款凭证1~3号
原材料	√	16 550.00	0.00	(3) 银行存款付款凭证1~3号
应付账款	√	22 500.00	6 000.00	(4) 银行存款收款凭证1~2号
应收账款	√	0.00	3 000.00	(5) 转字凭证1~2号
应收票据	√	0.00	7 500.00	
主营业务收入	√	0.00	50 000.00	
合　计		92 950.00	92 950.00	

表 7-23　　　　　　　　　　　科目汇总表　　　　　　　　金额单位：元
20××年×月11日至20日　　　　　　　　　　科汇字第2号

会计科目	记账	本期发生额 借方	本期发生额 贷方	记账凭证起讫号数
银行存款	√	0.00	6 000.00	
库存现金	√	1 000.00	100.00	(1) 现金收款凭证第0号
其他应收款	√	0.00	1 150.00	(2) 现金付款凭证4号
原材料	√	5 100.00	0.00	(3) 银行存款付款凭证例4~5号
应收账款	√	10 000.00	0.00	(4) 银行存款收款凭证0号
管理费用	√	1 150.00	0.00	(5) 转字凭证3~6号
主营业务收入	√	0.00	10 000.00	
合　计		17 250.00	17 250.00	

表 7-24　　　　　　　　　　　科目汇总表　　　　　　　　金额单位：元
20××年×月21日至30日　　　　　　　　　　科汇字第3号

会计科目	记账	本期发生额 借方	本期发生额 贷方	记账凭证起讫号数
银行存款	√	9 300.00	18 000.00	
库存现金	√	2 350.00	6 320.00	
库存商品	√	0.00	25 000.00	
应付账款	√	11 500.00	0.00	
应收票据	√	0.00	9 300.00	(1) 现金收款凭证第1~2号
管理费用	√	5 700.00	6 850.00	(2) 现金付款凭证5~6号
应付职工薪酬	√	6 320.00	5 700.00	(3) 银行存款付款凭证6~7号
主营业务收入	√	60 000.00	0.00	(4) 银行存款收款凭证3号
主营业务成本	√	25 000.00	25 000.00	(5) 转字凭证7~12号
其他业务收入	√	1 850.00	1 850.00	
营业外收入	√	4 000.00	4 000.00	
营业外支出	√	10 000.00	10 000.00	
本年利润		41 850.00	65 850.00	
合　计		177 870.00	177 870.00	

（6）根据科目汇总表汇总登记总分类账。

根据表7-22、表7-23、表7-24分别在1月10日、20日、31日登记总分类账中的有关账户。如表7-25至表7-46所示。

表7-25　　　　　　　　　　　　　　　　　总分类账户

账户名称：库存现金　　　　　　　　　　　　　　　　　　　　　　　　　金额单位：元

年		凭证号	摘 要	借方	贷方	借或贷	余 额
月	日						
	1		期初余额			借	4 370.00
	10		科汇字第1号	0	950	借	3 420.00
	20		科汇字第2号	1 000	100	借	4 320.00
	31		科汇字第3号	2 350	6 320	借	350.00
			本期发生额及余额合计	3 350	7 370	借	350.00

表7-26　　　　　　　　　　　　　　　　　总分类账户

账户名称：银行存款　　　　　　　　　　　　　　　　　　　　　　　　　金额单位：元

年		凭证号	摘 要	借方	贷方	借或贷	余 额
月	日						
	1		期初余额			借	56 125.00
	10		科汇字第1号	53 000	25 500	借	83 625.00
	20		科汇字第2号		6 000	借	77 625.00
	31		科汇字第3号	9 300	18 000	借	68 925.00
			本期发生额及余额合计	62 300	49 500	借	68 925.00

表7-27　　　　　　　　　　　　　　　　　总分类账户

账户名称：应收票据　　　　　　　　　　　　　　　　　　　　　　　　　金额单位：元

年		凭证号	摘 要	借方	贷方	借或贷	余 额
月	日						
	1		期初余额			借	16 800.00
	10		科汇字第1号		7 500	借	9 300.00
	20		科汇字第2号			借	9 300.00
	31		科汇字第3号		9 300	借	0.00
			本期发生额及余额合计	0	16 800	借	0.00

表 7-28   **总分类账户**

账户名称：应收账款   金额单位：元

年		凭证号	摘 要	借方	贷方	借或贷	余 额
月	日						
	1		期初余额			借	8 000.00
	10		科汇字第1号		3 000	借	5 000.00
	20		科汇字第2号	10 000		借	15 000.00
	31		科汇字第3号			借	15 000.00
			本期发生额及余额合计	10 000	3 000	借	15 000.00

表 7-29   **总分类账户**

账户名称：其他应收款   金额单位：元

年		凭证号	摘 要	借方	贷方	借或贷	余 额
月	日						
	1		期初余额			借	136 225.00
	10		科汇字第1号	900		借	137 125.00
	20		科汇字第2号		1 150	借	135 975.00
	31		科汇字第3号			借	135 975.00
			本期发生额及余额合计	900	1 150	借	135 975.00

表 7-30   **总分类账户**

账户名称：原材料   金额单位：元

年		凭证号	摘 要	借方	贷方	借或贷	余 额
月	日						
	1		期初余额			借	20 000.00
	10		科汇字第1号	16 550		借	36 550.00
	20		科汇字第2号	5 100		借	41 650.00
	31		科汇字第3号			借	41 650.00
			本期发生额及余额合计	21 650	0	借	41 650.00

表 7-31   **总分类账户**

账户名称：库存商品   金额单位：元

年		凭证号	摘 要	借方	贷方	借或贷	余 额
月	日						
	1		期初余额			借	30 000.00
	10		科汇字第1号			借	30 000.00
	20		科汇字第2号			借	30 000.00
	31		科汇字第3号		25 000	借	5 000.00
			本期发生额及余额合计	0	25 000	借	5 000.00

表 7-32

总分类账户

账户名称：固定资产　　　　　　　　　　　　　　　　　　　　　　　金额单位：元

年		凭证号	摘要	借方	贷方	借或贷	余额
月	日						
	1		期初余额			借	300 000.00
	10		科汇字第1号			借	300 000.00
	20		科汇字第2号			借	300 000.00
	31		科汇字第3号			借	300 000.00
			本期发生额及余额合计	0	0	借	300 000.00

表 7-33

总分类账户

账户名称：累计折旧　　　　　　　　　　　　　　　　　　　　　　　金额单位：元

年		凭证号	摘要	借方	贷方	借或贷	余额
月	日						
	1		期初余额			贷	30 000.00
	10		科汇字第1号			贷	30 000.00
	20		科汇字第2号			贷	30 000.00
	31		科汇字第3号			贷	30 000.00
			本期发生额及余额合计	0	0	贷	30 000.00

注：假设所有资产已提足折旧。

表 7-34

总分类账户

账户名称：短期借款　　　　　　　　　　　　　　　　　　　　　　　金额单位：元

年		凭证号	摘要	借方	贷方	借或贷	余额
月	日						
	1		期初余额			贷	120 545.00
	10		科汇字第1号			贷	120 545.00
	20		科汇字第2号			贷	120 545.00
	31		科汇字第3号			贷	120 545.00
			本期发生额及余额合计	0	0	贷	120 545.00

表 7-35

总分类账户

账户名称：应付账款　　　　　　　　　　　　　　　　　　　　　　　金额单位：元

年		凭证号	摘要	借方	贷方	借或贷	余额
月	日						
	1		期初余额			贷	78 390.00
	10		科汇字第1号	22 500	6 000	贷	61 890.00
	20		科汇字第2号			贷	61 890.00
	31		科汇字第3号	11 500		贷	50 390.00
			本期发生额及余额合计	34 000	6 000	贷	50 390.00

表7-36

总分类账户

账户名称：应付职工薪酬　　　　　　　　　　　　　　　　　　金额单位：元

年		凭证号	摘　要	借方	贷方	借或贷	余　额
月	日						
	1		期初余额			贷	2 800.00
	10		科汇字第1号	0	0	贷	2 800.00
	20		科汇字第2号			贷	2 800.00
	31		科汇字第3号	6 320	5 700	贷	2 180.00
			本期发生额及余额合计	6 320	5 700	贷	2 180.00

表7-37

总分类账户

账户名称：应交税费　　　　　　　　　　　　　　　　　　　　金额单位：元

年		凭证号	摘　要	借方	贷方	借或贷	余　额
月	日						
	1		期初余额			贷	40 330.00
	10		科汇字第1号			贷	40 330.00
	20		科汇字第2号			贷	40 330.00
	31		科汇字第3号			贷	40 330.00
			本期发生额及余额合计	0	0	贷	40 330.00

表7-38

总分类账户

账户名称：实收资本　　　　　　　　　　　　　　　　　　　　金额单位：元

年		凭证号	摘　要	借方	贷方	借或贷	余　额
月	日						
	1		期初余额			贷	250 000.00
	10		科汇字第1号			贷	250 000.00
	20		科汇字第2号			贷	250 000.00
	31		科汇字第3号			贷	250 000.00
			本期发生额及余额合计	0	0	贷	250 000.00

表7-39

总分类账户

账户名称：未分配利润　　　　　　　　　　　　　　　　　　　金额单位：元

年		凭证号	摘　要	借方	贷方	借或贷	余　额
月	日						
	1		期初余额			贷	49 455.00
	10		科汇字第1号			贷	49 455.00
	20		科汇字第2号			贷	49 455.00
	31		科汇字第3号			贷	49 455.00
			本期发生额及余额合计	0	0	贷	49 455.00

表7-40 总分类账户

账户名称：主营业务收入　　　　　　　　　　　　　　　　　　　　　　　　金额单位：元

年		凭证号	摘要	借方	贷方	借或贷	余额
月	日						
	1		期初余额			贷	0.00
	10		科汇字第1号		50 000	贷	50 000.00
	20		科汇字第2号		10 000	贷	60 000.00
	31		科汇字第3号	60 000		贷	0.00
			本期发生额及余额合计	60 000	60 000	平	0.00

表7-41 总分类账户

账户名称：其他业务收入　　　　　　　　　　　　　　　　　　　　　　　　金额单位：元

年		凭证号	摘要	借方	贷方	借或贷	余额
月	日						
	1		期初余额			贷	0.00
	10		科汇字第1号			贷	0.00
	20		科汇字第2号			贷	0.00
	31		科汇字第3号	1 850	1 850	贷	0.00
			本期发生额及余额合计	1 850	1 850	平	0.00

表7-42 总分类账户

账户名称：主营业务成本　　　　　　　　　　　　　　　　　　　　　　　　金额单位：元

年		凭证号	摘要	借方	贷方	借或贷	余额
月	日						
	1		期初余额			借	0.00
	10		科汇字第1号			借	0.00
	20		科汇字第2号			借	
	31		科汇字第3号	25 000	25 000	借	0.00
			本期发生额及余额合计	25 000	25 000	平	0.00

表7-43 总分类账户

账户名称：管理费用　　　　　　　　　　　　　　　　　　　　　　　　　　金额单位：元

年		凭证号	摘要	借方	贷方	借或贷	余额
月	日						
	1		期初余额			借	0.00
	10		科汇字第1号			借	0.00
	20		科汇字第2号	1 150		借	1 150.00
	31		科汇字第3号	5 700	6 850	借	0.00
			本期发生额及余额合计	6 850	6 850	平	0.00

表7-44   **总分类账户**

账户名称：营业外收入   金额单位：元

年		凭证号	摘　要	借方	贷方	借或贷	余　额
月	日						
	1		期初余额			贷	0.00
	10		科汇字第1号			贷	0.00
	20		科汇字第2号			贷	0.00
	31		科汇字第3号	4 000	4 000	贷	0.00
			本期发生额及余额合计	4 000	4 000	平	0.00

表7-45   **总分类账户**

账户名称：营业外支出   金额单位：元

年		凭证号	摘　要	借方	贷方	借或贷	余　额
月	日						
	1		期初余额			借	0.00
	10		科汇字第1号			借	0.00
	20		科汇字第2号			借	0.00
	31		科汇字第3号	10 000	10 000	借	0.00
			本期发生额及余额合计	10 000	10 000	平	0.00

表7-46   **总分类账户**

账户名称：本年利润   金额单位：元

年		凭证号	摘　要	借方	贷方	借或贷	余　额
月	日						
	1		期初余额			贷	0.00
	10		科汇字第1号			贷	0.00
	20		科汇字第2号				0.00
	31		科汇字第3号	41 850	65 850	贷	24 000.00
			本期发生额及余额合计	41 850	65 850	贷	24 000.00

（7）根据总分类账和明细分类账的有关资料编制财务报表。本例只编制资产负债表和利润表，分别见表7-47和表7-48所示。

表 7-47   **资产负债表简表**

编制单位：某企业   时间：20××年×月31日   金额单位：元

资产	行次	年初数	年末数	负债及所有者权益	行次	年初数	年末数
流动资产：	略			流动负债：	略		
货币资金		60 495.00	69 275.00	短期借款		120 545.00	120 545.00
应收票据		16 800.00	0.00	应付账款		78 390.00	50 390.00
应收账款		8 000.00	15 000.00	应付职工薪酬		2 800.00	2 180.00
其他应收款		136 225.00	135 975.00	应交税费		40 330.00	40 330.00
存货		50 000.00	46 650.00	流动负债合计		242 065.00	213 445.00
……				所有者权益：			
流动资产合计		271 520.00	266 900.00	实收资本		250 000.00	250 000.00
固定资产：				资本公积			
固定资产原值		300 000.00	300 000.00	盈余公积			
累计折旧		30 000.00	30 000.00	本年利润		0.00	24 000.00
固定资产净值		270 000.00	270 000.00	未分配利润		49 455.00	49 455.00
固定资产合计		270 000.00	270 000.00	所有者权益合计		299 455.00	323 455.00
资产合计		541 520.00	536 900.00	负债及所有者权益合计		541 520.00	536 900.00

表 7-48   **利润表**

编制单位：某企业   时间：20××年×月   金额单位：元

项目名称	行次	本月数	本年累计数
一、营业收入	1	61 850.00	略
减：营业成本	2	25 000.00	
营业税金及附加	3	0.00	
销售费用	7	0.00	
管理费用	8	6 850.00	
财务费用	9	0.00	
资产减值损失	10	0.00	
加：公允价值变动收益（损失以"-"号填列）	11	0.00	
投资收益	12	0.00	
其中：对联营企业和合营企业的投资收益	13	0.00	
二、营业利润（亏损以"-"号填列）	14	30 000.00	
加：营业外收入	15	4 000.00	
减：营业外支出	16	10 000.00	
其中：非流动资产处置损失	17	0.00	
三、利润总额（亏损以"-"号填列）	18	24 000.00	
减：所得税费用	19	0.00	
四、净利润（亏损以"-"号填列）	20	24 000.00	

注：该企业上年亏损 50 000 元。

五、科目汇总表账务处理程序优缺点和适用范围

1. 科目汇总表账务处理程序的优点

科目汇总表账务处理程序与记账凭证账务处理程序相比，主要优点有以下几个方面：

（1）根据科目汇总表登记总分类账，大大简化了登记总账的工作量。如果每10天编制一张科目汇总表，一个月只要填3张表即可。

（2）通过科目汇总表的编制，可以根据各科目本期借、贷方发生额的合计数进行试算平衡，及时发现填制凭证和汇总过程中的错误，从而保证记账工作的质量。

2. 科目汇总表账务处理程序的缺点

科目汇总表账务处理程序不足之处在于：科目汇总表是按总账科目汇总编制的，只能作登记总账和试算平衡的依据，不便于检查经济业务的来龙去脉，不便于查对账目。

3. 科目汇总表账务处理程序适用范围

由于科目汇总表账务处理程序层次清楚，又具有能够进行账户发生额的试算平衡，减轻总分类账登记的工作量等优点，因此，不论规模大小的会计主体都可以采用。

☞ 小思考

1. 什么是账务处理程序？
2. 记账凭证账务处理程序有何特点？记账凭证账务处理程序的基本步骤有哪些？
3. 几种账务处理程序主要区别是什么？
4. 科目汇总表账务处理程序有何特点？
5. 如何编制科目汇总表？编制科目汇总表的依据是什么？
6. 同园公司应选择哪种会计账务处理程序？
7. 赵小洋的经营是否成功？

课后训练

一、单项选择题

1. 多种会计核算形式的根本区别在于（　　）不同。
   A. 记账凭证的种类和格式　　　　　　B. 登记总账的直接依据
   C. 登记明细账的依据　　　　　　　　D. 原始凭证的种类和格式

2. 会计核算形式中最基本、最简单的会计核算形式是（　　）。
   A. 记账凭证核算形式　　　　　　　　B. 科目汇总表核算形式
   C. 汇总记账凭证核算形式　　　　　　D. 日记总账核算形式

3. 日记总账是（　　）结合在一起的联合账簿。
   A. 日记账与明细账　　　　　　　　　B. 日记账与总账
   C. 日记账与记账凭证　　　　　　　　D. 日记账与原始凭证

4. 在汇总记账凭证核算形式下，为了便于编制汇总转账凭证，要求所有转账凭证的科目对应关系为（　　）。
   A. 一个借方科目与几个贷方科目相对应
   B. 一个借方科目与一个贷方科目相对应

  C. 几个借方科目与几个贷方科目相对应

  D. 一个贷方科目与一个或几个借方科目相对应

5. 不能反映账户对应关系的会计核算形式是（ ）。

  A. 记账凭证核算形式   B. 科目汇总表核算形式

  C. 汇总记账凭证核算形式   D. 日记总账核算形式

6. 在各种会计核算形式中，其相同的是（ ）。

  A. 登记总账的依据   B. 登记明细账的依据

  C. 账务处理的程序   D. 优缺点及适应范围

7. 不能够简化登记总账工作量的会计核算形式是（ ）。

  A. 记账凭证核算形式   B. 科目汇总表核算形式

  C. 汇总记账凭证核算形式   D. 多栏式日记账核算形式

8. 科目汇总表核算形式的优点是（ ）。

  A. 便于分析经济业务的来龙去脉   B. 便于查对账目

  C. 可以减少登记总账的工作量   D. 总分类账的记录较为详细

二、多项选择题

1. 记账凭证核算形式、科目汇总表核算形式、汇总记账凭证核算形式登记总账的直接依据分别为（ ）。

  A. 日记账   B. 记账凭证

  C. 汇总记账凭证   D. 明细账

  E. 科目汇总表

2. 科目汇总表能够（ ）。

  A. 作为登记总账的依据   B. 起到试算平衡的作用

  C. 反映各科目之间的对应关系   D. 反映各科目的余额

3. 以记账凭证为依据，按有关科目的贷方设置，按借方科目归类汇总的有（ ）。

  A. 汇总收款凭证   B. 汇总付款凭证

  C. 汇总转账凭证   D. 科目汇总表

4. 在汇总记账凭证核算形式下，作为登记总账"银行存款"账户的依据有（ ）。

  A. 现金汇总收款凭证   B. 银行存款汇总收款凭证

  C. 现金汇总付款凭证   D. 银行存款汇总付款凭证

5. 记账凭证核算形式需要设置的凭证有（ ）。

  A. 收款凭证   B. 科目汇总表

  C. 付款凭证   D. 转账凭证

  E. 汇总转账凭证

三、判断题

1. 任何会计核算形式的第一步都是将所有的原始凭证汇总编制成汇总原始凭证。

  （ ）

2. 记账凭证核算形式一般适用于规模小且经济业务较少的单位。（ ）

3. 科目汇总表不仅可以起到试算平衡的作用，而且可以反映账户之间的对应关系。

  （ ）

4. 汇总转账凭证是按借方科目分别设置，按其对应的贷方科目归类汇总。（ ）
5. 在汇总记账凭证核算形式下，为了便于编制汇总转账凭证，要求所有转账凭证的科目对应关系只能是一借一贷或一借多贷。（ ）
6. 汇总记账凭证核算形式适用于规模大，经济业务较多的单位。（ ）
7. 日记总账核算形式的缺点是：账务处理程序较为复杂。（ ）
8. 各种会计核算形式的主要区别表现在登记总账的依据和方法的不同。（ ）
9. 汇总记账凭证可以明确反映账户之间的对应关系。（ ）

四、综合练习题

练习一　练习科目汇总表的编制

资料：某工业企业200×年6月1~10日发生下列经济业务：

1日，从银行提取现金1 000元备用。

2日，华丰厂购进材料一批，已验收入库，货款5 000元，增值税进项税额850元，款项尚未支付。

2日，销售给向阳工厂A产品一批，货款为10 000元，增值税销项税额1 700元，款项尚未收到。

3日，厂部的王凌出差，借支差旅费500元，以现金付讫。

4日，车间领用甲材料一批，其中用于A产品生产3 000元，用于车间一般消耗500元。

5日，销售给华为公司A产品一批，货款为20 000元，增值税销项税额3 400元，款项尚未收到。

5日从江南公司购进乙材料一批，货款8 000元，增值税进项税额1 360元，款项尚未支付。

6日，厂部李青出差，借支差旅费400元，用现金付讫。

7日，以银行存款5 850元，偿还前欠华丰工厂的购料款。

8日，以银行提出现金1 000元备用。

8日，接银行通知，向阳厂汇来前欠货款11 700元，已收妥入账。

8日，车间领用乙材料一批，其中用于A产品5 000元，用于车间一般消耗1 000元。

9日，以银行存款9 360元，偿还前欠江南公司购料款。

10日，接银行通知，华远公司汇来前欠货款23 400元，已收妥入账。

要求：（1）根据以上经济业务编制记账凭证。

（2）根据所编记账凭证编制科目汇总表。

科目汇总表

××年×月1~10日

会计科目	借方金额	贷方金额
合　计		

练习二 编制汇总付款凭证和汇总转账凭证

资料：根据习题一的资料所编的记账凭证（会计科目）。

要求：根据记账凭证（会计科目）编制银行存款科目的汇总付款凭证和原材料科目的汇总转账凭证。

汇总付款凭证

贷方科目：银行存款

借方科目	金额				总账页数	
	1~10	11~20	21~31	合计	借方	贷方
合　计						

汇总转账凭证

贷方科目：原材料

借方科目	金额				总账页数	
	1~10	11~20	21~31	合计	借方	贷方
合　计						

练习三

南方公司200×年5月31日调整前有关账户的余额如下（单位：元）

库存现金	借余	7 500	累计折旧	借余	40 000
银行存款	借余	150 000	应付账款	借余	120 500
原材料	借余	130 000	短期借款	借余	120 000
固定资产	借余	560 000	应交税费	借余	1 200
库存商品	借余	70 000	实收资本	借余	380 000
管理费用	借余	58 000	主营业务收入	借余	1 800 000
主营业务成本	借余	1 400 000	利润分配	借余	20 000
销售费用	借余	105 000	预付账款	借余	1 200

本月底调整事项如下：

1月份预付的财产保险费1 200元，本月应负担100元。

本月应负担仓库租金6 000元。

本月应收银行存款利息 5 200 元。
本月企业管理部门应提折旧 12 000 元。
应计本月借款利息 8 000 元。

要求：

用以上给出的余额开设丁字账户。

编制调整分录，并记入丁字账户。

编制有关结账分录，记入丁字形账户，并结出每个账户的发生额和余额。

根据各分类账资料编制 5 月份资产负债表和利润表。

练习四

海利股份有限公司 2003 年度结账后，利润表也已编制，尚未公布，发现原记录有误，需更正的事项如下：

1. 房屋折旧少提 7 000 元。
2. 误将其他单位寄销的产品 14 400 元列在存货内。
3. 预收房租内，含有已确定的房租收入 2 400 元。
4. 保险费中多列未摊销部分计 10 000 元。
5. 漏列 12 月份应付水电费 3 000 元。
6. 已到期而尚未收取的仓库租金 7 200 元未予列账。

试问上述事项对资产、负债、股东权益及本年利润的影响。

项目八

财产清查

技能目标

1. 能够使用正确的方法进行各种财产物资、债权债务的清查。
2. 能够正确编制银行存款余额调节表。
3. 能进行财产清查结果的账务处理。

知识目标

1. 了解财产清查的意义和种类。
2. 掌握财产物资的盘存制度。
3. 掌握各种财产的清查方法。
4. 掌握财产清查结果处理的一般程序。
5. 掌握财产清查结果的账务处理方法。

任务1 实物资产的清查

【任务导入】

2010年12月31日,东方红公司对原材料等实物资产进行了清查。发现库存甲材料3 000千克,单价2 000元,共计6 000 000元,账面结存2 998千克。那么,东方红公司对实物资产的清查采用的是什么方法呢?实物清查工作的一般步骤又是怎样的呢?

【知识准备】

一、财产清查的概念

财产清查是指通过对实物、现金进行盘点,对银行存款和债权、债务进行核对,确定各项财产物资、货币资金及往来款项的实存数额，并查明实存数额与账存数额是否相符的一种专门方法。财产清查不仅是一种重要的会计核算方法，而且也是财产物资管理制度的重要组成内容。

财产清查的关键是要解决账实不符的问题。造成账存数与实存数发生差异的原因是多方面的，一般有以下几种情况：

（1）财产物资在运输、保管过程中的自然损耗或升溢。

（2）在收发财产物资时，由于计量、检验不准确而发生的品种、数量、质量上的差错。

（3）在财产物资发生增减变动时，没有按照有关规定办理会计手续，致使财产物资发生短缺或溢余。

（4）由于管理不善或工作人员失职，造成财产物资的损坏、变质或短缺。

（5）由于不法分子的贪污盗窃、徇私舞弊等造成的财产物资的损失。

（6）由于自然灾害和意外事故而造成了财产物资的损失等。

（7）由于结算凭证传递不及时而造成了未达账项。

（8）在会计凭证填制、账簿登记过程中，出现漏记、重记和错记或计算上的错误，造成账实不符。

以上种种原因都会影响账实的一致性。因此，运用财产清查手段，对各种财产物资进行定期或不定期的盘点或核对，具有十分重要的意义。

二、财产清查的意义

1. 保证会计核算资料真实、可靠

通过财产清查，可以查明各项财产物资的实存数，确定实存数与账存数之间的差异以及发生差异的原因，及时调整账面记录，使账存数与实存数一致，从而保证会计核算资料的真实可靠。

2. 挖掘财产物资的潜力和加速资金周转

通过财产清查，可以查明各项财产物资的储备和利用情况，以便采取措施，对储备不足的及时设法补充，保持合理的储备，以满足生产经营活动的正常需要；对积压、呆滞和不配套的财产物资及时进行处理，从而可以充分挖掘财产物资的潜力，避免损失浪费，加速资金周转。

3. 有利于保护财产物资的安全完整

通过财产清查，可以发现各项财产物资有无被挪用、贪污、盗窃的情况，有无因管理不善而造成霉烂、变质、损失浪费等情况，查明原因，分清责任，以便及时采取措施，加强管理，从而保护各项财产物资的安全完整。

4. 保证财经纪律、结算制度的执行

通过财产清查，可以查明企业单位在各种财产物资的使用、管理以及往来款项的结算过程中，有无违反财经纪律和结算制度的情况，如有无资金界限不清、公款私存、私设"小金库"以及债权、债务长期拖欠不清等问题，从而促使工作人员更加自觉地遵纪守法，自觉维护和遵守财经纪律。

三、确定实物资产账面结存数

实物资产是指具有实物形态的各种财产，主要包括原材料、在产品、库存商品、半成品、周转材料等存货和固定资产。实物资产数量大，占用的资金多，是管理的重点，也是清查的重点。对于实物资产的清查，首先应确定其账面结存数量，采用合适的盘点方法确定其实际结存数，然后两者进行比较以查明账实是否相符。确定各项实物资产账面结存数量的方法称为盘存制度，有永续盘存制和实地盘存制两种。

永续盘存制，又称"账面盘存制"，是指平时对各项财产物资的增减变动都要根据会计凭证在有关账簿中进行连续登记，并随时结出账面结存数的一种方法。即：

$$账面期末结存数 = 账面期初结存数 + 本期增加数 - 本期减少数$$

永续盘存制的优点在于，财产的进出都有严密的手续，可以随时通过账面反映和掌握各项财产的增减和结存状况，有利于加强对财产的管理。在实际工作中，大多数单位采用永续盘存制。其缺点是，财产的明细分类核算工作量较大，特别是对财产品种复杂、繁多的企业需要投入大量的人力和物力，也可能发生账实不符的情况。因此，采用永续盘存制，仍需对财产进行清查盘点，以查明账实是否相符，以及账实不符的原因。

实地盘存制，又称"定期盘存制"，是指平时只在账簿记录中登记各项财产物资的增加数，不登记减少数，期末通过实物盘点确定其结存数，并据以倒算出本期财产物资减少数的一种盘存方法。其计算公式为：

$$本期减少数 = 期初账面结存数 + 本期增加数 - 期末实际结存数$$

因此，这种盘存制度也称"以存计耗（销）制"。实地盘存制的优点主要是简化了平时的记录和核算工作；缺点是不能及时反映各项财产的收付和结存情况，倒挤的各项财产的减少数中成分复杂，除正常耗用外，有可能将物资的损耗、浪费、被盗等的财产物资也包含在减少数中，不利于财产的管理。

四、实物资产的清查方法

实物资产的清查，应从数量和质量两个方面进行，不仅要从数量上核对账面数与实物数是否相符，而且要查明这些物资是否有损坏、变质等情况。不同规格、品种的实物资产，由于其实物形态、体积、重量、存放方式等不尽相同，采用的清查方法也不同，一般有实地盘点法和技术推算法两种。

第一，实地盘点法。实地盘点是通过逐一清点或使用计量器具来确定实物实有数的方法。采用这种方法数字准确、可靠，清查质量高，但工作量大。适用于可以逐一点数、量尺、过磅的实物的清查。大多数财产物资的清查都可以使用这种方法。

第二，技术推断法。技术推算法是利用技术方法，如量方计尺等对财产物资的实存数进行推算的一种方法。这种方法适用于大量成堆、难以逐一清点的财产物资。

实物清查工作一般分为盘点实物、填写"盘存单"和编制"实存账存对比表"三个步骤进行。在实物盘点过程中，实物保管人员和清查人员必须同时在场，以明确经济责任。对各项财产物资的盘点结果，应逐一如实地登记在盘存单上，并由实物保管人员和有关参加盘点人员同时签字或签章。盘存单是记录各项财产物资实存数量盘点的书面证明，也是财产清查工作的原始凭证之一。为了进一步查明盘点结果与账面结存余额是否一致，确定盘盈或盘亏情况，还应根据"盘存单"和有关账簿记录，编制"实存账存对比表"（又称"盘盈盘亏报告表"）。实存账存对比表是用以调整账簿记录的重要原始凭证，也是分析产生差异的原因、明确经济责任的依据（见表8-1、表8-2）。

表8-1　　　　　　　　　　　　　　盘存单
单位名称：　　　　　　　　盘点时间：　　　　　　　　编　　号：
财产类别：　　　　　　　　存放地点：　　　　　　　　金额单位：

编号	名称	计量单位	数量	单价	金额	备注

单位负责人（印）　　　会计主管（印）　　　盘点人（印）　　　实物保管人（印）

表8-2　　　　　　　　　　　　　　账存实存对比表
单位名称：　　　　　　　　　　年　月　日　　　　　　　　　　财产类别：

编号	类别名称	计量单位	单价	实存		账存		实存与账存对比				备注
^	^	^	^	数量	金额	数量	金额	盘盈		盘亏		^
^	^	^	^	^	^	^	^	数量	金额	数量	金额	^

单位负责人（印）　　　会计主管（印）　　　盘点人（印）　　　实物保管人（印）

【任务分析】

东方红公司对原材料等实物资产的清查采用的是实地盘点的方法。对各项财产物资的盘点结果，应逐一如实地登记在盘存单上（见表1）。为了进一步查明盘点结果与账面结存余额是否一致，确定盘盈或盘亏情况，还应根据"盘存单"和有关账簿记录，编制"实存账存对比表"（见表8-3、表8-4）。

表8-3　　　　　　　　　　　　　　盘存单
单位名称：东方红公司　　　　　　2010年12月31日　　　　　　编　　号：5
财产类别：原材料　　　　　　　　存放地点：材料库　　　　　　金额单位：元

编号	名称	计量单位	数量	单价	金额	备注
13098	甲材料	吨	3 000	2 000	6 000 000	

单位负责人（印）　　　会计主管（印）　　　盘点人（印）　　　实物保管人（印）

表8-4　　　　　　　　　　　　　　账存实存对比表
单位名称：　　　　　　　　　　年　月　日　　　　　　　　　　财产类别：

编号	类别名称	计量单位	单价	实存		账存		实存与账存对比				备注
^	^	^	^	数量	金额	数量	金额	盘盈		盘亏		^
^	^	^	^	^	^	^	^	数量	金额	数量	金额	^
13098	甲材料	吨	2 000	3 000	6 000 000	2 998	5 996 000			2	4 000	

单位负责人（印）　　　会计主管（印）　　　盘点人（印）　　　实物保管人（印）

知识链接 8-1　财产清查的种类

一、全面清查和局部清查

按照清查的对象和范围分类，可以分为全面清查和局部清查。

1. 全面清查

这是指对本单位所有财产物资进行全面、彻底的盘点和核对。全面清查的优点是内容全面，范围广泛，能够彻底查清单位的所有财产物资；其缺点是需要参加的部门和人员多，且费用高，时间长，因此企业并不经常进行全面清查。一般以下几种情况才需要进行全面清查：

（1）年终决算前，为了确保年终决算会计资料真实、正确时。
（2）单位撤销、合并、分立或改变隶属关系时。
（3）开展资产评估、清产核资时。
（4）单位主要负责人调离工作时。

2. 局部清查

这是指根据需要对单位的一部分财产物资所进行的盘点和核对。局部清查范围小、内容少，但专业性和针对性较强，通常用于对一些流动性强且比较重要的物资的清查。清查内容主要包括以下几个方面：

（1）库存现金应当由出纳人员每日清点，并与库存现金日记账核对，做到日清月结。
（2）对于银行存款和银行借款，应当每月同银行核对一次。
（3）对于各种贵重物资，每月应清查盘点一次。
（4）债权债务应当每年至少与对方核对一次。
（5）各类存货应当根据需要进行重点抽查。

二、定期清查和不定期清查

按清查的时间分类可分为定期清查和不定期清查。

1. 定期清查

这是指按管理制度的规定或预先计划安排的时间对财产物资所进行的清查。其清查的时间一般是在年末、季末或月末结账时进行。定期清查，可以是全面清查，也可以是局部清查。

2. 不定期清查

这是指事先不规定清查时间，而是根据实际需要所进行的临时性的财产清查。这种清查对象的范围可以是局部清查，也可以是全面清查。一般适用以下几种情况：

（1）更换财产物资、库存现金保管人员时。
（2）发生自然灾害或意外损失时。
（3）有关财政、审计、银行等部门对本单位进行会计检查时。
（4）进行临时性的清查核资、资产评估时。

知识链接 8-2　财产清查的一般程序

财产清查工作涉及面广、工作量大，为了保证财产清查工作有条不紊地进行，应该按照科学、合理的程序进行财产清查。财产清查的一般程序如下：

(1) 建立财产清查组织。
(2) 组织清查人员学习有关政策规定，掌握有关法律、法规和相关业务知识，以提高财产清查工作的质量。
(3) 确定清查对象、范围，明确清查任务。
(4) 制订清查方案，安排具体的清查内容、时间、步骤、方法，做必要的清查前准备。
(5) 清查时本着先清查数量、核对有关账簿记录等，后认定质量的原则进行。
(6) 填制盘存清单。
(7) 根据盘存清单填制实物、往来账项清查结果报告表。

任务2　货币资金的清查

【任务导入】

7月2日，东方红公司出纳员王芳收到公司开户银行工商银行某支行营业部寄来的6月份对账单。王芳发现银行对账单（见表8-5）上所记录的截止到6月30日公司银行存款的余额为84 158元，而自己所登记的银行存款日记账（见表8-6）上同期账面余额却为102 594元。

表8-5　　　　　　　　　　银行对账单

2010年		摘要	结算凭证		收入	支出	结余
月	日		种类	号数			
6	1	以上记录略					91 430
	3	转账支取	支票	1 246		300	88 650
	11	转账支取	支票	1 247		39 360	52 070
	17	转账收入	支票	2 653	40 000		92 070
	28	付水电费	专托	7 321		3 120	88 950
	29	存款利息	特转	1 480	488		89 138
	29	收货款	委收	1 009	11 820		100 958
	30	转账支取	支票	1 248		16 800	84 158

表8-6　　　　　　　　　　银行存款日记账　　　　　　　　　金额单位：元

2010年		摘要	结算凭证		借方	贷方	结余
月	日		种类	号数			
6	1	以上记录略					91 430
	2	支付运杂费	支票	1 246		300	91 130
	9	购入材料	支票	1 247		39 360	51 770
	16	收回货款	支票	2 653	40 000		91 770
	28	支付广告费	支票	1 248		16 800	74 970
	30	收回货款	支票	3 203	28 000		102 970
	30	支付修理费	支票	1 249		376	102 594

王芳将银行对账单和银行存款日记账上所登记的每笔经济业务进行了逐笔核对，发现有些经济业务公司日记账上都已登记而银行对账单上没有登记，而有些经济业务银行对账单已记录而公司日记账上却没有登记。

为什么有些经济业务公司银行存款日记账和银行对账单不一致呢？是王芳或银行漏记了这些业务吗？王芳应该如何确认至6月30日止的银行存款的确切余额呢？

【知识准备】

一、库存现金的清查方法

库存现金的清查，是采用实地盘点的方法来确定库存现金的实存数，再与库存现金日记账的账面余额进行核对，以查明账实是否相符以及盈亏情况。企业库存现金的收支业务十分频繁，极容易出现差错，因此在日常工作中出纳员应当每日清点库存现金实有数额，并与现金日记账的账面余额进行核对。在由专门清查人员进行的清查工作中，清查前出纳员应将现金收付款凭证全部登记入账。为了明确经济责任，盘点现金时出纳人员必须在场。盘点时，一方面要注意账实是否相符，另一方面还要检查现金管理制度的遵守情况，如有无超过现金库存限额、有无"白条抵库"、挪用等情况。

盘点结束后，应根据盘点结果，编制"库存现金盘点报告表"（见表8-7），并由盘点人员和出纳人员签章。库存现金盘点报告表兼有盘存单和实存账存对比表的作用，是反映库存现金实有数和调整账簿记录的重要原始凭证。

表8-7　　　　　　　　　　库存现金盘点报告表

单位名称：　　　　　　　　　　　年　　月　　日

实存金额	账存金额	实存与账存对比		备注
		盘盈（长款）	盘亏（短款）	

单位负责人（印）　　　会计主管（印）　　　盘点人（印）　　　实物保管人（印）

二、银行存款的清查方法

银行存款的清查是采用与开户银行核对账目的方法进行，即将本单位的银行存款日记账与开户银行转来的对账单逐笔进行核对，发现差错如漏记、错记要及时查清更正。即使双方记账都没有错误，银行存款日记账的余额和银行对账单的余额也往往不一致，这种不一致主要是由于未达账项形成的。未达账项是指由于企业与银行取得凭证的时间不同，导致记账时间不一致，而发生的一方已取得结算凭证且已登记入账，而另一方未取得结算凭证尚未入账的账项。企业单位与银行之间的未达账项，有以下两大类共四种情况。

1. 企业已入账，但银行尚未入账。

（1）企业送存银行的款项，企业已作存款增加入账，但银行尚未入账。

（2）企业开出支票或其他付款凭证，企业已作存款减少入账，但银行尚未付款、未入账。

2. 银行已入账，但企业尚未入账。

（1）银行代企业收进的款项，银行已作企业存款的增加入账，但企业尚未收到收款通知而未入账。

（2）银行代企业支付的款项，银行已作企业存款的减少入账，但企业尚未收到付款通知而未入账。

上述任何一种情况的发生，都会使企业和银行之间的账簿记录不一致。因此，在核对账目时必须注意有无未达账项。如果有未达账项，应编制"银行存款余额调节表"，进行检查核对，如果没有记账错误，调节后双方的账面余额应相等。

"银行存款余额调节表"的编制方法是：在企业银行存款日记账和开户银行对账单双方账面余额的基础上，分别补记对方已记账而本方尚未记账的未达账项（即加上对方已收、本方未收的款项，减去对方已付、本方未付的款项），然后验证经调节后双方的余额是否相等。经过调节后，企业与开户银行双方的余额是相等的，说明双方记账无误；否则，说明记账有错误，应该进一步查明，予以更正。需要注意的是，"银行存款余额调节表"只起对账的作用，不能作为登记账簿的依据，所有未达账项只能在收到银行转来的有关收付款结算凭证时才能登记入账。

【任务分析】

王芳将银行对账单和银行存款日记账上所登记的每笔经济业务进行逐笔核对，发现有如下未达账项：

（1）企业已收、银行未收的款项为 28 000 元。

（2）企业已付、银行未付的款项为 376 元。

（3）银行已收、企业未收的款项为 12 308 元。

（4）银行已付、企业未付的款项为 3 120 元。

根据以上未达账项，编制"银行存款余额调节表"（见表 8-8）。

表 8-8　　　　　　　　　　　银行存款余额调节表

2010 年 6 月 30 日　　　　　　　　　　　　　　　　　　单位：元

项　目	金　额	项　目	金　额
企业银行存款日记账余额	102 594	银行对账单余额	84 158
加：银行已收，企业未收	12 308	加：企业已收，银行未收	28 000
减：银行已付，企业未付	3 120	减：企业已付，银行未付	376
调节后的存款余额	111 782	调节后的存款余额	111 782

表 8-8 所列双方余额经调节后是相等的，这表明双方的账簿记录没有差错，调节前之所以不相等，完全是因为未达账项所致。另外，表 8-8 调节后的银行存款余额，既不等于企业银行存款日记账账面余额，也不等于银行对账单余额，这个数字是企业即日银行存款的真正实有数额，即企业实际可动用的存款数额。需要注意的是：由于未达账项不是错账、漏账，因此不要做任何的账务调整处理，双方账面仍应保持原来的余额。待收到有关凭证之后

（即由未达账项变成已达账项），与正常业务一样处理。

知识链接8-3　往来款项的清查

往来款项的清查，是指对本单位发生的各种债权、债务等结算业务进行清查，如对应收账款、应付账款、预收账款、预付账款、其他应收款、其他应付款等进行清查。往来款项的清查一般是采用发函询证的方法进行核对。清查单位按每一个经济往来单位编制"往来款项对账单"（一式两份，其中一份作为回执联）送往各经济往来单位。对方经过核对相符后，在回执联上盖公章后退回，表示已核对；若核对不符，对方应在回联单上注明情况，或另抄对账单退回本单位，作为进一步核对的依据。

往来款项对账单

×××单位：

贵单位20××年×月×日从我公司购入甲产品200件，已付货款40 000元，尚有60 000元货款未付，请核对后将回联单寄回。

（清查）单位（盖章）
年　月　日

沿此虚线裁开，将以下回联单寄回！

如核对相符，请在数据无误处盖章确认（沿此虚线剪下，将以下回联单寄回）；如数据存在差异，请注明贵公司记载的金额。

往来款项对账单（回联）

××（清查）单位：

贵单位寄来的"往来款项对账单"已收到，经核对相符无误。

×××单位：（盖章）
年　月　日

清查单位收到对方的回单联后，应据以编制"往来账项清查表"。在往来款项清查后，要及时催收该收回的款项，偿还该支付的款项，对呆账和有争议的款项应及时研究处理，加强对往来款项的管理，以减少坏账损失的发生。

往来款项清查表

编制单位：　　　　　　　　　　年　月　日

总账账户		明细账账户		清查结果		不同意原因			备注
账户名称	余额	账户名称	余额	同意	不同意	争执款项	无法收回（或偿还）款项	其他	

单位负责人（印）　　会计主管（印）　　清查人员（印）　　经管人员（印）

任务3　处理财产清查结果

【任务导入】

东方红公司在某月的一次财产清查中，发现了以下情况：

(1) 在现金清查中发现现金日记账的账面金额为1 950元，实际清点完毕的现金为1 900元。

(2) 在实物资产清查中发现甲材料账面为860千克，实际清查结果为880千克，盘盈甲材料20千克，价值800元。

(3) 在实物资产清查中发现乙材料账面为1 050千克，实际清查结果为1 020千克，盘亏乙材料30千克，价值1 200元。

(4) 在财产清查中发现盘亏车床一台，账面原值50 000元，已提折旧17 000元。

对于东方红公司在财产清查中发现的货币资金、实物资产的盘盈和盘亏应该如何处理呢？

【知识准备】

一、处理财产清查结果的步骤

财产清查后，如果实存数与其账存数不一致，会出现两种情况：实存数大于账存数时，称为盘盈；实存数小于账存数时，称为盘亏。当实存数与账存数一致，但实存的财产物资有质量问题，不能正常的使用，称为毁损。不论盘盈、盘亏还是毁损都说明企业在经营管理和财产保管中存在着一定的问题。其处理的主要步骤如下：

(1) 核准盘盈、盘亏、毁损和其他损失的数字，查明性质与原因，明确责任，提出处理意见，报相关人员批准。

(2) 根据已查明属实的财产盘盈、盘亏或毁损的数字，编制"实存账存对比表"，填制记账凭证，据以登记账簿，使各项财产物资做到账实相符。

(3) 报经批准，进行会计处理。

为了正确反映和监督财产物资的盘盈、盈亏和处理情况，在会计上应设置和使用"待处理财产损溢"账户。该账户的借方登记待处理财产物资的盘亏、毁损数和经批准转销的盘盈数；贷方登记待处理财产物资的盘盈数和经批准转销的盘亏、毁损数。本科目处理前的借方余额反映企业尚未处理的各种财产的净损失；处理前的贷方余额反映企业尚未处理的各种财产的净溢余。该科目下设置"待处理流动资产损溢"和"待处理固定资产损溢"两个明细科目。为了分别反映和监督企业固定资产和流动资产的盈亏情况，应设置"待处理财产损溢——待处理固定资产损溢"和"待处理财产损溢——待处理流动资产损溢"两个二级明细分类科目进行核算。

二、财产物资盘盈的核算

流动资产发生盘盈时，借记"库存现金"、"原材料"、"库存商品"等科目，贷记"待处理财产损溢"科目。对于长余的现金，经批准处理后，借记"待处理财产损溢"科目，属于应支付给有关单位或人员的,贷记"其他应付款"科目;属于无法查明原因的,则贷记"营业外收入"科目。其他流动资产经批准处理后,借记"待处理财产损溢"科目,贷记"管理费用"科目。盘盈的固定资产作为前期会计差错处理,通过"以前年度损益调整"科目进行核算。

三、财产物资盘亏的核算

流动资产发生盘亏和毁损时,借记"待处理财产损溢"科目,贷记"库存现金"、"原材料"、"库存商品"等科目。经批准处理后,借方应根据不同的原因作出不同的处理:收回的残料入库或变卖收入,应记入"原材料"、"银行存款"等科目;应收取保险公司的赔款以及因责任人造成的损失应由其赔偿的,记入"其他应收款"科目;盘亏和毁损总额扣除以上几部分的剩余净损失,若属于一般经营性损失或定额内损失,记入"管理费用"科目,若属于非常损失,则记入"营业外支出"科目;同时,按盘亏和毁损的总金额贷记"待处理财产损溢"科目。

发生固定资产盘亏和毁损,按账面已提折旧借记"累计折旧"科目,按固定资产的账面原始价值,贷记"固定资产"科目,按二者的差额借记"待处理财产损溢"科目。报经批准处理后,其损失数额借记"营业外支出"科目,贷记"待处理财产损溢"科目。若由于自然灾害造成固定资产盘亏和毁损,应向保险公司收取的保险赔偿款,借记"其他应收款"科目;所收回的残料入库或变卖收入,借记"原材料"、"银行存款"等科目,其净损失记入"营业外支出"科目。

【任务分析】

(1)在现金清查中发现现金日记账的账面金额为1 950元,实际清点完毕的现金为1 900元。经核查,应由出纳人员赔偿。

① 在批准前,根据"现金盘点报告表"所确定的现金盘亏数字编制记账凭证(见表8-9)。

表8-9　　　　　　　　　　　　转 账 凭 证

2010年12月31日　　　　　　　　　　　　现付字第001号

摘要	会计科目		借方金额	贷方金额	记账符号
	一级科目	明细科目			
现金盘亏	待处理财产损溢	待处理流动资产损溢	50.00		
	库存现金			50.00	
合　　计			¥50.00	¥50.00	

会计主管:　　　　记账:　　　　审核:　　　　制单:

② 经查明,盘亏的现金属于出纳人员失职造成,应由出纳人员赔偿,编制记账凭证(见表8-10)。

表 8-10　　　　　　　　　　　　转 账 凭 证
2010 年 12 月 31 日　　　　　　　　　　　　转字第 001 号

摘要	会计科目 一级科目	会计科目 明细科目	借方金额	贷方金额	记账符号
转销现金盘亏	其他应收款	责任人	50.00		
	待处理财产损溢	待处理流动资产损溢		50.00	
合　　计			￥50.00	￥50.00	

会计主管：　　　　　记账：　　　　　审核：　　　　　制单：

（2）在实物资产清查中发现甲材料账面为 860 公斤，实际清查结果为 880 公斤，盘盈甲材料 20 公斤，价值 800 元。

① 批准前，根据"实存账存对比表"的记录编制记账凭证（见表 8-11）。

表 8-11　　　　　　　　　　　　转 账 凭 证
2010 年 12 月 31 日　　　　　　　　　　　　转字第 002 号

摘要	会计科目 一级科目	会计科目 明细科目	借方金额	贷方金额	记账符号
甲材料盘盈	原材料		800.00		
	待处理财产损溢	待处理流动资产损溢		800.00	
合　　计			￥800.00	￥800.00	

会计主管：　　　　　记账：　　　　　审核：　　　　　制单：

② 经查明，甲材料盘盈是因计量仪器不准造成生产领用少发多记，经批准冲减本月管理费用，编制记账凭证（见表 8-12）。

表 8-12　　　　　　　　　　　　转 账 凭 证
2010 年 12 月 31 日　　　　　　　　　　　　转字第 003 号

摘要	会计科目 一级科目	会计科目 明细科目	借方金额	贷方金额	记账符号
转销盘盈甲材料	待处理财产损溢	待处理流动资产损溢	800.00		
	管理费用			800.00	
合　　计			￥800.00	￥800.00	

会计主管：　　　　　记账：　　　　　审核：　　　　　制单：

（3）在实物资产清查中发现乙材料账面为 1 050 千克，实际清查结果为 1 020 千克，盘亏乙材料 30 千克，价值 1 200 元。

① 在批准前，根据"实存账存对比表"的记录编制记账凭证（见表 8-13）。

表 8-13

转 账 凭 证

2010 年 12 月 31 日

转字第 004 号

摘要	会计科目		借方金额	贷方金额	记账符号
	一级科目	明细科目			
乙材料盘亏	待处理财产损溢	待处理流动资产损溢	1 200.00		
	原材料			1 200.00	
合　计			¥1 200.00	¥1 200.00	

会计主管：　　　　记账：　　　　审核：　　　　制单：

② 批准后，盘亏的乙材料是属于定额内的自然损耗，编制记账凭证（见表 8-14）。

表 8-14

转 账 凭 证

2010 年 12 月 31 日

转字第 005 号

摘要	会计科目		借方金额	贷方金额	记账符号
	一级科目	明细科目			
转销盘亏乙材料	管理费用		1 200.00		
	待处理财产损溢	待处理流动资产损溢		1 200.00	
合　计			¥1 200.00	¥1 200.00	

会计主管：　　　　记账：　　　　审核：　　　　制单：

（4）在财产清查中发现盘亏车床一台，账面原值 50 000 元，已提折旧 17 000 元。

① 批准前，根据"实存账存对比表"确定的固定资产盘亏数编制记账凭证（见表 8-15）。

表 8-15

转 账 凭 证

2010 年 12 月 31 日

转字第 006 号

摘要	会计科目		借方金额	贷方金额	记账符号
	一级科目	明细科目			
固定资产盘亏	待处理财产损溢	待处理固定资产损溢	33 000.00		
	累计折旧		17 000.00		
	固定资产			50 000.00	
合　计			¥50 000.00	¥50 000.00	

会计主管：　　　　记账：　　　　审核：　　　　制单：

② 批准后，转销盘亏的固定资产，编制记账凭证（见表 8-16）。

表 8-16　　　　　　　　　　转账凭证
2010 年 12 月 31 日　　　　　　　　　　转字第 007 号

摘要	会计科目		借方金额	贷方金额	记账符号
	一级科目	明细科目			
转销盘亏固定资产	营业外支出		33 000.00		
	待处理财产损溢	待处理固定资产损溢		33 000.00	
	合　　计		¥33 000.00	¥33 000.00	

会计主管：　　　　　记账：　　　　　审核：　　　　　制单：

知识链接 8-4　往来款项清查结果的账务处理

（1）应收款项的账务处理。在财产清查中，对于经查明确认无法收回的应收账款，应作为坏账损失予以核销。核销时，不必通过"待处理财产损溢"科目核算，应按规定的程序批准核销后作账务处理。由于企业按期提取坏账准备，因此核销坏账时，应冲减坏账准备并核销应收账款，借记"坏账准备"科目，贷记"应收账款"科目。

（2）应付款项的账务处理。在财产清查中，对于经查明确认无法支付的应付账款，应予以核销。核销时不必通过"待处理财产损溢"科目核算，应按规定的程序报经批准后，直接核销应付账款并转作营业外收入处理。

【课后训练】

一、单项选择题

1. 企业在遭受自然灾害后，对其受损的财产物资进行的调查，属于（　　）。
   A. 局部清查和定期清查　　　　　　B. 全面清查和定期清查
   C. 局部清查和不定期清查　　　　　D. 全面清查和不定期清查

2. 下列项目中，不属于不定期且全面清查的是（　　）。
   A. 单位合并、撤销以及改变隶属关系　B. 年终决算之前
   C. 企业股份制改造前　　　　　　　　D. 单位主要领导调离时

3. 企业在存货清查中，发生盘盈的存货，按规定手续报经批准后，应计入（　　）。
   A. 营业外收入　　B. 管理费用　　C. 其他业务收入　　D. 营业外支出

4. 下列记录可以作为调整账面数字的原始凭证的是（　　）。
   A. 盘存单　　　　　　　　　　　　B. 实存账存对比表
   C. 银行存款余额调节表　　　　　　D. 往来款项对账单

5. 银行存款余额调节表中调节后的余额是（　　）。
   A. 银行存款账面余额
   B. 对账单余额与日记账余额的平均数
   C. 对账日企业可以动用的银行存款实有数额
   D. 银行方面的账面余额

6. 对盘亏的固定资产净损失经批准后应记入（　　）账户的借方。
   A. 制造费用　　　　B. 生产成本　　　　C. 营业外支出　　　　D. 管理费用
7. 对企业与其开户银行之间的未达账项，进行账务处理的时间是（　　）。
   A. 编好银行存款余额调节表时　　　　B. 查明未达账项时
   C. 收到银行对账单时　　　　D. 实际收到有关结算凭证时
8. 在实地盘存制下，平时在账簿中对财产物资（　　）。
   A. 只登记收入数，不登记发出数　　　　B. 只登记发出数，不登记收入数
   C. 既登记收入数，又登记发出数　　　　D. 既不登记收入数，也不登记发出数
9. 出纳人员清点现金的时间应该是（　　）。
   A. 每季度一次　　　B. 每月一次　　　C. 每星期一次　　　D. 每天一次
10. "盘存单"应由（　　）同时签章方能生效。
    A. 参加盘点的人员和实物保管人员　　　　B. 参加盘点的人员和出纳人员
    C. 参加盘点的人员和会计人员　　　　D. 参加盘点的人员和财产清查负责人

二、多项选择题

1. 进行局部财产清查时，正确的做法有（　　）。
   A. 现金每月清点一次　　　　B. 银行存款每月至少同银行核对一次
   C. 贵重物品每月盘点一次　　　　D. 债权债务每年至少核对1～2次
2. 下列适于采用实地盘点法清查的有（　　）。
   A. 原材料　　　　B. 固定资产
   C. 露天堆放的沙石　　　　D. 包装完整的大件
3. 造成账实不符的原因主要有（　　）。
   A. 财产物资的自然损耗　　　　B. 财产物资收发计量错误
   C. 财产物资的毁损、被盗　　　　D. 会计账簿漏记、重记、错记
4. 下列说法中，正确的有（　　）。
   A. 在实物资产清查时，实物保管人员必须在场
   B. 清查人员和实物保管人员应在盘存表上签名盖章
   C. 需要根据"实存账存对比表"作出账务处理
   D. 不需要根据"实存账存对比表"作出账务处理
5. 下列说法中，正确的有（　　）。
   A. 不需要根据"银行存款余额调节表"作任何账务处理
   B. 对于未达账项，等以后有关原始凭证到达后再作账务处理
   C. 如果调整以后双方的余额不相等，则说明银行或企业记账有误
   D. 对于未达账项，需要根据"银行存款余额调节表"作账务处理
6. 全面清查的时间一般在（　　）。
   A. 清产核资时　　　B. 单位撤销、合并或改变隶属关系时
   C. 年终决算时　　　D. 月末结账时　　　E. 更换出纳人员时
7. "待处理财产损溢"科目，借方登记的内容有（　　）。
   A. 待处理财产物资盘亏净值
   B. 待处理财产物资盘亏原值

C. 结转批准处理的财务物资盘盈数

D. 结转批准处理的财务物资盘亏数

E. 待处理财务物资盘盈净值

8. 局部清查的特点有（　　）。
   A. 清查范围小　　　　B. 内容少　　　　C. 涉及的人员少
   D. 专业性较强　　　　E. 清查对象流动性较大

9. 永续盘存制的优点有（　　）。
   A. 工作量小　　　　　　　　　　　　B. 简化日常核算工作
   C. 便于加强会计监督
   D. 便于随时掌握财产物资的占用情况及其动态
   E. 有利于加强对财产物资的管理

10. 企业银行存款日记账账面余额大于银行对账单余额的原因有（　　）。
    A. 企业账簿记录有差错
    B. 银行账簿记录有差错
    C. 企业已作收入入账，银行尚未入账
    D. 银行已作支出入账，企业尚未入账
    E. 企业已作支出入账，银行尚未入账

三、判断题

1. 在企业撤销或合并时，要对企业的部分财产进行重点清查。（　　）
2. 未达账项只有在企业和开户银行之间发生，企业与其他单位之间不会发生未达账项。（　　）
3. 财产清查就是对各种实物财产进行的清查盘点，不对往来款项进行清查。（　　）
4. 无论采用何种盘存制度，期末都需要对财产物资进行清查。（　　）
5. 对现金的清查，一定要有出纳人员在场。（　　）
6. 不定期清查一定是局部清查。（　　）
7. 存货发生盘盈后，在审批前，应先调整账面余额，使账实相符。（　　）
8. 对于银行存款的未达账项应编制银行存款余额调节表进行调节，同时将未达账项编制记账凭证登记入账。（　　）
9. 财产清查的范围是存放在本企业的各项财产物资。（　　）
10. 企业对于与外部单位往来款项的清查，一般采取编制对账单寄送给对方单位的方式进行，因此属于账账核对。（　　）

四、实务题

（一）实训资料

东方红公司 2010 年 9 月 21 日至 9 月 30 日银行存款日记账账面记录和银行对账单记录见下表（假设企业银行存款日记账和银行对账单账面记录 4 月 21 日前均核对无误）。

银行存款日记账

2010年 月	日	凭证号	摘要	结算凭证 种类	号数	对方科目	借方	贷方	余额
9	21		承前页						332 500
	22	银付36	偿付货款	转支	2003	应付账款		36 800	295 700
	22	银付37	提取现金	现支	8653	库存现金		4 000	291 700
	23	银付38	支付广告费	转支	3605	销售费用		37 200	254 500
	23	银收18	收回货款	委收	1004	应收账款	28 300		282 800
	24	银付39	支付保险费	转支	3609	管理费用		40 000	242 800
	24	银付40	代垫运杂费	转支	3611	应收账款		6 000	236 800
	25	银付41	预付差旅费	现支	8654	其他应收款		3 500	233 300
	25	银收19	销售产品	委收	1006	主营业务收入	18 950		252 250
	26	银付42	购入设备	汇票	2005	固定资产		57 400	194 850
	26	银收20	预收货款	本票	8461	预收账款	95 380		290 230
	27	银付43	购办公用品	转支	3614	管理费用		600	289 630
	27	银付44	支付养路费	转支	3617	管理费用		3 800	285 830
	28	银付45	预付货款	转支	3618	预付账款		50 000	235 830
	29	银收21	收回货款	委收	1008	应收账款	17 390		253 220
	30	现付19	存入现金	回单	24	库存现金	2 000		255 220
	30	银付46	预付差旅费	现支	8658	其他应收款		2 780	252 440

银行对账单

2010年 月	日	结算凭证 种类	号数	摘要	借方	贷方	余额
9	21			承前页			332 500
	22	现支	8653	提现金	4 000		328 500
	24	转支	3605	付广告费	37 200		291 300
	25	特转	1480	存款利息		5 900	297 200
	25	现支	8654	提差旅费	3 500		293 700
	26	转支	3609	付保险费	40 000		253 700
	26	本票	8461	存入货款		95 380	349 080
	26	转支	3614	付办公用品款	600		348 480
	29	转支	2003	付货款	36 800		311 680
	29	专托	5721	付电话费	3 800		307 880
	29	转支	3617	付养路费	3 800		304 080
	30	特转	1902	货款利息	3 500		300 580
	30			存入现金		2 000	302 580
	30	专托	1195	支付水电费	4 800		297 780
	30	委收	1009	代收运费		4 000	301 780
	30	汇票	2005	购设备	57 400		244 380
	30			月末余额			244 380

（二）实训要求

核对企业银行存款日记账和银行对账单账面记录，确定未达账项，编制银行存款余额调节表。

银行存款余额调节表

年　月　日　　　　　　　　　　　　　　　　　　　　　　　　　　单位：元

项　目	金　额	项　目	金　额
企业银行存款日记账余额		银行对账单余额	
加：		加：	
减：		减：	
调节后的余额		调节后的余额	

项目九

编制财务会计报告

技能目标

1. 使初学者了解财务会计报告的有关基本定义概念，掌握财务会计报告的基本编制方法。
2. 通过学习，较为熟练地掌握利润表和资产负债表的基本编制方法。

知识目标

1. 了解财务会计报告的有关基本概念。
2. 了解财务会计报告的定义和作用。
3. 掌握财务会计报告的基本编制方法。
4. 掌握利润表和资产负债表的基本编制方法。
5. 了解现金流量表的编制方法。

任务1 认识财务会计报告

9.1.1 财务会计报告作用

财务会计报告是对企业财务状况、经营成果和现金流量的结构性表述。财务会计报告是企业根据日常会计核算资料、加工和汇总后形成的，是企业对外提供会计信息的主要形式。

在会计核算中，企业通过填制和审核会计凭证，登记会计账簿，把各项经济业务完整、连续、分类地登记在会计账簿中。

☞ 小思考

1. 财务会计报告的作用是什么。

2. 财务会计报告包括哪些具体要求。
3. 为什么要编制资产负债表。
4. 资产负债表的填列方法有哪些。
5. 怎样填制利润表。
6. 现金流量表的填制方法。

在会计核算中,企业通过填制和审核会计凭证,登记会计账簿,把各项经济业务完整、连续、分类地登记在会计账簿中。会计账簿虽然比会计凭证反映的信息更加条理化、系统化,但就某一会计期间的经济活动的整体而言,其能提供的仍是分散的、部分的信息,不能清晰反映经济指标间的内在联系,集中揭示和反映该会计期间经营活动和财务收支的全貌。而且,单位的凭证账簿资料也不便于会计部门以外的其他职能部门和单位外部有关部门或人员使用,因此,每个会计期末,必须根据账簿上记录的资料,按照规定的报表格式、内容和编制方法,作进一步的归集、加工和汇总,编制成相应的财务报表,全面、综合地反映企业的财务状况、经营成果和现金流动情况,为有关各方面提供全面的信息。具体而言,财务报表的作用主要有以下三个方面:

(1) 为企业的所有人、全权人和潜在的投资者债权人了解企业的经营成果、财务状况及现金流动情况,进行正确的投资决策和信贷决策提供信息。

(2) 为企业内部管理者检查和分析财务计划完成情况和有关方针政策的执行情况,总结生产经营业绩和存在的问题,评价经济效益,改善经营管理提供信息。

(3) 为政府财政、税务、审计等部门了解、掌握社会经济状况,各类财经纪律执行情况提供信息,使国家能及时运用经济杠杆等宏观经济管理手段,调控经济活动,优化资源配置。

《企业会计准则》规定,财务报表至少应当包括资产负债表、利润表、现金流量表、所有者权益变动表和报表附注。小企业可以根据需要选择是否编制现金流量表。

9.1.2 财务报表的种类

企业的财务报表可以按照其反映的经济内容、编报时间、编报主体和报送对象等进行分类。

一、按反映经济内容分类

按反映的经济内容不同,财务报表可分为资产负债表、利润表、现金流量表、所有者权益(或股东权益)变动表和报表附注等。其中:

资产负债表是反映企业某一特定日期财务状况的报表。

利润表是反映企业在一定期间经营成果及其分配情况的报表。

现金流量表是反映企业在一定期间内现金及现金等价物流入和流出情况的报表。

这三张报表从静态和动态的角度看,资产负债表反映的是企业一定时点上关于财务状况的静态信息,是一种静态报表;而利润表和现金流量表则反映的是企业在一定期间关于经营成果的动态信息,是一种动态报表。这三张报表反映了企业财务和经营状况的核心信息,构成了企业对外报送的三大基本财务报表。

二、按编报时间分类

按编报时间不同,财务报表可分为年度财务报表和中期财务报表。年度财务报表简称年报,是企业每年年末编报的财务报表,通常称为决算报告。年度报表要求全面反映和提示企业的财务状况、经营成果和现金流量等相关会计信息。

中期财务报表是以短于一个完整会计年度的报告期间为基础编制的财务报表,包括月报、季报和半年报等。

月报在每月终了时编制,一般包括资产负债表和利润表,会计制度规定需要编制财务报表附注的,从其规定。

季报在每季度末编制,其内容与月报基本相同。

半年报在每个会计年度的前6个月结束后编制,一般包括三大基本财务报表、利润分配表及财务情况说明书等。

三、按编报主体分类

按编报的主体不同,财务报表分为个别财务报表和合并财务报表。个别财务报表是由企业在自身会计核算基础上对账簿记录进行加工编制的财务报表,反映企业自身的财务状况、经营成果和现金流量情况。

四、按报送对象分类

按报送对象不同,财务报表可以分为对外报表和内部报表。对外报表是指专门向投资者、债权人、政府部门和社会公众等企业外部报表使用者报送的报表,其种类、具体格式和编制方法均由财政部统一规定,任何单位都不得随意增减。对外报表主要包括资产负债表、利润表、现金流量表等。企业对外提供的财务报表应当依次编定页数,加具封面,装订成册,加盖公章。

内部报表是指专门以企业内部职能部门和决策人为报告对象的报表,其目的是满足企业内部管理的需要。内部报表没有统一的种类、格式和编制要求,一般不需要对外报告,如成本报表、制造费用表等。

9.1.3 财务报表的编制要求

为了保证财务报表的质量,使财务报表能够最大限度地满足各有关方面的需要,充分发挥财务报表的作用,企业编制的财务报表应当真实可靠、相关可比、全面完整、编报及时、便于理解,符合国家统一的会计制度和会计准则的有关规定。

一、真实可靠

财务报表各项目的数据必须建立在真实可靠的基础之上,使企业财务报表能够如实地反映企业的财务状况、经营成果和现金流量情况,不得以任何方式弄虚作假。如果财务报表所提供的资料不真实或者可靠性很差,则不仅不能发挥财务报表的应有作用,而且还会由于错误的信息,导致财务报表使用者对企业的财务状况、经营成果和现金流动情况作出错误的评价与判断，从而作出错误的决策。

二、相关可比

企业财务报表所提供的财务会计信息必须与报表使用者的决策需要相关，满足报表使用者的需要，并且财务报表各项目的数据应当口径一致、相互可比，便于报表使用者在不同企业之间及同一企业前后各期之间进行比较。只有提供相关可比的信息，才能使报表使用者分析企业在整个社会特别是同行业中的地位，了解、判断企业过去、现在的情况，预测企业未来的发展趋势、进而为报表使用者的决策提供服务。

三、全面完整

企业财务报表应当全面地披露企业的财务状况、经营成果和现金流动情况，完整反映企业财务活动的过程和结果，以满足各有关方面对财务会计信息资料的需要。为了保证财务报表的全面完整，企业在编制财务报表时，应当按照企业会计准则规定的格式和内容填报，对某些重要事项，应当按照要求在财务报表附注中进行说明，不得漏编漏报。

四、编报及时

企业财务报表所提供的信息资料，具有很强的时效性。只有及时编制和报送财务报表，才能为使用者提供决策所需的信息资料。否则，即使财务报表的内容非常真实可靠、全面完整且具有可比性，但由于编报不及时，也可能失去应有的价值，成为相关性较低甚至不相关的信息。当前随着市场经济和信息技术的迅速发展，财务报表的及时性要求将变得日益重要。

五、便于理解

可理解性是指财务报表提供的信息可以为使用者所理解。企业对外提供的财务报表是为广大财务报表使用者提供企业过去、现在和未来的有关资料，为企业目前或潜在的投资者和债权人提供决策所需的会计信息，因此，编制的财务报表应当清晰明了，便于理解和利用。当然，财务报表的这一要求是建立在财务报表使用者具有一定的财务报表阅读能力的基础上的。

☞ 小思考

1. 财务会计报表的作用是什么。
2. 财务会计报表包括哪些具体要求。
3. 为什么要编制资产负债表。
4. 资产负债表的填列方法有哪些。
5. 怎样填制利润表。
6. 现金流量表的填制方法。

任务2　编制资产负债表

9.2.1　负债表的结构

资产负债表是反映企业某一特定日期（如月末、季末、年末等）财务状况的财务报表。

它是根据"资产＝负债＋所有者权益"这一会计等式，依据一定的分类标准和顺序，将企业在一定日期的全部资产、负债和所有者权益项目进行适当分类、汇总、排列后编制而成的，属静态报表。资产负债表是企业基本财务报表之一。

目前国际上流行的资产负债表格式主要有账户式和报告式两种。

账户式资产负债表分为左右两方，左方为资产项目，按资产的流动性大小排列；右方为负债及所有者权益项目，一般按求偿权先后顺序排列。

报告式资产负债表的结构分为上下两部分，上方列示资产项目；下方列示负债及所有者权益项目。

我国企业的资产负债表采用账户式结构，格式如表9-1所示。

表9-1　　　　　　　　　　　　　　资产负债表

会企01表

编制单位：　　　　　　　　　　　　　年　月　日　　　　　　　　　　　　　　单位：元

资　　产	期末余额	年初余额	负债及所有者权益	期末余额	年初余额
流动资产：			流动负债：		
货币资金			短期借款		
交易性金融资产			应付票据		
应收票据			应付账款		
应收股利			预收账款		
应收利息			应付职工薪酬		
应收账款			交易性金融负债		
其他应收款			应付股利		
预付账款			应交税费		
存货			应付利息		
一年内到期的长期债券投资			其他应付款		
其他流动资产			一年内到期的非流动负债		
流动资产合计			其他流动负债		
非流动资产：			流动负债合计		
可供出售金融资产			非流动负债：		
持有至到期投资			长期借款		
长期应收款			应付债券		
长期股权投资			长期应付款		
投资性房地产			专项应付款		
固定资产			预计负债		
在建工程			递延所得税负债		
工程物资			其他非流动负债		
固定资产清理			非流动负债合计		
生产性生物资产			负债合计		

续表

资　产	期末余额	年初余额	负债及所有者权益	年初数	期末数
油气资产			所有者权益（或股东权益）：		
无形资产			实收资本（或股本）		
开发支出			资本公积		
商誉			减：库存股		
长期待摊费用			盈余公积		
递延所得税资产			未分配利润		
其他非流动资产			所有者权益（或股东权益）合计		
非流动资产合计					
资产总计			负债及所有者权益（或股东权益）总计		

注：以人民币以外的货币作为记账本位币的企业，可以在"所有者权益（或股东权益）合计"项目前增设"外币报表折算差额"项目。

资产负债表的内容主要包括以下三个方面：

(1) 资产。资产是指企业过去的交易或事项形成的、由企业拥有或控制的、预期会给企业带来经济利益的资源。资产应当按照流动资产和非流动资产两大类别在资产负债表中列示，在流动资产和非流动资产类别下进一步按性质分项列示。

流动资产指预计在一个正常营业周期中变现、出售或耗用，或者主要为交易目的而持有，或者预计在资产负债表日起一年内（含一年）变现的资产，或者自资产负债表日起一年内交换其他资产或清偿负债的能力不受限制的现金或现金等价物。资产负债表中列示的流动资产项目主要包括货币资金、交易性金融资产、应收票据、应收账款、预付款项、应收利息、应收股利、其他应收款、存货和一年内到期的非流动资产。

非流动资产是指流动资产以外的资产。资产负债表中列示的非流动资产项目主要包括长期股权投资、投资性房地产、固定资产、在建工程、无形资产、开发支出、长期待摊费用及其他非流动资产。

(2) 负债。负债是指过去的交易或事项形成的、预期会导致经济利益流出企业的现时义务。负债应当按流动负债和非流动负债两大类在资产负债表中进行列示，在流动负债和非流动负债类别下再进一步按性质分项列示。

流动负债是指预计在一个正常营业周期中清偿，或者主要为交易目的而持有，或者自资产负债表日起一年内（含一年）到期应予以清偿，或者企业无权自主地将清偿推迟至资产负债表日后一年以上的负债。资产负债表中列示的流动负债项目主要包括短期借款、应付票据、应付账款、预收账款、应付职工薪酬、应交税费、应付利息、应付股利、其他应付款、一年内到期的非流动负债等。

非流动负债是指流动负债以外的负债。非流动负债项目主要包括长期借款、应付债券和其他非流动负债等。

(3) 所有者权益。所有者权益是指企业资产扣除负债后由所有者享有的剩余权益，反映企业在某一特定日期股东（投资者）拥有的净资产总额。在资产负债表中一般按实收资本(或股本)、资本公积、盈余公积和未分配利润分项列示。

通过编制资产负债表,可以反映企业资产的构成及状况,分析企业在某一日期所拥有的经济资源及其分布情况;可以反映企业某一日期的负债总额及结构,分析企业目前与未来需要支付的债务数额;可以反映企业所有者权益的情况,了解企业现有的投资者在企业资产总额中所占有的份额。资产负债表可以帮助报表使用者全面了解企业的财务状况,分析企业的偿债能力,为未来的经济决策提供参考信息。

9.2.2 资产负债表的编制方法

资产负债表的各项目均需填列"年初余额"和期末余额两栏。其中:

资产负债的"年初余额"栏则根据财务报表编报时间,可填列月末资产负债表的"期末余额"栏内所列数字填列。

资产负债表的"期末余额"栏则根据财务报表编报时间,可填列月末、季末或年末的数字,其数据主要来源于相关总账科目和明细科目的期末余额。

模拟企业广东杰美科技有限公司财务报表由财务经理刘胜利负责编制。以下将模拟企业2010年11月30日资产负债表的编制主例,介绍一般工业企业资产负债表中各主要项目"期末余额"的填列方法。

广东杰美科技有限公司2010年11月30日总账科目余额表9-2。

表9-2　　　　　　　　　广东杰美科技有限公司总账科目余额表

2010年11月30日　　　　　　　　　　　　　　　　单位:元

科目名称	期末余额	
	借方	贷方
库存现金	5 683.00	
银行存款	1 425 473.61	
应收账款	883 580.39	
其他应收款	249 062.67	
预付账款	695 787.33	
原材料	241 256.00	
库存商品	312 680.00	
固定资产	1 683 640.00	
累计折旧		416 890.00
无形资产	300 000.00	
累计摊销		25 000.00
短期借款		200 000.00
应付票据		150 000.00
应付账款		235 600.00
预收账款	1 350 000.00	
应交税费		126 500.00
应付利息		1 500.00

续表

科目名称	期末余额 借方	期末余额 贷方
长期借款		3 000 000.00
实收资本		10 000 000.00
本年利润		1 356 890.00
生产成本	8 365 217.00	
合　计	15 512 380.00	15 512 380.00

1. 资产项目的填列方法

（1）"货币资金"项目，反映企业库存现金、银行结算户存款、外埠存款、银行汇票存款、银行本票存款、信用卡存款、信用证保证金存款等的合计数。本项目应根据"库存现金"、"银行存款"、"其他货币资金"三个总账科目期末余额的合计数计算填列。

广东杰美科技有限公司2010年11月30日资产负债表中"货币资金"项目期末余额 = 5 683.00 + 1 425 473.61 = 1 431 156.61（元）。

（2）"交易性金融资产"项目，反映企业持有的以公允价值计量且其变动计入当期损益的为交易目的所持有的债券投资、股票投资、基金投资、权证投资等金融资产。本项目应直接根据"交易性金融资产"总账科目的期末余额填列。

（3）"应收票据"项目，反映企业因销售商品、提供劳力等而收到的商业汇票，包括银行承兑汇票和商业承兑汇票。本项目应根据"应收票据"总账科目的期末余额，减去"坏账准备"科目中有关应收票据计提的坏账准备期末余额后的金额填列。

（4）"应收股利"项目，反映企业应收取的现金股利和其他单位分配的利润。本项目应直接根据"应收股利"总账科目的期末余额填列。

（5）"应收利息"项目，反映企业应收取的债券投资等的利息。本项目应直接根据"应收利息"总账科目的期末余额填列。

（6）"应收账款"项目，反映企业在销售商品、提供劳务等经营活动收取的款项。本项目应根据"应收账款"和"预收账款"科目所属各明细科目的期末借方余额合计减去"坏账准备"科目中有关应收账款计提的坏账准备期末余额后的金额填列。如"应收账款"科目所属明细科目期末有贷方余额，应在本表"预收账款"项目内填列。

广东杰美科技有限公司2010年11月30日有关总账及所属明细科目余额如表9-3所示。

表9-3　　　　　　　　　　有关总账及明细科目期末余额表

2010年11月30日　　　　　　　　　　　　　　　单位：元

总账科目	明细科目	借方余额	贷方余额
应收账款		883 580.39	
	广东晶晖有限公司	883 580.39	
预收账款		1 350 000.00	
	东莞迪特有限公司	1 350 000.00	

广东杰美科技有限公司2010年11月30日资产负债表中"应收账款"项目期末余额=88 358 039+1 350 000.00=22 333 580.39（元）。

（7）"其他应收款"项目，反映企业除应收票据、应收账款、预付账款、应收股利、应收利息等经营活动以外的其他各种应收、暂付的款项。本项目应根据"其他应收款"总账科目的期末余额，减去"坏账准备"科目中的有关其他应收款计提的坏账准备期末余额后的金额填列。

广东杰美科技有限公司2010年11月30日资产负债表中"其他应收款"项目期末余额为：249 062.67（元）。

（8）"预付账款"项目，反映企业按照购货合计或服务协议规定预付给供应单位的款项等。本项目根据"预付账款"和"应付账款"科目所属各明细科目的期末借方余额合计数计算填列。

广东杰美科技有限公司2010年11月30日资产负债表中"预付账款"和"应付账款"项目期末余额=695 787.33（元）。

（9）"存货"项目，反映企业期末在库、在途和在加工中的各种存货的可变现净值。本项目应根据"材料采购"、"在途物资"、"原材料"、"周转材料"、"库存商品"、"发出商品"、"委托加工物资"、"委托代销商品"、"生产成本"等总账科目的期末余额合计，减去"受托代销商品"、"存货跌价准备"总账科目期末余额后的金额填列。材料采用计划成本核算、库存商品采用计划成本或售价核算的企业，还应加上"材料成本差异"、"商品进销差价"总账科目的期末借方余额；如"材料成本差异"、"商品进销差价"总账科目期末为贷方余额，则减去。

广东杰美科技有限公司2010年11月30日资产负债表中"存货"项目期末余额=241 256.00+312 680.00+8 365 217.00=8 919 153.00（元）。

（10）"一年内到期的非流动资产"项目，反映企业将于一年内到期的非流动资产项目金额。本项目应根据有关科目的期末余额填列。

（11）"长期股权投资"项目，反映企业持有的对子公司、联营企业和合营企业的长期股权投资。本项目应根据"长期股权投资"总账科目的期末余额，减去"长期股权投资减值准备"总账科目的期末余额后的金额填列。

（12）"固定资产"项目，反映企业各种固定资产原价减去累计折旧和累计减值准备后的净额。本项目应根据"固定资产"总账科目的期末余额，减去"累计折旧"和"固定资产减值准备"总账科目期末余额后的金额填列。

广东杰美科技有限公司2010年11月30日资产负债表中"固定资产"项目期末余额=1 683 640.00－416 890.00=1 266 750.00（元）。

（13）"在建工程"项目，反映企业期末各项未完工程的实际支出，包括交付安装的设备价值、未完建筑安装工程已经耗用的材料、工资和费用支出、预付出包工程的价款等的可收回金额。本项目应根据"在建工程"总账科目的期末余额，减去"在建工程减值准备"总账科目期末余额后的金额填列。

（14）"工程物资"项目，反映企业尚未使用的各项工程物资的实际成本。本项目应根据"工程物资"总账科目的期末余额填列。

（15）"固定资产清理"项目，反映企业因出售、毁损、报废等原因转入清理但尚未清理完毕的固定资产净值，以及固定资产清理过程中所发生的清理费用和变价收入等各项金额的差额。本项目应根据"固定资产清理"总账科目的期末借方余额填列，如"固定资产清理"总账科目期末为贷方余额，以"－"号填列。

(16) "无形资产"项目，反映企业持有的无形资产，包括专利权、非专利技术、商标权、著作权、土地使用权等。本项目应根据"无形资产"总账科目的期末余额，减去"累计摊销"和"无形资产减值准备"总账科目的期末余额后的金额填列。

广东杰美科技有限公司2010年11月30日资产负债表中"无形资产"项目期末余额 = 300 000.00 - 25 000.00 = 275 000.00（元）。

(17) "开发支出"项目，反映企业开发无形资产过程中能够资本化形成无形资产成本的支出部分。本项目应根据"研发支出"科目中所属的"资本化支出"明细科目期末余额填列。

(18) "长期待摊费用"项目，反映企业已经发生但应由本期和以后各期负担的分摊期限1年以上的各项费用。长期待摊费用中在1年内（含1年）摊销的部分，在资产负债表"一年内到期的非流动资产"项目填列。本项目应根据"长期待摊费用"总账科目的期末余额减去将于1年内（含1年）摊销的数额后的金额填列。

2. 负债项目的填列方法

(1) "短期借款"项目，反映企业向银行或其他金融机构等借入的期限在1年以下（含1年）的各种借款。本项目应直接根据"短期借款"总账科目的期末余额填列。

广东杰美科技有限公司2010年11月30日资产负债表中"短期借款"项目期末余额 = 200 000.00（元）。

(2) "应付票据"项目，反映企业购买材料、商品和接受劳务供应等而开出、承兑的商业汇票，包括分行承兑汇票和商业承兑汇票。本项目应直接根据"应付票据"总账科目的余额填列。

广东杰美科技有限公司2010年11月30日资产负债表中"应付票据"项目期末余额 = 150 000.00（元）。

(3) "应付账款"项目，反映企业因购买材料、商品和提供劳务供应等经营活动应支付的款项。本项目应根据"应付账款"和"预付账款"科目所属各明细科目的期末贷方余额合计数填列。如果"应付账款"科目所属明细科目期末有借方余额的，应资产负债表"预付账款"项目内填列。

广东杰美科技有限公司2010年11月30日资产负债表中"应付账款"项目期末余额 = 235 600.00（元）。

(4) "预收款项"项目，反映企业按照购货合同规定预付给供应单位的款项。本项目应根据"预收账款"和"应收账款"科目所属明细科目的期末贷方余额合计数填列。如"预收账款"科目所属明细科目期末有借方余额，应在资产负债表"应收账款"项目内填列。

(5) "应付职工薪酬"项目，反映企业根据有关规定应付给职工的工资、职工福利、社会保险费、住房公积金、工会经费、职工教育经费、非货币性福利、辞退福利等各种薪酬。外商投资企业按规定从净利润中提取的职工奖励及福利基金，也在本项目中列示。

(6) "应付股利"项目，反映企业分配的现金股利或利润。企业分配的股票股利，不通过本项目列示。本项目应直接根据"应付股利"总账科目的期末余额填列。

（7）"应交税费"项目，反映企业按照税法规定计算应缴纳的各种税费，包括增值税、消费税、营业税、所得税、资源税、土地增值税、车船税、教育费附加、矿产资源补偿费等。企业代扣代缴的个人所得税，也通过本项目列示。企业所缴纳的税费不需要预计应缴数的，如印花税、耕地占用税等，不在本项目列示。本项目应根据"应交税费"总账科目的期末贷方余额填列；如"应交税费"科目期末为借方余额，应以"－"号填列。

广东杰美科技有限公司2010年11月30日资产负债表中"应交税费"项目期末余额＝126 500.00（元）。

（8）"应付利息"项目，反映企业按照规定应当支付的利息，包括分期付息到期还本的长期借款应支付的利息、企业发生的企业债券应支付的利息等。本项目应直接根据"应付利息"总账科目的期末余额填列。

广东杰美科技有限公司2010年11月30日资产负债表中"应付利息"项目期末余额＝1 500.00（元）。

（9）"其他应付款"项目，反映企业除应付票据、应付账款、预收账款、应付职工薪酬、应付股利、应付利息、应交税费等经营活动以外的其他各种应付、暂收款项。本项目应直接根据"其他应付款"总账科目的期末余额填列。

（10）"一年内到期的非流动负债"项目，反映企业非流动负债中将于资产负债表日后一年内到期部分的金额，如将于一年内偿还的长期借款。本项目应根据有关科目的期末余额填列。

（11）"长期借款"项目，反映企业向银行或其他金融机构借入的期限在一年以上（不包含一年）的各项借款。本项目应根据"长期借款"总账科目的期末余额，减去其所属明细科目中将于一年内到期的长期借款后的金额填列。将于一年内到期的长期借款部分，合并在资产负债表"一年内到期的非流动负债"项目填列。

广东杰美科技有限公司2010年11月30日资产负债表中"长期借款"项目期末余额＝3 000 000.00（元）。

（12）"应付债券"项目，反映企业为筹集资金而发行的长期债券本息。本项目应根据"应付债券"总账科目的期末余额，减去将于一年内到期债券本息后的余额填列。将于一年内到期的债券本息部分，合并在资产负债表"一年内到期的非流动负债"项目内填列。

3. 所有者权益项目的填列方法

（1）"实收资本（或股本）"项目，反映企业各投资者实际投入的资本（或股本）总额。本项目应直接根据"实收资本（或股本）"总账科目的期末余额填列。

广东杰美科技有限公司2010年11月30日资产负债表中"长期借款"项目期末余额＝10 000 000.00（元）。

（2）"资本公积"项目，反映企业资本公积的期末余额。本项目应直接根据"资本公积"总账科目的期末余额填列。

（3）"盈余公积"项目，反映企业盈余公积的期末余额。本项目应直接根据"盈余公积"总账科目的期末余额填列。

（4）"未分配利润"项目，反映企业尚未分配的累积利润。本项目应根据"本年利润"和"利润分配"总账科目的余额合计数填列。未弥补的亏损，在本项目中以"－"号填列。

广东杰美科技有限公司2010年11月30日资产负债表中"未分配利润"项目期末余额＝1 356 890.00（元）。

根据以上方法编制的广东杰美科技有限公司 2010 年 11 月 30 日资产负债表如表 9 - 4 所示。

表 9 - 4 资产负债表

会企 01 表

编制单位：广东杰美科技有限公司　　　　2010 年 11 月 30 日　　　　　　　　金额单位：元

资产	期末余额	年初余额	负债及所有者权益	期末余额	年初余额
流动资产：			流动负债：		
货币资金	1 431 156.61		短期借款	200 000.00	
交易性金融资产			应付票据	150 000.00	
应收票据			应付账款	235 600.00	
应收股利			预收账款		
应收利息			应付职工薪酬		
应收账款	2 233 580.39		交易性金融负债		
其他应收款	249 062.67		应付股利		
预付账款	695 787.33		应交税费	126 500.00	
存货	8 919 153.00		应付利息	1 500.00	
一年内到期的长期债券投资			其他应付款		
其他流动资产			一年内到期的非流动负债		
流动资产合计			其他流动负债		
非流动资产：			流动负债合计		
可供出售金融资产			非流动负债：		
持有至到期投资			长期借款	3 000 000.00	
长期应收款			应付债券		
长期股权投资			长期应付款		
投资性房地产			专项应付款		
固定资产	1 266 750.00		预计负债		
在建工程			递延所得税负债		
工程物资			其他非流动负债		
固定资产清理			非流动负债合计		
生产性生物资产			负债合计		
油气资产			所有者权益（或股东权益）：		
无形资产	275 000.00		实收资本（或股本）	10 000 000.00	
开发支出			资本公积		
商誉			减：库存股		
长期待摊费用			盈余公积		
递延所得税资产			未分配利润	1 356 890.00	
其他非流动资产			所有者权益（或股东权益）合计		
非流动资产合计					
资产总计	15 070 490.00		负债和所有者权益（或股东权益）总计	15 070 490.00	

综上所述，资产负债表的"期末余额"栏有关数据主要通过以下几种方式取得：
（1）根据总账科目余额直接填列。
（2）根据总账账户的余额计算填列。
（3）根据明细账科目余额计算填列。
（4）根据总账科目和明细账科目余额分析计算填列。
（5）根据有关科目余额减去其备抵科目余额的净额填列。
（6）综合运用上述填列方法分析填列。

任务3　编制利润表

9.3.1　利润表的结构

利润表又称损益表，是反映企业在一定会计期间经营成果的报表。利润表是根据会计核算的配比原则，把一定时期内的收入和相对应的成本费用配比，从而计算出一定时期的各项利润指标。利润表属于动态报表，根据"收入－费用＝利润"的基本公式编制。

利润表的格式主要有多步式利润表和单步式利润表两种。我国企业的利润表采用多步式。多步式利润表按照四个步骤计算一定时期的经营成果：

第一步：以营业收入为基础，减去营业成本、营业税金及附加、销售费用、管理费用、财务费用、资产减值损失，加上公允价值变动收益（减去公允价值变动损失）和投资收益（减去投资损失），计入营业利润。

第二步：以营业利润为基础，加上营业外收入，减去营业外支出，计算利润总额。

第三步：以利润总额为基础，扣除所得税费用，计算净利润（或净亏损）。

第四步：根据净利润，计算每股收益。

多步式利润表的基本格式如表9－5所示。

表9－5　　　　　　　　　　　　利　润　表

编制单位：　　　　　　　　　　　　　年　月　　　　　　　　　　　　　单位：元

项　目	行次	本月数	本年累计数
一、营业收入	1		
减：主营业务成本	2		
营业税金及附加	3		
销售费用	4		
管理费用	5		
财务费用	6		
加：公允价值变动收益（损失以"－"列示）	7		
投资收益（损失以"－"列示）	8		
其中：对联营企业和合营企业的投资收益	9		
二、营业利润（损失以"－"列示）	10		

续表

项　目	行次	本月数	本年累计数
加：营业外收入	11		
减：营业外支出	12		
其中：非流动资产处置损失	13		
三、利润总额（亏损总额以"-"列示）	14		
减：所得税费用	15		
四、净利润（净亏损以"-"列示）	16		
五、每股收益：	17		
（一）基本每股收益	18		
（二）稀释每股收益	19		

通过利润表可以从总体上了解企业收入、成本和费用及净利润（或亏损）的实现及构成情况；同时，通过利润表提供的不同时期的比较数字（本月数、本年累计数、上年数），可以分析企业的获利能力及利润的未来发展趋势，了解投资者投入资本的保值情况。由于利润既是企业经营业绩的综合体现，又是企业进行利润分配的主要依据，因此，利润表是财务报表中的一张主要报表。

9.3.2　利润表的编制方法

一、月份利润表的编制方法

月份利润表的填制方法见表9-6。

表9-6　　　　　　　　广东杰美科技有限公司损益类账户发生额
2010年11月　　　　　　　　　　　　　　　金额单位：元

账户名称	本期发生额 借方	本期发生额 贷方
主营业务收入	582 000.00	582 000.00
其他业务收入	13 000.00	1 300.00
营业外收入	12 000.00	12 000.00
主营业务成本	326 000.00	326 000.00
其他业务成本	10 000.00	10 000.00
营业税金及附加	5 680.00	5 680.00
销售费用	52 120.00	52 120.00
管理费用	83 150.00	83 150.00
财务费用	9 000.00	9 000.00
营业外支出	6 000.00	6 000.00
所得税费用	35 580.00	35 580.00
合　计	539 530.00	539 530.00

广东杰美科技有限公司 2010 年 11 月利润表中"营业收入"项目本月数 = 582 000 + 13 000.00 = 583 300.00（元）。

1. "本月数"栏各项目的填列

利润表"本月数"栏内各项目数字一般应根据损益类科目的发生额分析填列。

（1）"营业收入"项目，反映企业经营主要业务和其他业务确认的收入总额。本项目应根据"主营业务收入"和"其他业务收入"科目的发生额计算分析填列。

（2）"营业成本"项目，反映企业经营主要业务和其他业务所发生的成本总额。本项目应根据"主营业务成本"和"其他业务成本"科目的发生额计算分析填列。

广东杰美科技有限公司 2010 年 11 月利润表中"营业成本"项目本月数 = 326 000 + 10 000.00 = 336 000.00（元）。

（3）"营业税金及附加"项目，反映企业经营业务应负担的消费税、营业税、城市维护建设税、资源税、土地增值税和教育费附加等。本项目应根据"营业税金及附加"科目的发生额分析填列。

广东杰美科技有限公司 2010 年 11 月利润表中"营业税金及附加"项目本月数 = 5 680.00（元）。

（4）"销售费用"项目，反映企业在销售商品过程中发生的包装费、广告费等费用和为销售本企业商品而专设的销售机构的职工薪酬、业务费用等经营费用。本项目应根据"销售费用"科目的发生额分析填列。

广东杰美科技有限公司 2010 年 11 月利润表中"销售费用"项目本月数 = 52 120.00（元）。

（5）"管理费用"项目，反映企业为组织和管理生产经营发生的管理费用。本项目应根据"管理费用"科目的发生额分析填列。

广东杰美科技有限公司 2010 年 11 月利润表中"管理费用"项目本月数 = 83 150.00（元）。

（6）"财务费用"项目，反映企业为筹集生产经营资金等而发生的筹资费用。本项目应根据"财务费用"科目的发生额分析填列。

广东杰美科技有限公司 2010 年 11 月利润表中"财务费用"项目本月数 = 9 000.00（元）。

（7）"资产减值损失"项目，反映企业各项资产发生的减值损失。本项目应根据"资产减值损失"科目的发生额分析填列。

（8）"公允价值变动收益"项目，反映企业应当计入当期资产或负债公允价值变动收益。本项目应根据"公允价值变动损益"科目的发生额分析填列。如为净损失，以"-"号填列。

（9）"投资收益"项目，反映企业以各种方式对外投资所取得的收益。本项目应根据"投资收益"科目的发生额分析填列。如为投资损失，以"-"号填列。

（10）"营业利润"项目，反映企业实现的营业利润。如为亏损，以"-"号填列。

广东杰美科技有限公司 2010 年 11 月利润表中"营业利润"项目本月数 = 582 000.00 + 13 000.00 + 12 000.00 - 326 000.00 - 10 000.00 - 5 680.00 - 52 120.00 - 83 150.00 - 9 000.00 = 103 350（元）。

（11）"营业外收入"项目，反映企业发生的与经营业务无直接关系的各项收入。本项目应根据"营业外收入"科目发生额分析填列。

广东杰美科技有限公司2010年11月利润表中"营业外收入"项目本月数 = 12 000.00（元）。

（12）"营业外支出"项目，反映企业发生的与经营业务无直接关系的各项支出。本项目应根据"营业外支出"科目发生额分析填列。

广东杰美科技有限公司2010年11月利润表中"营业支出"项目本月数 = 6 000.00（元）。

（13）"利润总额"项目，反映企业实现的利润。如为亏损，以"-"号填列。

广东杰美科技有限公司2010年11月利润表中"营业成本"项目本月数 = 103 350.00 + 12 000.00 - 6 000.00 = 109 350.00（元）。

（14）"所得税费用"项目，反映企业从当前利润总额中扣除的所得税费用，本项目应根据"所得税费用"科目的发生额分析填列。

广东杰美科技有限公司2010年11月利润表中"所得税费用"项目本月数 = 35 580.00（元）。

（15）"净利润"项目，反映企业实现的净利润。如为亏损，以"-"号填列。

广东杰美科技有限公司2010年11月利润表中"净利润"项目本月数 = 109 350.00 - 35 580.00 = 73 770.00（元）。

（16）"基本每股收益"和"稀释每股收益"，反映普通股股东每持有一股所能享有的企业利润或需要承担的企业亏损。不存在稀释性潜在普通股的企业应当单独列示基本每股收益；存在稀释性潜在普通股的企业应当单独列示基本每股收益和稀释每股收益。

2. "本年累计数"栏各项目的填列

利润表"本年累计数"栏反映各项目自年初起至本月末止的累计实际发生数。根据上月利润表的"本年累计数"栏的金额，加上本月利润表"本月数"栏的金额，可以得出本月利润表中各项目"本年累计数"栏的金额（见表9-7）。

表9-7 利润表

会企02表

编制单位：广东杰美科技有限公司　　　　　　　　　　　　　　　　　　　金额单位：元

项　目	行次	本月数	本年累计数
一、营业收入	1	583 300.00	
减：主营业务成本	2	336 000.00	
营业税金及附加	3	5 680.00	
销售费用	4	52 120.00	
管理费用	5	83 150.00	
财务费用	6	9 000.00	
加：公允价值变动收益（损失以"-"号列示）	7		
投资收益（损失以"-"号列示）	8		
其中：对联营企业和合营企业的投资收益	9		

续表

项　　目	行次	本月数	本年累计数
二、营业利润（损失以"-"号列示）	10	103 350.00	
加：营业外收入	11	12 000.00	
减：营业外支出	12	6 000.00	
其中：非流动资产处置损失	13		
三、利润总额（亏损总额以"-"号列示）	14	109 350.00	
减：所得税费用	15	35 580.00	
四、净利润（净亏损以"-"号列示）	16	73 770.00	
五、每股收益：	17		
（一）基本每股收益	18		
（二）稀释每股收益	19		

通过利润表可以从总体上了解企业收入、成本和费用及净利润（或亏损）。

二、年度利润表的编制方法

在编制年度利润表时，应将"本月数"栏改为"上年数"栏，填列上年全年累计实际发生额，从而与"本年累计数"栏各项目进行比较。如果上年度利润表与本年度利润表的项目名称和内容不一致，应对上年度报表项目的名称和数字按本年度的规定进行调整，填入利润表的"上年数"栏内。

12月份利润表的"本年累计数"，就是年度利润表的"本年累计数"，可以直接转抄。

任务4　编制现金流量表

9.4.1　现金流量表的结构

一、现金流量表的格式与内容

现金流量表是反映企业在一定会计期间现金和现金等价物流入和流出的报表。属于动态报表，它是在资产负债表和利润表已经反映企业财务状况和经营成果信息的基础上进一步提供财务状况变动信息。以便于财务报表使用者了解和评价企业获取现金和现金等价物的能力，并据以预测企业未来现金流量。所以现金流量表在评价企业经营业绩、衡量企业财务资源和财务风险以及预测企业未来前景方面，有着十分重要的作用。现金流量表有助于评价企业支付能力、偿债能力和周转能力；有助于预测企业未来现金流量；有助于分析企业收益质量及影响现金净流量的因素。

在现金流量表中，企业应当按照经营活动、投资活动和筹资活动的现金流量分类分项列示。

1. 经营活动产生的现金流量

经营活动是指企业投资活动和筹资活动以外的所有交易和事项。即除投资活动和筹资活动以外的所有交易和事项，都可归属于经营活动。对于工商企业而言，经营活动主要包括：销售商品、提供劳务、购买商品、接受劳务、支付税费等。

通常情况下，经营活动产生的现金流入项目主要有：销售商品、提供劳务收到的现金、收到的税费返还；收到的其他与经营活动有关的现金。经营活动产生的现金流出项目主要有：购买商品、接受劳务支付的现金；支付给职工以及为职工支付的现金；支付的各项税费；支付的其他与经营活动有关的现金。

2. 投资活动产生的现金流量

投资活动是指企业长期资产的购建和不包括在现金等价物范围内的投资及其处置活动。通常情况下，投资活动产生的现金流入项目主要有：收回投资所收到的现金；取得投资收益所收到的现金；处置固定资产、无形资产和其他长期资产所收回的现金净额；收到的其他与投资活动有关的现金。投资活动产生的现金流出项目主要有：购建固定资产、无形资产和其他长期资产所支付的现金；投资所支付的现金；支付的其他与投资活动有关的现金。

3. 筹资活动产生的现金流量

筹资活动是指导致企业资本及债务规模和构成发生变化的活动。

通常情况下，筹资活动产生的现金流入项目主要有：吸收投资所收到的现金；取得借款所收到的现金；收到的其他与筹资活动有关的现金。筹资活动产生的现金流出项目主要有：偿还债务所支付的现金；分配股利、利润和偿付利息所支付的现金；支付的其他与筹资活动有关的现金。

需要注意的是，对于企业日常活动之外特殊的、不经常发生的特殊项目，如自然灾害损失、保险赔款、捐赠等，企业应当将其归并到相关类别中单独反映。

二、现金流量的编制基础

现金流量表是以现金及现金等价物为基础编制的，这里的现金包括库存现金、可以随时用于支付的存款。具体包括以下内容。

1. 库存现金

库存现金，是指企业存在金融企业、随时可以用于支付的现金限额。

2. 银行存款

银行存款，是指企业存在金融企业、随时可以用于支付的存款，它与银行存款账户核算的银行存款基本一致，主要的区别是编制现金流量表所指的银行存款是可以随时用于支付的银行存款，如结算户存款、通知存款等。

3. 其他货币资金

其他货币资金，是指企业存在金融企业有特定用途的资金，也就是其他货币资金账户核算的银行存款，如外埠存款、银行汇票存款、银行本票存款、信用证保证金存款、在途货币资金等。

4. 现金等价物

现金等价物，是指企业持有的期限短、流动性强、易于转换为已知金额的现金、价值变动风险很小的投资。这一定义本身，包含了判断一项投资是否属于现金等价物的四个条件，即：期限短；流动性强；易于转换为已知金额的现金；价值应运风险很小。其中，期限短、流动性强，强调了变现能力，而易于转换为已知金额的现金、价值变动风险小，则强调了支付能力的大小。

三、现金流量表的格式

现金流量表分为两部分，第一部分为表首，第二部分为正表。

表首概括地说明报表名称、编制单位、编制日期、报表编号、货币名称、计量单位等。

正表反映现金流量表和各个项目内容。正表有五项：一是经营活动产生的现金流量；二是投资活动产生的现金流量；三是筹资活动产生的现金流量；四是汇率变动对现金的影响；五是现金及现金等价物净增加额。其中，经营活动产生的现金流量，是按直接法编制的。

现金流量表基本格式见表9-8。

表9-8 现金流量表

会企03表

编制单位： 年度 单位：元

项　　目	本期金额	上期金额
一、经营活动产生的现金流量：		
销售商品、提供劳务收到的现金		
收到的税费返还		
收到的其他与经营活动有关的现金		
经营活动现金流入小计		
购买商品、接受劳务支付的现金		
支付给职工以及为职工支付的现金		
支付的各项税费		
支付的其他与经营活动有关的现金		
经营活动现金流出小计		
经营活动产生的现金流量净额		
二、投资活动产生的现金流量：		
收回投资所收到的现金		
取得投资收益所收到的现金		
处置固定资产、无形资产和其他长期资产所收回的现金净额		
处置子公司及其他营业单位收到的现金净额		
收到的其他与投资活动有关的现金		
投资活动现金流入小计		
购建固定资产、无形资产和其他长期资产所支付的现金		
投资所支付的现金		
取得子公司及其他营业单位支付的现金净额		
支付的其他与投资活动有关的现金		
投资活动现金流出小计		

续表

项　目	本期金额	上期金额
投资活动产生的现金流量净额		
三、筹资活动产生的现金流量：		
吸收投资所收到的现金		
取得借款所收到的现金		
收到的其他与筹资活动有关的现金		
筹资活动现金流入小计		
偿还债务所支付的现金		
分配股利、利润或偿付利息所支付的现金		
支付的其他与筹资活动有关的现金		
筹资活动现金流出小计		
筹资活动产生的现金流量净额		
四、汇率变动对现金的影响		
五、现金及现金等价物净增加额		
加：期初现金及现金等价物余额		
六、期末现金及现金等价物余额		

9.4.2 现金流量表的编制方法

现金流量表一般按年报，但上市公司在其公布的半年度财务报告里，应包括现金流量表。

1. 直接法和间接法

编制现金流量表时，列报经营活动产生的现金流量可以采用直接法和间接法两种方法。直接法一般是以利润表中的营业收入为起算点，调节与经营活动有关的项目的增减变动，然后计算出经营活动产生的现金流量。采用直接法统摄的现金流量表，便于分析企业经营活动产生的现金流量的来源和用途，预测企业现金流量的未来前景。

间接法是将利润调节为经营活动的现金流量，实际就是将按权责发生制确定的净利润调整为现金净流入，并剔除投资活动和筹资活动对现金流量的影响。采用间接法编报现金流量表，便于将净利润与经营活动产生的现金流量净额进行比较，了解净利润与经营活动产生的现金流量差异的原因，从现金流量的角度分析净利润的质量。

2. 工作底稿法、T形账户法和分析填列法

在具体编制现金流量表时，可以采用工作底稿法或T形账户法，也可以根据有关科目记录分析填列。

（1）工作底稿法。

采用工作底稿法编制现金流量表，是以工作底稿为手段，以资产负债表和利润表数据为基础，对每一项目进行分析编制调整分录，从而编制现金流量表。工作底稿法的程序是：

第一步，将资产负债表的期初数和期末数过入工作底稿的期初栏和期末栏。

第二步，对当期业务进行分析并编制调整分录。编制调整分录时，要以利润表项目为基础，从"营业收入"开始，结合资产负债表项目逐一进行分析。在调整分录中，有关现金和现金等价物的事项，并不直接借记或贷记现金，而是分别计入"经营活动产生的现金流量"、"投资活动产生的现金流量"、"筹资活动产生的现金流量"有关项目，借记表示现金流入，贷记表示现金流出。

第三步，将调整分录过入工作底稿中的相应部分。

第四步，核对调整分录，借方、贷方合计数均已经相等，资产负债表项目期初数加减调整分录中的借贷金额以后，也等于期末数。

第五步，根据工作底稿中的现金流量表项目部分编制正式的现金流量表。

(2) T形账户法。

采用T形账户法编制现金流量表，是以T形账户为手段，以资产负债表和利润表数据为基础，对每一项目进行分析并编制调整分录，从而编制现金流量表。T形账户法的程序是：

第一步，为所有的非现金项目（包括资产负债表和利润表项目）分别开设T形账户，并将各自的期末期初变动数过入各该账户。如果项目的期末数大于期初数，则将差额过入和项目余额相同的方向；反之，过入相反的方向。

第二步，开设一个大的"现金及现金等价物"T形账户，每边分为经营活动、投资活动和筹资活动三个部分，左边记现金流入、右边记现金流出。与其他账户一样，过入期末期初变动数。

第三步，以利润表项目为基础，结合资产负债表分析每一个非现金项目的增减变动，并据此编制调整分录。

第四步，将调整分录过入各T形账户，并进行核对，该账户借贷相抵后的余额与原先过入的期末期初变动数应当一致。

第五步，根据大的"现金及现金等价物"T形账户编制正式的现金流量表。

(3) 分析填列法。

分析填列法是直接根据资产负债表、利润表和有关会计账户明细分类账的记录，分析计算出现金流量表各项目的金额，并据以编制现金流量表的一种方法。

【课后训练】

一、单项选择题

1. 下列项目中不应列入资产负债表中"存货"的项目是（　　）。
   A. 委托代销商品　　　　　　　　　B. 发出商品
   C. 工程物资　　　　　　　　　　　D. 受托代销商品

2. 某企业"应收账款"明细账借方余额合计为 280 000 元，贷方余额合计为 73 000 元，坏账准备贷方余额为 680 元，则资产负债表的"应收账款"为（　　）元。
   A. 207 000　　　B. 279 320　　　C. 606 320　　　D. 280 000

3. 资产负债表中资产的排列顺序是（　　）。
   A. 项目收益性　　B. 项目重要性　　C. 项目流动性　　D. 项目时间性

4. 下列资产负债表项目中，不可以直接根据总分类账户期末余额填列的项目是（　　）。
   A. 资本公积　　　　B. 短期借款　　　　C. 长期借款　　　　D. 应付股利
5. 下列资产负债表项目中，应根据相应总账账户期初期末余额直接填列的是（　　）。
   A. 长期待摊费用　　B. 应收票据　　　　C. 长期股权投资　　D. 预付账款
6. 最关心企业盈利能力和利润分配政策的财务报表使用者是（　　）。
   A. 股东　　　　　　B. 供应商　　　　　C. 潜在投资者　　　D. 企业职工
7. 我国利润表采用（　　）格式。
   A. 账户式　　　　　B. 报告式　　　　　C. 单步式　　　　　D. 多步式
8. 利润分配表是（　　）的附表。
   A. 资产负债表　　　B. 利润表　　　　　C. 现金流量表　　　D. 合并报表

二、多项选择题
1. 下列各项中不能用总账余额直接填列的项目有（　　）。
   A. 长期待摊费用　　B. 固定资产
   C. 应收票据　　　　D. 应收账款　　　　E. 预付账款
2. 编制资产负债表时，需根据有关资产负债科目与其备抵科目抵销后的净额填列的项目有（　　）。
   A. 无形资产　　　　B. 长期借款
   C. 应收账款　　　　D. 交易性金融资产　E. 固定资产
3. 财务报表按反映的内容分类可以为（　　）。
   A. 静态报表　　　　B. 动态报表
   C. 单位报表　　　　D. 合并报表　　　　E. 汇总报表
4. 资产负债表中的"存货"项目反映的内容包括（　　）。
   A. 发出商品　　　　B. 委托代销商品
   C. 委托加工物资　　D. 生产成本　　　　E. 库存商品
5. 资产负债表中的"货币资金"项目，应根据（　　）科目期末余额的合计数填列。
   A. 备用金　　　　　B. 库存现金
   C. 银行存款　　　　D. 其他货币资金　　E. 交易性金融资产
6. 能计入利润表中"营业利润"的项目有（　　）。
   A. 主营业务收入　　B. 管理费用
   C. 投资收益　　　　D. 所得税费用　　　E. 其他业务收入
7. 利润总额包括的内容有（　　）。
   A. 营业利润　　　　B. 所得税费用　　　C. 期间费用
   D. 营业外收支净额　E. 投资收益
8. 会计信息使用者包括（　　）。
   A. 企业投资者　　　　　　　　　　　　B. 企业债权人
   C. 政府及其相关机构　　　　　　　　　D. 潜在投资者和债权人
   E. 企业职工
9. 下列关于利润分配表说法正确的是（　　）。
   A. 它是财务报表的主表

B. 其数据主要从"利润分配"科目有关明细科目得出

　　C. 它可以反映企业一定期间的利润分配情况和亏损弥补情况

　　D. 它是利润表的附表

　　E. 它是反映企业经营成果的报表

10. 编制财务报表的要求是（　　）。

　　A. 内容完整　　　　B. 编报及时　　　　C. 数字真实

　　D. 相关可比　　　　E. 便于理解

三、判断题

1. 资产负债表中的"应收账款"项目，应根据"应收账款"和"预付账款"科目所属明细科目的借方余额合计数填列。（　　）

2. 编制财务报表的主要目的就是为财务报表使用者决策提供信息。（　　）

3. 我国利润表的格式采用多步式。（　　）

4. 资产负债表反映的是单位在一定时期财务状况具体分布的报表。（　　）

5. 资产负债表中的"交易性金融资产"项目，应按该科目的总账余额直接填列。（　　）

6. "利润分配"总账的年末余额一定与资产负债表中未分配利润项目的数额一致。（　　）

7. 资产负债表的编制依据是"资产＝负债＋所有者权益"。（　　）

四、实务题

1. 甲企业200×年12月31日有关账户的余额如下：

预计负债——利息40 000元（贷方）

　　　　　——修理30 000元（借方）

预收账款——E 16 000元（借方）

　　　　　——F 25 000元（贷方）

应收账款——A 24 000元（贷方）

　　　　　——B 21 000元（借方）

　　　　　——C 35 000元（贷方）

　　　　　——D 17 000元（借方）

预付账款——G 42 000元（贷方）

　　　　　——H 31 000元（借方）

　　　　　——租金18 000元（借方）

要求：计算填列资产负债表中以下项目：

（1）"应收账款"项目。

（2）"应付账款"项目。

（3）"预收账款"项目。

（4）"预付账款"项目。

2. 某企业200×年1月1日至12月31日损益类科目累计发生额如下：

主营业务收入3 750万元（贷方）　　　　主营业务成本1 375万元（借方）

营业税金及附加425万元（借方）　　　　销售费用500万元（借方）

管理费用 250 万元（借方）　　　　财务费用 250 万元（借方）
投资收益 500 万元（贷方）　　　　营业外收入 250 万元（贷方）
营业外支出 200 万元（借方）　　　其他业务收入 750 万元（贷方）
其他业务成本 450 万元（借方）　　所得税费用 600 万元（借方）

要求：计算该企业 200×年的主营业务利润、营业利润、利润总额和净利润。

五、综合练习题

某企业为增值税一般纳税人。该企业 200×年各科目的期初余额和 200×年度发生的经济业务如下：

200×年 1 月 1 日有关科目余额如下表所示：

科目名称	借方余额	贷方余额
货币资金	6 000	
交易性金融资产	3 000 6 000	
应收账款	12 000	
原材料	21 000	
固定资产		6 000
累计折旧	15 000	
在建工程		6 000
应交税费		21 000
长期借款		18 000
实收资本		12 000
盈余公积		

该企业 200×年度发生的经济业务如下：

用银行存款支付购入原材料货款 3 000 元及增值税 510 元，材料已验收入库。

200×年度，企业的长期借款发生利息费用 1 500 元。按《企业会计制度》中借款费用资本化的规定，计算出工作应负担的长期借款利息费用为 600 元，其他利息费用 900 元，利息尚未支付。

企业将账面价值为 3 000 元的短期借款股票投资售出，获得价款 6 000 元，已存入银行。

购入不需安装的设备 1 台，设备价款及增值税共计 9 000 元，全部款项均已用银行存款支付，设备已经交付使用。

本年计提固定资产折旧 4 500 元，其中：厂房及生产设备折旧 3 000 元，办公用房及设备折旧 1 500 元。

实际发放职工薪酬 6 000 元，并将其分配计入相关成本费用项目。其中，生产人员薪酬 3 000 元，管理人员薪酬 1 500 元，在建工程应负担的人员薪酬 1 500 元。本年产品生产耗用原材料 12 000 元。计算产品生产成本并将其结转库存商品科目。假设 200×年度生产成本科目无年初及期末余额。

销售产品一批，销售价款 30 000 元，应收取的增值税为 5 100 元。已收款项 17 550 元

（其中货款15 000元，增值税2 550元），余款尚未收取。该批产品成本为18 000元。假设本年库存商品无期初及期末余额。

将各收支科目结转本年利润。

假设本年企业不交所得税，不提取盈余公积，没有利润分配。本年利润余额全部转入"利润分配——未分配利润"科目。

要求：（1）编制上述各项经济业务的会计分录。

（2）编制该企业200×年度的资产负债表和利润表。

主要参考书目

1. 财政部：《企业会计准则》，经济科学出版社2006年版。
2. 赵宝芳：《基础会计》（第2版），北京大学出版社2007年版。
3. 赵红英：《会计基础与实务》，经济科学出版社2010年版。
4. 财政部会计资格评价中心：《初级会计实务》，中国财政经济出版社2010年版。
5. 高春林：《基础会计》，高等教育出版社2007年版。
6. 戚素文：《基础会计实务》，清华大学出版社2009年版。
7. "最新会计法规文件选编"编写组：《最新会计法规文件选编》，新华出版社2008年版。